中知认证系列丛书

商业秘密保护
——体系化管理实务

中知（北京）认证有限公司 / 组织编写

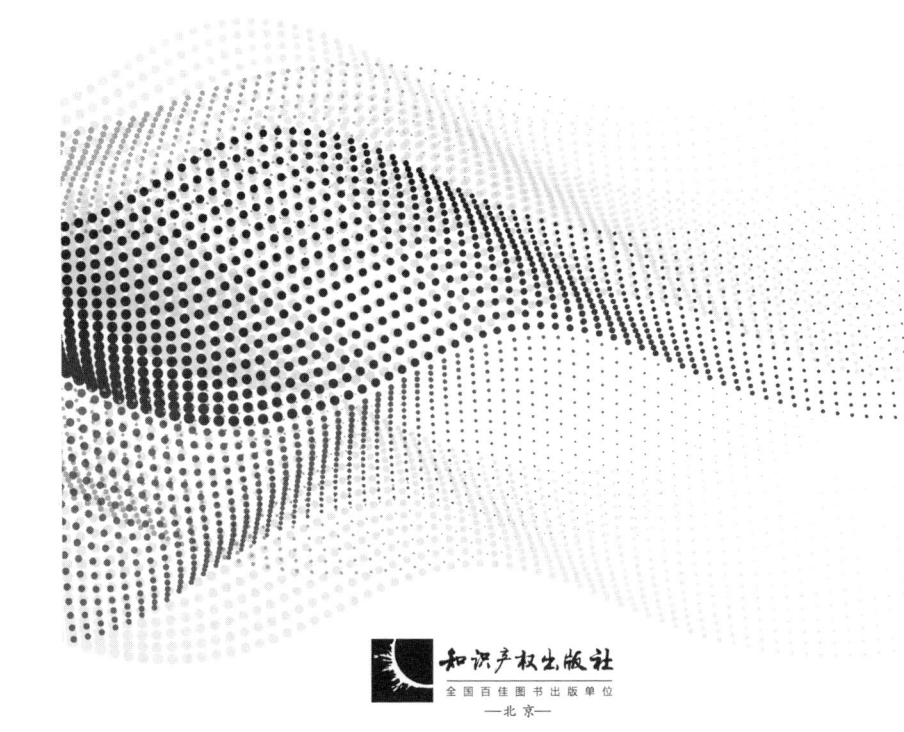

知识产权出版社
全国百佳图书出版单位
—北京—

图书在版编目（CIP）数据

商业秘密保护：体系化管理实务 / 中知（北京）认证有限公司组织编写 . —北京：知识产权出版社，2025.7. —（中知认证系列丛书）. —ISBN 978-7-5130-9888-5

Ⅰ . D923.404

中国国家版本馆 CIP 数据核字第 2025HE3923 号

责任编辑：刘 睿 刘 江 邓 莹　　责任校对：谷 洋
封面设计：杨杨工作室·张冀　　责任印制：刘译文

商业秘密保护
——体系化管理实务

中知（北京）认证有限公司　组织编写

出版发行：	知识产权出版社 有限责任公司	网　址：	http://www.ipph.cn
社　　址：	北京市海淀区气象路 50 号院	邮　编：	100081
责编电话：	010-82000860 转 8346	责编邮箱：	liujiang@cnipr.com
发行电话：	010-82000860 转 8101/8102	发行传真：	010-82000893/82005070/82000270
印　　刷：	三河市国英印务有限公司	经　销：	新华书店、各大网上书店及相关专业书店
开　　本：	720mm×1000mm　1/16	印　张：	18.5
版　　次：	2025 年 7 月第 1 版	印　次：	2025 年 7 月第 1 次印刷
字　　数：	259 千字	定　价：	108.00 元
ISBN 978-7-5130-9888-5			

出版权专有　侵权必究
如有印装质量问题，本社负责调换。

《中知认证丛书》
编委会

主　任　雷筱云
副主任　王文静　余　平
委　员（按姓氏拼音排序）

杜鹃花	范恺偈	范艳伟	冯国伟
郭志萍	何万兴	胡治中	黄方红
黄智达	雷　斌	雷　蕾	李　娟
李文辉	李西良	李　曦	李小永
李学锋	刘　娟	刘　伟	刘　鑫
龙湘云	穆旭东	乔文龙	任文斌
苏　京	孙丽芳	田　收	王　博
王海涛	王　昊	王健琳	王景凯
王靖哲	王军红	王　伟	邢文超
徐立群	闫新嬿	杨丽萍	杨　洋
姚　丹	尤　青	袁　静	袁　蓉
张　飞	张　佳	张升媛	章洪流
赵　兵	赵	周	

《商业秘密保护——体系化管理实务》编写组

主　编　余　平
副主编　李文辉　邢文超　王健琳
撰　写　(按章节排序)
　　　　王健琳　程文武　邢文超　周　媛
　　　　梁寒光　倪富良　许铁柱　强志强
　　　　谢　青
审　稿　余　平

序

当前，新一轮技术革命和产业变革正以前所未有的速度演进。技术创新浪潮以迅猛之势席卷全球，深刻影响着全球经济社会发展格局。

在这一时代背景下，技术创新主体的知识产权管理的重要性日益凸显，已经从企业核心竞争力的关键要素上升至国家战略层面。为统筹推进知识产权强国建设，中共中央、国务院印发了《知识产权强国建设纲要（2021—2035年）》，国务院制定了《"十四五"国家知识产权保护和运用规划》，旨在高效促进知识产权运用，激发全社会创新活力。

我国关于知识产权战略的顶层设计，蕴含着推动知识产权管理标准贯彻实施的重要内容。《知识产权强国建设纲要（2021—2035年）》明确提出要"推动企业、高校、科研机构健全知识产权管理体系"。《"十四五"国家知识产权保护和运用规划》进一步明确提出"推动创新主体加强知识产权管理标准化体系建设，推动实施创新过程知识产权管理国际标准"。相关标准的贯彻实施，有助于加快建立高效的知识产权综合管理体制，加强支撑和协同实施国家知识产权战略，更好地融入和服务国家经济社会发展大局。

当前和今后相当长的一个时期内，有三个知识产权管理标准是与企业息息相关的。一是《企业知识产权合规管理体系 要求》（GB/T 29490—2023），为企业建立并完善知识产权合规管理体系、有效防范知识产权风险、充分实现知识产权价值提供了参照。二是ISO 56005：2020《创新管理 知识产权管理指南》，是由中国提出并经国际标准化组织

（ISO）正式立项、起草制定和发布的全球首个创新和知识产权管理融合的国际准则，该标准吸收了全球创新管理最先进的理念，为全球创新主体提供了一套科学、系统的知识产权管理架构。三是《企业商业秘密管理规范》（T/PPAC 701—2021），这是中国专利保护协会发布的企业商业秘密管理团体标准，该标准吸收了国内外关于企业开展商业秘密管理的先进理念和实践经验，对我国企业建立并完善商业秘密管理体系具有重要指导作用，对其他有商业秘密管理需求的组织开展商业秘密管理也有有益的参考价值。以上三个标准已经在大批创新主体中广泛实施，取得了良好成效。

为帮助更多的创新主体通过国家标准、国际标准的贯彻实施，实现高质量发展，在"十四五"规划已届收官，知识产权强国建设取得一系列新进展之际，中知（北京）认证有限公司作为中国知识产权认证领域的开创者与引领者，将深耕行业十余载的创新与知识产权管理领域的国家标准、国际标准、团体标准的制订研发经验和认证评价实践经验精心凝练、荟萃，形成了《〈企业知识产权合规管理体系 要求〉（GB/T 29490—2023）理解与实施》《基于ISO 56005国际标准的企业创新与知识产权管理指南》《商业秘密保护——体系化管理实务》三部图书。丛书旨在基于创新与知识产权领域国家标准、国际标准和团体标准及在中国的实践，为广大创新主体提供以标准助力高质量发展的工作指引。

该丛书立意高远、观点新颖、内容丰富、案例翔实：第一本基于知识产权合规管理国家标准引入的合规管理理念，通过大量企业合规管理实战案例和审核实践总结，揭示了通过体系化知识产权合规管理构筑企业竞争优势的实用技巧；第二本通过对众多标杆企业实施案例的拆解，将"专利-创新-商业"价值闭环清晰地呈现在读者面前，为创新主体提供了一本实用的以知识产权管理促进创新的战术手册；第三本突破传统商业秘密保护思维，详解商业秘密体系化管理范式，通过名企商业秘密管理方案和经典司法案例，将体系化的商业秘密治理模型呈现给读者，助力创新主体有效应对商业秘密泄露风险。

希望该丛书能够帮助企业熟知知识产权管理的理论和技术，促进企业运用管理标准提升知识产权保护和运用的能力，推动企业知识产权价值的实现，助力企业打造市场经济中的核心竞争力。

中国专利保护协会常务副会长

前　言

2022年3月，国家市场监督管理总局印发《全国商业秘密保护创新试点工作方案》，提出"加强商业秘密保护，是强化反不正当竞争的重要任务，是强化知识产权保护的重要内容，对于优化营商环境，激发市场主体活力和创造力，推动我国经济创新发展、高质量发展，提升国家整体竞争力具有重要意义"。

在当今竞争日益激烈且复杂多变的商业环境中，商业秘密往往承载着企业长期以来积累的创新成果、独特的经营模式、精准的客户资源以及详尽的战略规划等诸多核心优势，是企业的核心竞争力。然而，随着信息传播速度的飞速提升、人员流动的日益频繁以及商业合作模式的不断多样化，商业秘密面临越来越多的泄露风险。因此，构建一套完善、有效的商业秘密保护体系，成为众多企业亟待解决的核心课题，这也是本书诞生的初衷与使命。

近年来，虽然社会各界对商业秘密保护的关注度在逐渐提升，但是仍有不少创新主体对如何保护商业秘密感到无所适从或实施的商业秘密保护措施不全面、不到位，部分企业仅将商业秘密保护简单地等同于与员工签订一纸保密协议，或是对少数核心技术采取基础的物理隔离手段，而对于如何从企业发展的战略高度出发，全方位、系统性地规划商业秘密的识别、梳理、分类分级、风险防控、员工培训教育、泄密事件应急响应以及后续维权救济等一系列环节，缺乏清晰的认知与行之有效的落地方法。

本书从标准化管理入手，着眼于企业商业秘密保护的基本要求、商业秘密保护的难点及要点，运用体系化管理的思维，结合商业秘密管理标准及实践，为广大企业提供了一套全面、系统、实用且具有可操作性的商业秘密保护体系建设实务。在编写过程中，我们深入调研了国内众多不同行业、不同规模的企业，剖析了大量商业秘密纠纷案例，从中提炼出具有共性和规律性的经验与教训。同时，结合国内外先进的商业秘密保护理念、法律法规的要求以及前沿的技术防护手段，力求让本书的内容既能紧密贴合企业实际面临的问题场景，又能引领企业在商业秘密保护方面迈向更高的水准。

商业秘密保护的道路漫长且充满挑战，愿本书能够陪伴企业一同前行，探索商业秘密保护体系建设的新篇章，共同见证企业因完善的商业秘密保护而提升核心竞争力，稳健发展。受各方面限制，加之编者水平有限，本书谬误之处在所难免，恳请广大读者批评指正。

目　录

第一编　体系化管理——商业秘密保护的必由之路

第一章　法律法规——商业秘密保护的基本要求 …………（3）
　第一节　商业秘密概述 ……………………………………（3）
　第二节　我国商业秘密保护的基本情况 …………………（8）
　第三节　国际商业秘密保护的基本情况 …………………（12）

第二章　企业商业秘密保护难点 …………………………（27）
　第一节　商业秘密保护的动力 ……………………………（27）
　第二节　商业秘密保护的主要难点 ………………………（29）

第三章　企业提升商业秘密保护的秘诀——体系化管理 …（35）
　第一节　理解商业秘密体系化管理 ………………………（35）
　第二节　通过体系化管理保护商业秘密的优势 …………（44）

第二编　夯实保护基础——商业秘密体系化管理的要点

第四章　发挥领导作用 ……………………………………（55）
　第一节　商业秘密管理的组织架构 ………………………（55）
　第二节　商业秘密方针与管理目标 ………………………（57）
　第三节　商业秘密体系化管理的策划 ……………………（58）

1

第五章　明确管理对象 …………………………………………（63）
　　第一节　商业秘密的范围 ……………………………………（63）
　　第二节　商业秘密的保密期限 ………………………………（69）
　　第三节　商业秘密的接触范围 ………………………………（70）
　　第四节　商业秘密清单 ………………………………………（72）
　　第五节　商业秘密存证 ………………………………………（73）

第六章　实施全面管理 …………………………………………（77）
　　第一节　涉密人员的管理 ……………………………………（77）
　　第二节　涉密载体的管理 ……………………………………（85）
　　第三节　涉密设备的管理 ……………………………………（89）
　　第四节　涉密区域的管理 ……………………………………（92）
　　第五节　商业秘密泄密风险的管理 …………………………（95）

第七章　注重绩效管理 …………………………………………（107）
　　第一节　绩效管理相关理论 …………………………………（107）
　　第二节　商业秘密绩效管理 …………………………………（109）

第三编　贯彻落实——商业秘密管理体系建设实务

第八章　商业秘密管理体系策划 ………………………………（119）
　　第一节　工作启动 ……………………………………………（119）
　　第二节　调查诊断 ……………………………………………（125）
　　第三节　体系构建 ……………………………………………（133）

第九章　商业秘密管理体系文件 ………………………………（147）
　　第一节　商业秘密管理体系文件的作用和构成 ……………（147）
　　第二节　商业秘密管理体系文件编制 ………………………（151）

第十章　商业秘密的确权管理 …………………………………（165）
　　第一节　建立商业秘密资产化管理标准 ……………………（165）
　　第二节　商业秘密资产盘点 …………………………………（168）

第三节	商业秘密资产固化	(168)
第四节	商业秘密证据保全	(174)
第十一章	监督检查及改进	(179)
第一节	监督检查方法	(179)
第二节	监督检查实施及改进	(200)

第四编　典型案例解析——商业秘密管理与保护之司法视角

第十二章	体系化管理视角下的商业秘密案例解析	(207)
第一节	"香兰素"商业秘密纠纷案	(207)
第二节	北京理正与北京大成华智商业秘密纠纷案	(218)
第三节	"小儿风热清口服液"商业秘密纠纷案	(221)
第四节	"康复新液"商业秘密纠纷案	(225)

附　录

附录一	《中美第一阶段经贸协议》有关商业秘密保护的主要内容	(231)
附录二	《美墨加协定》有关商业秘密保护的内容	(233)
附录三	欧盟《商业秘密保护指令》的主要内容	(235)
附录四	美国商业秘密保护的法律体系	(238)
附录五	企业商业秘密管理手册	(248)
附录六	涉密人员管理办法	(277)

第一编
体系化管理——商业秘密保护的必由之路

第一章 法律法规——商业秘密保护的基本要求

第一节 商业秘密概述

一、商业秘密的定义

何为商业秘密？尽管人们对"商业秘密"的价值认知具有普遍性，各国对商业秘密的定义在表述方式上却多有不同。例如：美国《统一商业秘密法》将商业秘密的定义表述为："商业秘密意为特定信息，包括配方、样式、汇编、程序、设备、方法、技术或工艺等，其：（1）由于未能被可从其披露或使用中获取经济价值的他人所公知且未能用正当手段已经可以确定，因而具有实际或潜在的独立经济价值；（2）是在特定情势下已尽合理保密努力的对象。"[1]《法律重述——反不正当竞争》又将商业秘密定义为"任何可用于工商经营的信息，其有足够的价值和秘密性，使相对于他人产生现实或潜在经济优势"[2]。日本《反不正当竞争法》规定商业秘密是"指作为秘密管理的生产方法、销售方法以及其他对经营活动有用的技术上或者经营上未被公知的情报"[3]。德国则没有明确的商业秘密定义，仅在其《反不正当竞争法》中表明"因商业交易关系而取得的图纸、模型、模

---

[1] 张玉瑞. 商业秘密法学 [M]. 北京：中国法制出版社，1999.
[2] 孔祥俊. 商业秘密司法保护实务 [M]. 北京：中国法制出版社，2012：186.
[3] 张玉瑞. 商业秘密法学 [M]. 北京：中国法制出版社，1999.

板、剪裁样式、配方、截面图等技术样品或技术资料"属于商业秘密。❶ 我国则在《反不正当竞争法》中将商业秘密定义为不为公众所知悉、具有商业价值并经权利人采取相应保密措施的技术信息、经营信息等商业信息。

商业秘密的概念首现于国际公约是在 1994 年《关税及贸易总协定》（GATT）乌拉圭回合达成的一揽子协议中的《与贸易有关的知识产权协议》（Agreement on Trade–Related Aspects of Intellectual Property Rights, TRIPs 协议），TRIPs 协议确定了商业秘密的三大特征，即秘密性、商业价值和保密措施——尽管这或许不是明确的"下定义"，但在一定程度上也为 WTO 成员方应保护的"商业秘密"划定了相对固定的范围，故而被其他的一些区域性条约或国内法所接受或继承。

鉴于 TRIPs 协议和我国立法的一致性较高，二者又是国内专业人士所最常使用的国际公约和国内法，本书如无特别说明，所述及的商业秘密及其特征皆采用其表述。

二、商业秘密与国家秘密的区别

商业秘密具有秘密性、商业价值和保密措施三大特征，但具有此三大特征的信息在属于商业秘密之外，还有可能是国家秘密，若不能明辨二者，不仅会造成二者概念上的混淆，也可能使本书其后之论述失去立足点——本书的企业读者不免会有此疑问：如果已经建立国家秘密的保护机制，以严盖宽"足以"保护商业秘密，是否还有必要针对商业秘密另行建立一套管理方式？

那么，商业秘密与国家秘密有何区别？

商业秘密与国家秘密是两个不同的概念，二者在性质、范围、管理和保护方面存在一些差异。

（一）权利性质不同

商业秘密是指企业在商业活动中获取的，具有商业价值且未公开的信

---

❶ 徐朝贤. 美、德、日商业秘密侵权救济制度的发展及借鉴 [J]. 河北法学, 2001 (2)；周铭川. 侵犯商业秘密罪研究 [M]. 武汉：武汉大学出版社, 2008.

息,如商业计划、客户名单、产品设计等。保护商业秘密的主要目的是保护企业的商业利益。

国家秘密是指国家机关、军队、科研机构等单位涉及国家安全、国家利益和社会稳定的信息,如国防计划、外交政策、国家机密等。保护国家秘密的主要目的是维护国家安全和利益。

国家秘密直接关系国家安全和利益,相关法律法规多为强制性规定,权利主体的权利受到必要的限制,不得擅自转让或放弃权利,许多行为的实施受到国家及其行政机关的制约。商业秘密从本质上讲是一种私权,它直接关系权利人的经济利益或竞争优势,相关法律多为任意性规范,权利主体受到的限制相对较少,行为的实施充分尊重当事人的意愿。

(二) 权利客体不同

国家秘密所保护的信息涉及国家安全和利益,包括国家政治、经济、科技、国防、外交等多个领域,属于国家机密范畴。

商业秘密主要涉及企业内部的技术信息和经营信息,如产品研发、市场营销、客户资料等,仅涉及商业活动领域中权利人的经济利益,不局限于科研、生产和经营活动,其范围的确定也取决于权利人及当时公知信息的发展状况。

(三) 适用法律不同

国家秘密的立法意图在于保护国家的安全和利益,遵守国家秘密保密法律法规是公民的基本义务。所以国家秘密的管理依据是我国《保密法》及《保密法实施条例》和其他国家保密法律法规,其保密主体、保密措施及保密期限已由法律法规作出明确规定。

商业秘密保密法律法规的立法意图在于保护企业或个人的合法权益,维护市场竞争秩序。所以商业秘密的管理依据是《反不正当竞争法》等法律法规,但法律对具体的保密措施没有作出规定,这要由权利人自己来采取适当的保密措施。

(四) 管理方式不同

(1) 管理主体不同:国家秘密由国家机关和相关部门管理和保护,国家设立专门的机构负责国家秘密的管理和保护；商业秘密则由企业自行管理和保护，企业可以制定内部保密政策和措施，确保商业秘密的安全。

（2）定密程序不同：国家秘密的确定需要遵循法定权限和法定程序，由有关部门依据我国《保守国家秘密法》认定的事项，才能受到法律的保护；商业秘密的确定则依赖于权利人自己采取的保密措施和管理制度。

（3）保护期限不同：国家秘密的保密期限，应当根据事项的性质和特点，按照维护国家安全和利益的需要，限定在必要的期限内；不能确定期限的，应当确定解密的条件。国家秘密的保密期限，除另有规定外，绝密级不超过30年，机密级不超过20年，秘密级不超过10年。而商业秘密则没有固定的保护期限限制，只要某种技术信息或经营信息仍具有商业秘密的构成要件，权利人采取有效保密措施，就有可能永远受到法律保护，有关国家机关不需要决定其保密期限及其解密条件。

（4）解密条件不同：国家秘密在一定条件下可以解密，如保密期限已届满、保密事项已不再涉及国家安全等；商业秘密在保密措施失效或权利人同意公开的情况下可以解密。

（5）载体标注不同：国家秘密载体以及属于国家秘密的设备、产品的明显部位应当标注国家秘密标志。国家秘密标志应当标注密级和保密期限。其国家秘密的标志为"★"，"★"前标注密级，"★"后标保密期限。而关于商业秘密的标志，《中央企业商业秘密保护暂行规定》指出，商业秘密分为"核心商密"和"普通商密"两级。应当在秘密载体上作出明显标志。标志由权属（单位规范简称或者标识，如厂标等）、密级、保密期限三部分组成，这些规定只对央企产生约束作用，而其他企业商密载体是否标注以及如何标注，则由企业根据自身的管理需求自行决定。

（五）危害后果不同

泄露国家秘密可能导致国家利益受损，甚至危害国家安全，需承担相应的法律责任，一般为刑事责任；泄露商业秘密则可能导致企业或个人经济损失和竞争优势受损，需承担民事责任，有时也需承担刑事责任。

总的来说，商业秘密和国家秘密在权利的性质、权利的客体、适用法律、管理和泄密后果等方面都存在差异，企业和国家需要根据各自的需求和情况制定相应的保密政策和措施，确保信息的安全和保密性。因此，简单地以国家秘密的保护机制来保护商业秘密，很有可能造成无法适用的情况，从而影响企业的经济利益及市场竞争优势。

三、法律法规对商业秘密保护的要求

如前文所言，在TRIPs协议之外，一些区域性的贸易协议对商业秘密也有涉及❶，其对商业秘密的保护有的会借鉴TRIPs协议的相关内容，有的则较TRIPs协议更加严格，更多地体现了一些发达国家的诉求。虽然这些诉求因为国家立场不同而有所差别，但总的看来，各国在商业秘密的保护构架和趋势等方面也有许多共通之处。

（1）各国际条约或国内法均要求对商业秘密的范围予以框定，尽管这种框定可能仅仅是通过不完全枚举法或者一些模糊边界的定义实现的。

（2）持有商业秘密的企业必须主动采取措施保护商业秘密才能要求相对方、第三方、公众对其商业秘密予以尊重并不得加以侵犯。

（3）各国或多或少通过刑事立法对严重侵犯商业秘密的行为加以惩治，且将严重侵犯商业秘密的行为犯罪化的趋势正在不断加强。

（4）意欲将其作为对创新相关的重要资产——数据加以保护的有效手段。

（5）对商业秘密的保护整体呈现增强的趋势，这一点在发达国家或地区的国内立法变化趋势中表现得尤为明显，而我国的国内立法——尤其是近几年的国内立法也或多或少与这一趋势保持了一致。

上述五个共通点，既是企业开展商业秘密管理前必须了解的背景知识，❷ 也是本书所阐述之主要内容得以成立的前提。

在初步了解商业秘密法律保护的内涵及其与国家秘密有所不同的基础上，本章的第二、三节将详述我国国内及国际上有关商业秘密法律保护的

---

❶ 详见本章第三节第一部分。
❷ 即后文所谓体系化商业秘密管理的外部环境之一。

相关内容。

第二节　我国商业秘密保护的基本情况

我国从法律上予以保护的首先是商业秘密中的技术秘密，直到1991年颁行的《中华人民共和国民事诉讼法》（以下简称《民事诉讼法》）中才首次出现"商业秘密"一词。

一、商业秘密法律保护历史沿革

"技术秘密"起初在我国并没有统一的名称，我国在立法时先后出现过"专有技术""非专利技术成果""秘密技术""技术诀窍"等名词。例如，1983年9月公布的《中华人民共和国中外合资经营企业法实施条例》第25条明确表明合营者可以用工业产权或专有技术作价投资。又如，1985年5月国务院发布的《技术引进合同管理条例》第2条规定的技术引进内容中就有："……（二）以图纸、技术资料、技术规范等形式提供的工艺流程、配方、产品设计、质量控制以及管理等方面的专有技术。"1988年1月颁行的《中华人民共和国技术引进合同管理条例施行细则》第2条第2项定义专有技术是"未公开过、未取得工业产权法律保护的制造某种产品或者应用某项工艺以及产品设计、工艺流程、配方、质量控制和管理等方面的技术知识"。1987年11月施行的《中华人民共和国技术合同法》（以下简称《技术合同法》）及1989年3月公布的《中华人民共和国技术合同法实施条例》中提出了非专利技术成果，非专利技术，非专利技术成果的使用权、转让权，以及职务与非职务技术成果及其权利归属等一系列法律概念和法律规定。《技术合同法》及其配套法规、规章保护商业秘密中关于技术秘密（非专利技术、非专利技术成果）的法律规定具有重大意义。1995年4月，最高人民法院颁行《关于正确处理科技纠纷案件的若干问题的意见》，进一步完善、细化了《技术合同法》及其配套法规、规章对于非专利技术成果（技术秘密）的法律规定。此外1989年12月原国家科委和国家保密局发布的《国家秘密技术出口审查暂行规定》第2条表述"秘密技术"包含"发明、科技成果和关键性技术","关键性技术"又包括"阶段性科技成果、技术诀窍、传统工艺"。

明确的"商业秘密"之法律概念稍迟出现在我国的法律法规和政策文件中,例如《民事诉讼法》第120条第2款规定:"离婚案件、涉及商业秘密的案件,当事人申请不公开审理的,可以不公开审理。"最高人民法院在相应的司法解释中阐明:"商业秘密是指技术秘密、商业情报及信息等,包括生产工艺、配方、贸易渠道等当事人未公开的秘密。"1995年1月1日起施行的《中华人民共和国劳动法》(以下简称《劳动法》)第22条规定,劳动合同当事人可以在劳动合同中约定保守用人单位商业秘密的有关事项;第102条规定,劳动者违反劳动合同中约定的保密事项给用人单位造成经济损失的,应当承担赔偿责任。

我国商业秘密法律保护的重大突破是1993年12月施行的《中华人民共和国反不正当竞争法》(以下简称《反不正当竞争法》)。该法将保护商业秘密全面纳入反不正当竞争的法治轨道。《反不正当竞争法》完整、准确地归纳了"什么是商业秘密"和"什么是侵犯商业秘密的行为",并且规定了侵犯商业秘密的民事责任和行政责任。

1995年11月23日,原国家工商行政管理局颁行了与《反不正当竞争法》相配套的《关于禁止侵犯商业秘密行为的若干规定》,进一步细化了商业秘密的法律概念、内容范围、侵犯商业秘密行为、行政管理措施、举证责任转移等法律规定。自1999年10月起施行的将我国原有的《经济合同法》《涉外经济合同法》《技术合同法》"三合一"的《合同法》第18章"技术合同"中,明确将原来《技术合同法》中称谓的"非专利技术转让合同"改名为"技术秘密转让合同"。

在刑法保护方面,最高人民法院于1994年9月发出的《关于进一步加强知识产权司法保护的通知》中最先指出:"对盗窃重要技术成果的,应当以盗窃罪依法追究刑事责任。"最高人民检察院、国家科委等于1994年6月发出的《关于办理科技活动中经济犯罪案件的意见》中也规定:"对非法窃取技术秘密,情节严重的,以盗窃罪追究刑事责任";"上述技术秘密,是指不为公众所知悉,具有实用性,能为拥有者带来经济利益或竞争优势,并为拥有者采取保密措施的技术信息、计算机软件的其他非专利技术成果。"1997年10月施行的修订后的《刑法》第219条规定了侵犯商业秘密罪的刑事责任:侵犯他人商业秘密,情节严重,构成犯罪的,依法追究其刑事法律责任。其中给权利人造成重大经济损失的,处3年以下有期徒刑或者拘役,单处或者并处罚金。情节特别严重的,可处3年以上7年以下有期徒刑并处罚金。

二、现行商业秘密保护法律体系

我国目前已形成包含法律、司法解释、部门规章相结合的商业秘密保护法律体系,列举如下。

(一)法律

《中华人民共和国民法典》;

《中华人民共和国反不正当竞争法》(2019修正);

《中华人民共和国科学技术进步法》(2007修正);

《中华人民共和国促进科技成果转化法》(2015修正);

《中华人民共和国劳动法》(2018修正);

《中华人民共和国劳动合同法》(2012修正);

《中华人民共和国反垄断法》;

《中华人民共和国公司法》(2018修正);

《中华人民共和国刑法》(2017修正);

《中华人民共和国刑事诉讼法》(2018修订);

《中华人民共和国民事诉讼法》(2017修订)。

(二)司法解释

最高人民检察院、公安部《关于修改侵犯商业秘密刑事案件立案追诉标准的决定》(2020);

《最高人民法院关于审理侵犯商业秘密民事案件适用法律若干问题的

规定》（法释〔2020〕7号）；

《最高人民法院关于民事诉讼证据的若干规定（2019修正）》（法释〔2019〕19号）；

《最高人民法院关于知识产权民事诉讼证据的若干规定》（法释〔2020〕12号）；

《最高人民法院、最高人民检察院关于办理侵犯知识产权刑事案件具体应用法律若干问题的解释》（法释〔2004〕19号）；

《最高人民法院、最高人民检察院关于办理侵犯知识产权刑事案件具体应用法律若干问题的解释（二）》（法释〔2007〕6号）；

《最高人民法院、最高人民检察院关于办理侵犯知识产权刑事案件具体应用法律若干问题的解释（三）》（法释〔2020〕10号）；

《最高人民法院关于审理不正当竞争民事案件应用法律若干问题的解释（2020修正）》；

《最高人民法院关于当前形势下做好劳动争议纠纷案件审判工作的指导意见》（法发〔2009〕41号）；

《最高人民法院关于当前形势下知识产权审判服务大局若干问题的意见》（法发〔2009〕23号）；

《最高人民法院关于审理技术合同纠纷案件适用法律若干问题的解释（2020修正）》。

（三）部门规章

国务院国有资产监督管理委员会《中央企业商业秘密保护暂行规定》（国资发〔2010〕41号）；

《科学技术保密规定（2015修正）》（中华人民共和国科学技术部、中华人民共和国国家保密局令第16号）；

《违反〈劳动法〉有关劳动合同规定的赔偿办法》（劳部发〔1995〕223号）；

《关于禁止侵犯商业秘密行为的若干规定（1998修正）》。

此外，还有部分地区出台了具有地方特色的商业秘密保护地方性法规，如深圳市的《深圳经济特区企业技术秘密保护条例（2019修正）》，宁波市的《宁波市企业技术秘密保护条例》等。

第三节　国际商业秘密保护的基本情况

一、国际条约关于商业秘密的法律保护

（一）《与贸易有关的知识产权协议》

国际条约中保护商业秘密也是随着知识产权保护范围逐步扩大的历史进程才出现的。早期的传统知识产权组成内容主要是专利权、商标权和著作权，尚未涉及商业秘密权。直至1967年的《建立世界知识产权组织公约》和《保护工业产权巴黎公约》（以下简称《巴黎公约》）（1971年斯德哥尔摩文本）这两个重要的知识产权国际公约中，仍未出现保护商业秘密的明确表述。1994年，《与贸易有关的知识产权协议》（TRIPs协议）第二部分"有关知识产权的效力、范围及利用的标准"之第七节"未披露的信息的保护"中，明确将商业秘密列入当代国际知识产权保护范围。

在TRIPs协议中，有关商业秘密的条款主要为第39条、第41条、第47条、第61条和第63条。

第39条是商业秘密保护的核心条款，明确了商业秘密的三个基本要素：秘密性、商业价值和保密措施。秘密性指信息不为公众所知或不易获得；商业价值指信息的秘密性为其带来实际或潜在的商业价值；保密措施指信息的合法控制者采取了合理的保密措施。

第41条确立了知识产权司法保护的一般原则，要求成员方建立有效的法律框架来制止侵犯商业秘密的行为。

第47条规定了"获得信息权"，即允许权利人在侵权案件中获取相关信息，以便追究责任。

第61条虽然主要涉及刑事程序和刑事责任，但也间接与商业秘密保护相关。该条款可以理解为，要求成员方对具有商业秘密的故意侵权行为提

供刑事程序和处罚。

第 63 条通过要求成员方公布相关的法律法规和司法裁判，提高立法和司法的透明度，使商业秘密的保护更加可预见和一致。

上述条款共同构成 TRIPs 协议中对商业秘密的全面保护框架，旨在确保成员方不仅在法律上提供保护，而且在实践中能有效执行这些保护措施，从而维护公平竞争的市场环境和鼓励创新。通过这些规定，TRIPs 协议为全球范围内的知识产权保护设立了基本标准，对促进国际贸易和经济发展具有重要意义。

（二）《区域全面经济伙伴关系协定》

《区域全面经济伙伴关系协定》（Regional Comprehensive Economic Partnership，RCEP）是 2012 年由东盟发起，历时八年，由包括中国、日本、韩国、澳大利亚、新西兰和东盟十国共 15 个成员制定的协定，已于 2022 年 1 月 1 日正式生效。

RCEP 是亚太地区规模最大、最重要的自由贸易协定谈判，达成后将覆盖世界近一半人口和近三分之一贸易量，成为世界上涵盖人口最多、成员构成最多元、发展最具活力的自由贸易区。

RCEP 中对于商业秘密的保护体现在第 11 章第 56 条"未披露信息的保护"。该条共有两款：一是规定每一缔约方应当根据《与贸易相关的知识产权协定》第 39 条第 2 款的规定对未披露的信息提供保护；二是规定对于第 1 款，缔约方认识到保护与第 11 章第 1 条（目标）第 2 款所提及的目标相关的未披露信息的重要性。[1]

由上可见，RCEP 对商业秘密的保护规则与 TRIPs 协议没有差别，这种设计对缔约方企业间的商业秘密，尤其是未公开的技术秘密的交流十分有利，企业能够更自由地引进技术秘密，无须过多担心通过合法途径获取其他成员方商业秘密而造成的侵权或其他的成本。

---

[1] 第十一章 知识产权 [EB/OL]. [2024-10-29]. http://fta.mofcom.gov.cn/rcep/rceppdf/d11z_cn.pdf.

（三）《全面与进步跨太平洋伙伴关系协定》

《全面与进步跨太平洋伙伴关系协定》（Comprehensive and Progressive Agreement for Trans-Pacific Partnership，CPTPP），是亚太国家组成的自由贸易区，其前身为跨太平洋伙伴关系协定（TPP），后由于美国退出，新的贸易协定更名为CPTPP。

2021年9月16日，中国商务部部长王文涛向《全面与进步跨太平洋伙伴关系协定》（CPTPP）保存方新西兰贸易部提交了中国申请加入CPTPP的书面函件，正式迈出了中国申请加入CPTPP的第一步。

CPTPP第18.78条是对商业秘密的专门规定。相较于TRIPs协议或RCEP，CPTPP对于商业秘密的保护明显趋严，其也是第一个要求对侵犯商业秘密行为进行刑事处罚的贸易协定。❶

CPTPP中有关商业秘密保护的具体内容如下❷：

（1）在保证有效防止如《巴黎公约》第10条之二中所规定的不正当竞争的过程中，每一缔约方应保证个人有法律手段以阻止其合法控制的商业秘密在未经其同意的情况下以违反诚信商业惯例的方式❸向他人（包括国有企业）披露、被他人获得或使用。在用于本章（第18章）时，商业秘密至少包含如TRIPs协定第39条第2款中所规定的未披露信息。

（2）在遵守第3款的前提下，每一缔约方应对下列一项或多项行为规定刑事程序和处罚：

（a）未经授权且蓄意获取计算机系统中的商业秘密；

（b）未经授权且蓄意盗用❹商业秘密，包括通过计算机系统的方式盗取；

---

❶ 宋建立. 商业秘密案件办理的若干热点与难点［J］. 人民司法，2022（34）.

❷ https：//www.yidaiyilu.gov.cn/wcm.files/upload/CMSydylgw/202101/20210113113300-51.pdf.

❸ 就本款而言，"违反诚信商业惯例的方式"至少是指违反合同、泄露机密和引诱违约等惯例，并包括第三方在获得未披露信息时知道或因重大过失不知道获得过程涉及前述惯例。

❹ 缔约方可将"盗用"一词视为"非法获得"的同义词。

或（c）欺诈性披露，或作为替代，未经授权且蓄意披露商业秘密，包括通过计算机系统的方式披露。

（3）对于第 2 款中所指的相关行为，缔约方可酌情将其刑事程序的可获得性或可获得的刑事处罚的水平限定在下列一种或多种情况：

（a）该行为的目的为商业利益或经济收入；

（b）该行为与国内或国际贸易中的产品或服务相关；

（c）该行为意在损害此类商业秘密的拥有者；

（d）该行为受外国经济实体指示或为其利益或与其有关联；

或（e）该行为损害缔约方的经济利益、国际关系或国防或国家安全。

（四）《中美第一阶段经贸协议》

我国与美国于 2020 年 1 月 15 日签署《中美第一阶段经贸协议》，并于 2 月 14 日正式生效。在磋商阶段，中美双方均充分认识到知识产权是中美两国贸易摩擦中博弈的重点，知识产权的保护与利用对于两国企业在经贸活动中的重要性。因此，在协议结构的安排上，知识产权的相关内容位列第一章，且内容篇幅近五分之一。

从"知识产权"章的内容分布来看，在第一节"一般义务"后紧接着将"商业秘密和保密商务信息"放在第二节这一重要位置，这反映出两国对商业秘密保护和利用问题的高度重视。

第二节的第 1.3 条至第 1.9 条，对商业秘密在民事、刑事、行政实体法与程序法方面都作出了相关要求。其中，在民事领域包括侵权主体范围的扩大、侵权类型的增加，同时在程序法上要求确立商业秘密案件的举证责任转移制度和引入诉前保全措施。在刑事领域则是要求降低侵犯商业秘密刑事案件的调查启动门槛，在行政管理方面则是规定对政府机构的限制。无论是从协议的结构安排还是文本内容来看，商业秘密都处于十分重要的位置，这反映出两国在贸易磋商中充分认识到商业秘密的重要性，并着重强调应进一步加大对商业秘密的保护力度。

（五）《美墨加三国协定》

《美墨加三国协议》（USMCA），是美国、加拿大和墨西哥达成的三方贸易协议。该协定被认为是目前涵盖面最广的贸易协定。由美国、墨西哥、加拿大三国领导人于2018年11月30日在阿根廷首都布宜诺斯艾利斯签署。替代原有的《北美自由贸易协定》。有一些观点认为，USMCA可能被美国打造成未来贸易谈判的模板，甚至将成为美国施压世界贸易组织（WTO）改革的重要筹码。❶

鉴于我国与美国近些年的贸易冲突、中美墨转口贸易的兴旺以及美国对产品原产地监管的趋严，我国企业赴墨西哥建厂或将成为一种趋势，那么了解USMCA中商业秘密保护的相关条款无疑意义重大。

USMCA有关商业秘密保护的条款在第20章第1节，这些条款规定了对商业秘密的民事、行政和刑事保护。

二、欧美日韩关于商业秘密的法律保护

欧美等发达国家对商业秘密的关注始于近代工业革命之后。英国是最早对商业秘密进行立法的国家，之后美国在商业秘密保护方面继受了英国的法律。

美国在商业秘密保护方面是英美法系的代表，可以说它建立了目前世界上最完善的商业秘密保护制度之一。20世纪30年代末，美国制定了《侵权行为法第一次重述》，内容涉及商业秘密；40年后，美国正式制定《统一商业秘密法》，对商业秘密的概念进行了界定，相比以前的商业秘密论述，《统一商业秘密法》扩大了保护的覆盖面；到1995年，美国在制定《反不正当竞争法第三次重述》时，将商业秘密保护纳入其中，并对商业秘密的概念、保护原则、侵权类型、法律救济方式等都作了详细的阐述，为商业秘密保护实践提供了依据；1996年，《反经济间谍法》在美国国会获得通过，这部法律提升了商业秘密保护在整个法律体系中的地位，规定侵犯商业秘密将承担刑事责任。至此，美国的商业秘密法律保护体系初见雏形，主要由《统一商业秘密法》、《反不正当竞争法第三次重述》和《反

---

❶ 美墨加协定正式生效，将对中国产生什么影响？[EB/OL]．[2024-10-28]．https：//cacs.mofcom.gov.cn/article/flfwpt/jyjdy/cgal/202007/164990.html．

经济间谍法》组成。之后，英美法系国家受美国影响，也纷纷制定商业秘密保护法律体系，如英国出台了《保护秘密权利法草案》，与美国相邻的加拿大也仿照美国法律推出了《统一商业秘密法草案》。

大陆法系国家中有关商业秘密的保护大都被写入不正当竞争法中，比较有代表性的为德国和日本。1909年，德国在《反不正当竞争法》中规定商业秘密受侵害的权利人可以获得司法救济，而侵权人需要承担行政责任，但在该法律中，只有雇员侵犯商业秘密时会受到刑事处罚，对离职人员、第三人侵犯商业秘密的情况则没有阐述。之后德国《反不正当竞争法》经历了十几次修改，不断补充和完善商业秘密保护的规定，逐步形成完善的商业秘密保护法律体系。日本是在20世纪中期开始关注商业秘密法律保护问题，该国在1990年和1993年两次修订《不正当竞争防止法》，将商业秘密保护的相关内容加入反不正当竞争之中，内容包括商业秘密概念的认定、商业秘密侵犯行为种类、侵犯商业秘密的救济策略等。该法明确了6种侵犯商业秘密的行为，并对受侵害权利人提供了多种救济措施，例如被侵害方可以要求物质赔偿、要求侵害方恢复信用，以及要求侵害方禁止使用权利等。

总之，在现代国际商贸活动中，各国为了保护本国生产、经营者的商业秘密，纷纷制定或修订专门立法以加强对商业秘密的保护。

（一）美　　国

商业秘密是美国经济和科技霸权的重要支柱，其定义主要来源于《联邦商业秘密法》（the Federal Trade Secrets Act）和《统一商业秘密法》（Uniform Trade Secrets Act）。这两部法律对商业秘密的定义有所不同，但总体上包括以下几个方面。

（1）信息的性质：商业秘密可以是任何具有经济价值的信息，包括技术、研发数据、客户列表、商业计划、产品设计、生产方法等。

（2）保密性：商业秘密必须是保密的，即未公开或未广泛为人所知。

（3）经济价值：商业秘密必须具有经济价值，即对持有者有商业上的价值和竞争优势。

（4）保护措施：持有商业秘密的企业必须采取合理的措施来保护其保密性，例如签订保密协议、限制员工和合作伙伴的访问权限、加密数据等。

根据《统一商业秘密法》的规定，商业秘密是指包括配方、模型、汇编、程序、装置、方法、技术、工艺的信息，且具有独立的实际的或者潜在的经济价值，不为公众所知、无法由他人通过适当方法轻易获知、其泄露或者使用能够使他人获取经济利益；根据具体情况采取了合理努力，以维持其秘密性。

与我国法律不同，美国法律在认定某一信息是否构成商业秘密时，并不要求该信息必须具有实用性。

美国从国家战略、贸易政策工具、法律法规制定、严格执法等方面对商业秘密实施系统性的保护，并且持续不断地对国家层面的商业秘密保护体系进行加强完善。其中，美国的法律法规由于其体系完善、覆盖全面而被其他很多国家所借鉴。

目前，美国保护商业秘密的法律主要包括成文法如联邦法律、普通法、州法和判例，本书重点介绍美国成文法。

其中，联邦法律主要有《美国法典》《1996经济间谍法》《商业秘密盗窃澄清法》《外国经济间谍惩罚加重法》《2016保护商业秘密法》。普通法主要有1939年的《侵权行为法第一次重述》及1995年的《反不正当竞争法第三次重述》。州立法则以1979年的《统一商业秘密法》为代表，由美国统一州法律委员会修订，共12条，该法律统一了对商业秘密的界定以及对侵犯商业秘密行为的具体规定，同时还明确了商业秘密的法律救济途径。

需要注意的是，美国在与其他国家的贸易谈判中也往往要求相对方建立与美国相同或相近的法律规则，如前文述及的《中美第一阶段经贸协议》就包括多项商业秘密的相关约定，包括扩大民事责任范围，涵盖电子侵入等行为作为商业秘密盗窃，转移举证责任，简化获取初步禁令以防止使用窃取的商业秘密，允许无须证明实际损失即可进行刑事调查，确保对故意侵占的刑事执法，并禁止政府人员或第三方专家未经授权披露商业秘密和机密商业信息。

（二）欧　　盟

1.《商业秘密保护指令》

早期，欧盟有关商业秘密保护的法律一直都是各成员国自行制定，在欧盟内各区域形成不同的法域。在《商业秘密保护指令》制定之前，欧盟的许多国家都选择通过反不正当竞争法实现对商业秘密的保护，之后，仍有一部分国家保留了反不正当竞争法保护商业秘密的模式。奥地利已完成对欧盟《商业秘密保护指令》的转化实施，但没有采用专门法的模式，仍将最新的规定纳入《反不正当竞争法》中；波兰也选择将指令的规定纳入反不正当竞争法以及其他相关法律中。❶

为应对各成员国普遍面对的商业秘密侵权情况，欧盟委员会于2013年11月向欧洲议会和欧盟理事会提交了《防止未公开专有技术和商业信息（商业秘密）被非法获取、使用和泄露的指令草案》，在欧盟成员国区域内统一了商业秘密的概念、侵权纠纷损害赔偿程序、惩罚措施。2014年5月26日，欧盟委员会又提交了《欧盟商业秘密保护新框架》（New EU framework for Protection of Trade Secrets），认为商业秘密是当前时代商业竞争和创新发展的重要推动力，强调要加强对商业秘密保护。此后历经多次修改最终形成《商业秘密保护指令》。该"指令"于2016年6月8日由欧洲议会和欧盟委员会通过（欧盟第2016/943号指令），为欧盟各成员国提供了立法标准和框架。

《商业秘密保护指令》中对商业秘密的定义是具备商业价值，且被合法控制该信息的人采取了合理措施（reasonable steps）对其保密的信息。对于侵犯商业秘密的行为，《商业秘密保护指令》从合法行为、违法行为以及例外三个方面进行了规定。独立发现或发明、反向工程、根据法律或惯例行使工人或工人代表的知情权和咨询权、任何符合诚实商业惯例的做法

---

❶ 鲁竑序阳. 国外商业秘密保护的立法安排及其启示 [J]. 上海政法学院学报（法治论丛），2022（5）.

以及被欧盟法律或成员国法律要求或允许的获取、使用或披露行为均为合法行为。违法行为可分为违法获取商业秘密行为、违法使用或披露商业秘密行为，比如，未经授权访问、挪用或者复制商业秘密持有人合法控制下的任何文件、对象、材料、物质或电子文件，未经授权非法获取商业秘密、违反保密协议、违反限制使用商业秘密的合同义务等。如果获取、使用或披露商业秘密是基于行使言论和信息自由权，为保护公共利益揭露不当行为、不法行为等，工人向其代表进行必要的披露，为了保护欧盟或成员国法律承认的合法利益，则该行为为法律保护的例外情形。

该"指令"授予商业秘密持有人广泛的救济措施，比如禁令、纠正和损害赔偿。商业秘密持有人可以申请临时措施，比如禁令和扣押或交付涉嫌侵权的商品，也可以获得永久救济，比如召回侵权商品、销毁或交付包含或实施商业秘密的物品。在确定损害赔偿金额时司法机关应当考量所有适当的因素，比如利润损失、侵权人获得的任何不公平利润等负面经济后果，在适当的情形下，道德偏见等非经济因素也可纳入考量范围。

《商业秘密保护指令》特别规定了诉讼中商业秘密的保护，包括限制查阅文件和举行听证会，还规定了律师或其他代表、法院官员、证人、专家和参与法律程序的任何其他人不使用或披露该商业秘密的义务，这一保密义务在诉讼终止后仍然有效，直至满足法律明确规定的两种情形之一。

2.《数据法》

2023年11月9日，欧盟议会表决通过《数据法》（Data Act），如后续获得欧盟理事会批准，该法将正式成为法律。《数据法》明确了此类数据流通利用过程中的商业秘密保护规则，并要求特定领域的数据接收方不得利用对数据的访问来对竞争对手的产品或服务进行逆向工程，以避免损害数据持有者的合法利益。

《数据法》在以下情况下管理受知识产权或商业秘密保护的非个人数据的国际传输：

（1）非欧盟/欧洲经济区政府的传输或访问请求；

（2）由公共数据库保存的、二次使用者（reusers）发起的、第三方权

利所涵盖的数据传输。❶

(三) 日　　本

日本是根据 1934 年创立的《不正当竞争防止法》❷ 来保护商业秘密。在 1975 年中期以后，IT 技术和尖端技术在日本经济中的进步、服务业的增长以及客户需求多样化导致的业务竞争的激活，财产信息的重要性变得尤其突出。此外，由于雇用类型的增加，员工的流动性也随之增加，从而提高了公司的商业秘密可能暴露给竞争对手的可能性。因此，《不正当竞争防止法》将保密性、有用性和不披露性定义为商业秘密的要求，并规定了侵犯商业秘密的行为类型。❸

本部分主要介绍《不正当竞争防止法》自 1990 年起的历史沿革，供各位读者体会日本在商业秘密保护法律方面的发展和变化。❹

日本在 1990 年的修订中将涉及商业秘密的不正当竞争行为列入其所规制的不正当竞争行为中，并且对涉及商业秘密的不正当竞争行为设置了废弃、消除请求权的相关规定。

2003 年的修订引入商业秘密刑事保护，对非法获取、使用或披露他人商业秘密的行为设置了刑事处罚规定等。

2004 年的修订导入了保密命令，法院可以命令当事人等不得为诉讼目的以外的任何目的，使用或披露书面资料或证据中包含的商业秘密；并完善了所谓的不公开审判程序，法院在审理文件提交命令时认为有无拒绝提交文件的正当理由需要听取意见时，可以向当事人等公开相关文件。

2005 年的修订加强了商业秘密的刑事保护，将以不正当竞争为目的，

---

❶ 欧盟数字监管挑战：《数据治理法》《数据法》或存在法律互操作性问题［EB/OL］.［2024-10-28］. https：//zhuanlan.zhihu.com/p/557025261? utm_medium = social&utm_psn = 1757573886529814528&utm_source = wechat_session.

❷ 也译作《防止不正当竞争法》。

❸ 深圳知识产权保护中心网站，http：//www.sziprs.org.cn/szipr/ztzl/hwsymm/flhjgl/content/post_822719.html.

❹ 丁茂中. 全球反不正当竞争法的发展趋势及对中国的启示［EB/OL］.（2024-03-29）［2025-04-07］. https：//zhuanlan.zhihu.com/p/689688535.

使用和披露从日本带出的商业秘密的行为，以及基于在任职期间承诺的原员工使用和披露商业秘密的行为，作为刑事处罚对象。

2006年的修订强化了对侵害商业秘密的刑事处罚，将侵犯商业秘密罪的刑罚标准提升至10年以下有期徒刑或1000万日元以下罚款。

2009年的修订包括：一是变更商业秘密侵害罪的目的要件，从"以不正当的竞争为目的"变更为"以获取不正当利益或损害其拥有者为目的"。二是扩大第三方不正当获取商业秘密的刑事处罚对象范围。修订前仅限于通过欺诈等行为或管理侵权行为、获取商业秘密记录介质等或复制商业秘密记录等的商业秘密获取方式；修订后取消了其限制，并以获利侵权为目的，通过欺诈等行为或管理侵权行为、非法获取商业秘密的行为，均作为刑事处罚对象。

在2011年的修订中，日本进一步完善了保护商业秘密内容的刑事诉讼程序及加强了技术限制措施纪律，包括法院根据受害者等的申请，可以决定在公开审理中不公开特定的商业秘密等。

2015年的修订又扩大了刑事、民事保护范围，完善了对商业秘密转手者的处罚规定，导入了商业秘密侵害品的流通限制制度等。❶

2023年的修订中规定将大数据共享给其他公司的服务，包括对数据进行保密管理，作为有限提供的数据进行保护，可以请求停止侵权行为等。在损害赔偿诉讼中，超过被侵害人生产能力等的损害部分也可以作为许可使用费的等值金额进行增加请求等，强化商业秘密等的保护。

总而言之，对商业秘密保护的完善是日本21世纪不正当竞争防止法的修订重点。

（四）韩　　国

韩国有关商业秘密保护的法律主要见于《反不正当竞争和商业秘密保护法》。其前身为《不正当竞争防止法》。该法出台于1961年，并在1991

---

❶ 侵犯商业秘密罪　律师带你看日本关于侵犯商业秘密行为的认定［EB/OL］.［2024-10-28］. https://zhuanlan.zhihu.com/p/361633201? utm_medium = social&utm_psn = 1757572566154113024&utm_source = wechat_session.

年的版本中首次将侵犯商业秘密行为视为不正当竞争行为，作出了对于侵犯商业秘密行为的民事救济和刑事救济的规定，且对刑事救济规定为"告诉的才处理"。

1998年，因受到"半导体产业间谍"事件的影响❶，韩国再次修改了《不正当竞争防止法》，修改后的法律也更名为《反不正当竞争和商业秘密保护法》，此次修改还新设了推定损害额的规定来帮助实现权利人的损害赔偿请求权；对禁止或者预防侵害请求权的消灭时效规定修改为自知道侵害事实或行为人之日起3年或者自侵犯行为发生之日起10年；同时对侵犯商业秘密行为加强刑事处罚。

之后，随着经济的发展，韩国又于2001年、2003年两次修改《反不正当竞争和商业秘密保护法》，但这两次对商业秘密有关的条款改动不大。2023年9月29日，《反不正当竞争和商业秘密保护法》最新修正案生效，此次修改将非法获取和使用数据的行为定义为不正当竞争行为。

《反不正当竞争和商业秘密保护法》中涉及商业秘密保护的条款主要包括商业秘密的定义、侵犯商业秘密的行为、商业秘密的保护、善意侵权人的特别规定、诉讼时效和处罚规定。

三、其他国家商业秘密的法律保护

在我国的主要贸易伙伴中，美、欧、日、韩的商业秘密保护较为系统全面，其他国家的立法虽有所涉及，但立法的系统性和全面性则与上述四个国家和地区有所差距，本书收集了部分其他国家的商业秘密法律保护情况，供各位读者参考。

（一）东盟国家

基本上东盟国家都有自己的商业秘密条例，具体如下：印度尼西亚有《2000年第30号商业秘密法》；新加坡有《保密法》；马来西亚有《违反机

---

❶ 郑德培.《韩国防止不正当竞争及保护营业秘密法》的制定及修改情况简介[M]//漆多俊.经济法论丛（第八卷）.北京：中国方正出版社，2003：384-387.

密信息和/或合同的侵权普通法》；泰国有《第 B. E. 2545 号商业秘密法》；越南有《越南知识产权法》；文莱没有颁布有关商业秘密的具体规定；老挝有《2017 年 11 月 15 日老挝第 38/NA 号知识产权法》；缅甸没有颁布有关商业秘密的具体规定；菲律宾有《知识产权法典》，即第 8293 号共和国法。

在此，对印度尼西亚、马来西亚和泰国的规定稍作详述。

在印度尼西亚，商业秘密被定义为技术或商业领域中不为公众所知的信息，并且由于其在商业活动中的有用性而具有经济价值，其机密性由其所有者维护，只要经济价值持续存在并保持机密性，就会永久提供保护。为防止盗用商业秘密，法律还作了具体的刑事规定。但是，印度尼西亚国家立法中没有关于防止国有企业（SOE）盗用商业秘密的具体条款。

在马来西亚，以下类型的信息可以确认为保密信息：（1）客户和供应商清单；（2）客户的具体需求；（3）过程和制造技术；（4）技术图纸和信息；（5）成分和配方；（6）专利和发明；（7）内部财务数据和信息；（8）模板；（9）价格信息和矩阵。商业秘密和保密信息的保护不受时间限制。如果侵权者盗用了属于他人"财产"的商业秘密，侵权者的行为可能构成刑事犯罪，主要依据包括《马来西亚刑法典》第 378 条、第 403 条，1997 年《计算机犯罪法》第 3 条，《2016 年公司法》第 218 条。商业秘密侵权诉讼时效为 6 年。被侵权人可向法院申请安东·皮勒令❶和临时或诉中禁令等救济措施。

在泰国，构成商业秘密、受到法律保护的信息需要满足以下条件：（1）不为通常处理此类信息的人所知悉或容易获得；（2）具有商业价值，且商业价值来源于其秘密性；（3）由信息控制者采取了适当的保密措施。侵犯商业秘密的行为有如下要件：（1）违反诚实信用的商业惯例，未经商业秘密所有者同意，披露、窃取或使用商业秘密；（2）侵权人知道或者有合理理由

---

❶ 安东·皮勒（Anton Piller）令（也称搜查令）是一种法院命令，允许检查被告或被告的住所，并民事搜查和扣押相关材料和文件。安东·皮勒令的目的是保存可能有被销毁或隐瞒危险的证据。

知道其行为违反公平商业惯例。相对地，以下行为不被视为对商业秘密的侵犯：(1) 披露或使用的商业秘密系从第三方获得，且不知道或没有合理理由知道该商业秘密是通过侵权行为获得的；(2) 为保护公众健康或者安全，由负责保守商业秘密的政府机构披露或者使用商业秘密；(3) 基于专业知识独立发现；(4) 反向工程，或通过评估和分析公共领域的产品发现属于他人的商业秘密，但评估和分析的目的应限于了解该产品如何创建、生产或开发，且是善意的。但如实施反向工程的一方与商业秘密权利人或产品卖方另行约定，该例外情况不适用。侵犯商业秘密的行为及民事救济措施商业秘密权利人可以向泰国知识产权和国际贸易法院（Intellectual Property and International Trade Court, IPITC）寻求以下民事救济措施：临时禁令，以暂时停止侵权行为；永久性禁令，以永久停止侵权行为；向侵权人索赔。在永久禁令的情况下，商业秘密权利人还可以要求销毁用于侵权行为的设备。损害赔偿金的金额通常基于侵权人因侵权行为而获得的利润或者法院"认为适当"的金额。如果法院有明确证据表明侵权行为是"故意或恶意"发生的并向公众披露了秘密，法院可以判决惩罚性赔偿。

（二）澳大利亚和新西兰

澳大利亚没有关于包括商业秘密的成文法，商业秘密受普通法保护。认定信息的保密性需参考合同约定，因此制定并签署保密条款对保护有价值的商业信息至关重要。如果信息被秘密地披露给接收方，或者披露方与接收方之间存在特定的信任关系，则可以认定接收方有默示保密义务，即未经披露方同意不得利用或披露该信息。

除保密性外，受保护的信息必须具有商业用途和可识别性。单纯的设想或行业经验不能成为法律意义上的商业秘密。

澳大利亚判例法是商业秘密的认定与保护的重要法律渊源。在 Moorgate Tobacco Co. Ltd v. Philip Morris Ltd [1984] HCA73 案中，澳大利亚高等法院强调了商业秘密的重要性以及持有商业秘密者的保护责任，同时对举证责任的分配进行了明确的规定。首先，法院认为，如对商业或工业上的任何信息采取保密措施能够使该信息持有人在商业上获得优势，那么这种信息就属于商业秘密。商业秘密可以包括技术、设计、配方、客户名单等各种信息。其次，法院认为保护商业秘密的措施应该由持有商业秘密的一方采取。如果持有商业秘密的一方没有采取适当的保护措施，那么也不应寻求法院保护其商业秘密。最后，关于举证责任的分配，法院认为原告必须证明被告使用或披露了商业秘密，而被告必须证明其使用或披露是合法的或有正当理由的。

与澳大利亚类似，新西兰也没有商业秘密的成文立法，商业秘密受到普通法中的违反保密义务（breach of confidence）相关制度的保护。商业秘密可能包括机密流程、客户信息、业务战略和秘密配方等内容。

（三）墨西哥

墨西哥对商业秘密也采取了刑事立法的方式予以保护，在墨西哥开展业务的企业可以利用刑事手段保护商业秘密。

根据《墨西哥联邦工业产权保护法》，侵犯商业秘密的犯罪行为包括：（1）未经商业秘密权利人或授权使用者的同意，在明知其保密性的情况下，以给自己或第三方获取经济利益为目的或者以对权利人造成损害为目的，向第三方传播因工作、职业、职责、职务履行、业务关系或因授予使用许可而得知的商业秘密；（2）以为自己或第三方获取经济利益为目的，或者以对商业秘密权利人或授权使用者造成损害为目的，在无权使用和未经商业秘密权利人或合法使用者同意的情况下盗用商业秘密，以便自己使用或者透露给第三方；（3）未经商业秘密权利人或授权使用者的同意，以获取经济利益或者对商业秘密权利人或授权使用者造成损害为目的，使用因工作、职业、职责、职务履行、业务关系而得知的构成商业秘密的信息，或者使用明知是第三方未经商业秘密权利人或授权使用者同意而透露的、构成商业秘密的信息；（4）未经商业秘密权利人或授权使用者的同意，以为自己或第三方获取经济利益或者对商业秘密权利人或授权使用者造成损害为目的，盗用、获取、使用或者以任何途径不当地传播商业秘密。

对侵犯商业秘密的犯罪一般情况下可判处二年以上六年以下有期徒刑，并处以犯罪时有效的日最低工资标准1000倍以上20万倍以下的罚金。

第二章　企业商业秘密保护难点

第一节　商业秘密保护的动力

一、国际贸易的必然要求

从前文可以看出，国际技术转让中技术秘密、经营秘密的保护正成为世界主要经济体的强烈愿望——协调全球性或地区性商业秘密保护的国际公约相继出现。无论是我国申请加入的 CPTPP 还是与美国签订的贸易协定，均对商业秘密尤其是技术秘密的保护提出了更高的要求。

事实上，商业秘密作为一种可转让的技术信息和经营信息，在国际贸易中的地位确实在水涨船高，甚至成为主要贸易对象。多年前的统计资料显示，单纯的技术秘密转让约占总贸易额的30%，附载技术秘密的专利许可约占60%，现在虽没有更新的统计数据，但比例预计只会更高。此外，经营、管理秘密也越来越被商界所重视，并成为国际贸易或投资的重要对象。[1] 不仅如此，技术更新速度的加快又促使国际技术流动频率加快、总量增大。统计资料显示，目前90%投放市场的新产品不到四年就会被其他产品替代，产品生命周期缩短的根本原因在于技术更新换代周期的缩短，而技术更新换代周期的缩短又进一步推动技术在国际转让和交流[2]。

---

[1] 李明华. 商业秘密及其法律保护 [J]. 法学研究，1994（3）.
[2] 苏敬勤，冯欲杰. 世界知识产权保护与国际技术贸易 [M]. 大连：大连理工大学出版社，1998：6.

当前，随着中美竞争的加剧，商业秘密已经成为美国手中的底牌之一——2023年1月美国总统拜登签署的《保护美国知识产权法》虽然声称是为加强保护商业秘密而打造，但该法并未规定任何具体措施，而是大篇幅列举了针对侵犯美国商业秘密行为的单边制裁措施，且该法制裁的对象不仅限于直接从事窃取商业秘密行为的主体，任何从相关窃密行为中获益的实体或为相关窃密行为提供帮助和支持的主体均是制裁的对象。制裁措施包括对外国实体实行的制裁措施和对个人实行的制裁措施，其中对实体的制裁措施要求采取不少于5种，包括针对一般实体的国内国际限制措施、针对金融实体的排除国内交易措施和针对个人的入境、财产措施。可见，若不对商业秘密加以保护，不仅可能成为美国"长臂管辖"的受害者，还将使我国在与美国进行国际博弈的过程中，在这一事项上处于劣势地位。

二、创新发展的重要动力

创新是一个民族进步的灵魂，是一个国家兴旺发达的不竭动力，是经济腾飞的翅膀。推动企业在创新道路上持续发展是实施国家知识产权战略的一项重要任务。在知识经济日益发展和产业链重构的国际环境下，保护商业秘密，既是全链条保护知识产权的重要环节，也是助推新质生产力的重要举措。

2020年11月30日，习近平总书记主持中共中央政治局第二十五次集体学习时强调"要提高知识产权保护工作法治化水平"，"要加强地理标志、商业秘密等领域立法"。党的十九届四中全会作出"加强企业商业秘密保护"的决策部署。《知识产权强国建设纲要（2021—2035年）》明确提出制定修改强化商业秘密保护方面的法律法规。《反不正当竞争法》两次修改，进一步明确了侵犯商业秘密情形、扩大了侵权主体范围、强化了法律责任，对商业秘密的保护力度大幅增强。福建出台《福建省商业秘密保护协作机制》。广东出台《广东省知识产权保护条例》，修订《广东省实施〈中华人民共和国反不正当竞争法〉办法》，细化商业秘密保护条款。最高人民法院在2024年2月公布了《最高人民法院知识产权法庭成立五周年 100 件典型案例》❶，其中 16 件案例与商业秘密相关，且主要是涉及技术秘密的案例。"香兰素"案、"蜜胺"案，商业秘密赔偿金额屡创新高。

以上表明通过保护商业秘密促进创新能力提升，已逐步成为国家最高领导层、知识产权行政管理部门和广大创新主体的共识。实施规范、科学的商业秘密管理已经成为我国创新主体适应市场竞争、开展合规经营、提升创新能力的必选项。

第二节　商业秘密保护的主要难点

近几年，随着国家行政层面的大力宣传，立法、司法层面的积极引导，我国各创新主体对商业秘密保护的重视程度日渐提高，管理也渐渐步入正轨，然而，商业秘密的保护并非一朝一夕所能完善，实施过程中仍有以下难点需要克服。

一、保密意识塑造之难

尽管外有美国步步紧逼，内有立法日趋完善、高额判罚时有耳闻，但若非罚及自身，对大多数企业而言，正处在已经认识到商业秘密的重要性并积极探索行之有效的保护措施的过程中，难免会在实务中存在仍需提升之处。例如，签订竞业禁止协议后，未实际履行竞业禁止补偿金的支付义务而导致竞业禁止"无效"；约定的竞业禁止种类太过广泛、地域过大、年限过长等，而遭受司法机关"全无"的裁判结果。引进其他企业负有竞业禁止义务的员工，并安排其从事与原任职单位相同或相似的工作；或是将从引进人员处知悉的其原任职单位的技术秘密泄露，给权利人造成不利影响，从而被要求承担相应法律责任。实施"反向工程"，结果痕迹管理不到位，没有形成完整、科学的研发记录链条，一旦发生纠纷，则因"自主研发"举证不力而败诉。

---

❶ 最高人民法院知识产权法庭成立五周年 100 件典型案例［EB/OL］.［2024-10-28］. https://www.court.gov.cn/zixun/xiangqing/425832.html.

这些损害结果的发生均非法律规制不到位，究其原因，以笔者之经验，实是不少企业的管理层和员工从根源上对法的认识淡薄或偏颇，而这种认识要靠滞后的司法判决来塑造将是一个非常漫长的过程。

此外，缺少对商业秘密重要性的足够认识和警惕性是源头性问题，如企业的工作人员常常认为手机到处都有，联网如此方便，有密难保，保密也无用；没有认识到自己的工作岗位也有密可保，认为保密与自己无关，该怎么做也不清楚；没有把企业商业秘密的保护摆到应有位置，责任不落实，制度和管理措施不到位，有密不标记，管理不严，留下诸多泄密的隐患；没有进行密点梳理或密点梳理与企业实际情况脱节，又将不属于企业商业秘密的公共信息纳入企业要保护的商业秘密❶等更非法律所能解决企业实际管理之痛点。

二、建立和落实保密措施之难

在失泄密案件中，企业对于自身的商业秘密是否采取了保密措施，对司法判决有重要的影响。在事前，有效的、系统性的保密管理措施可以较好预防商业秘密受到侵犯。而在事后的纠纷中，采取保密措施是商业秘密的构成要件。商业秘密要求权利人主观上必须具有保密意图，客观上要有严密的保密工作措施，如严控商业秘密接触范围、采取限制接触的技术手段、明确涉密工作人员的保密义务等。如果企业主张的商业信息没有被法院认定为商业秘密，那么，司法机关就不可能作出对企业有利的判决。即使采取了保密措施，如果企业不能充分证明这些措施的有效性且所诉侵权人已经或应当知晓这些保密措施，也将承担举证不能的不利后果，导致败诉。

《最高人民法院关于审理不正当竞争民事案件应用法律若干问题的解释》第 11 条指出："权利人为防止信息泄漏所采取的与其商业价值等具体

---

❶ 最常见于将未经加工的客户信息，如可通过公开网站或扫展会方式获得的客户名称、地址、联系人员及联系方式、沟通记录、成交记录（意向）、参展情况等列为企业的商业秘密，却未包括客户的特殊需求、交易习惯等深度信息。

情况相适应的合理保护措施，应当认定为反不正当竞争法第十条第三款规定的'保密措施'；人民法院应当根据所涉信息载体的特性、权利人保密的意愿、保密措施的可识别程度、他人通过正当方式获得的难易程度等因素，认定权利人是否采取了保密措施。"在化学工业部南通合成材料厂、南通中蓝工程塑胶有限公司等与南通市旺茂实业有限公司、陈某某等侵害技术秘密纠纷一案中[1]，最高人民法院就针对商业秘密权利人所举证的一些所谓的保密措施作出如下论述，如"仅在'通用条件'中笼统地记载'保守秘密'，但没有记载具体的保密对象或范围"；文件《借阅档案登记》"虽然记载了借阅的名称、借阅人、借阅时间等信息，但本身没有记载任何有关保密的具体规定或者要求"；"将配方等技术信息记载在'混料单'和'配料单'上，在不同区域分别进行配料和混料，以及以字母和数字指代配方，属于生产活动中可能采取的常规措施，这些措施既可能是为了便于生产、管理，也有可能基于保密或者其他目的"，并最终认为权利人没有采取有效的保密措施。

什么是有效的保密措施？《最高人民法院关于审理不正当竞争民事案件应用法律若干问题的解释》等法律法规给出了一定的指引性规定，但其视角依然是从司法机关的审判工作，而非企业管理的角度。在企业的管理实践中，情况则要复杂得多，例如"对于涉密信息载体采取加锁等防范措施"就可能涉及涉密计算机应如何采取登录限制措施、涉密存储介质如何采取防止拷贝措施、涉密信息传递有没有操作流程、采取何种技术手段和管理细则保证员工涉密权限的实现等具体问题，而这些内容在法律条文中则无法也无须体现——企业很难在法律条文中直接知道"参考答案"。

三、规范人事管理之难

虽然法律规定了保密协议、竞业限制协议、高级管理人员的保密义务、限制知悉范围等保护商业秘密的手段，但是没有明确应该何时签订这些协

---

[1] （2014）民三终字第 3 号，（2017）最高法民申 1602 号。

议，以及应采取哪些措施确保各种协议的规范执行，也未明示企业应如何在限制知悉范围的情况下保证一定的工作效率，什么样的措施才能确保限制范围的有效性。

事实上，企业的人事管理往往是按照入职、在职、离职（离岗）的环节进行管理，现有法律并未按照企业人事管理的周期设计与之一一对应的条款，这就带来了另一方面的问题，即企业在仅知晓法律条款的情况下是无法将其落地于人事管理的过程中，进而造成种种人事管理过程的商业秘密风险，如入职保密协议、项目保密协议缺失或者没有对商业秘密范围的详细界定；没有关于在职员工涉密且已知晓涉密的相关活动记录；关键员工离职没有签订竞业限制协议或竞业限制协议权利义务不统一或竞业限制协议规定的补偿金给付义务没有履行或没有针对离退休人员有关保密事项的管理和要求。

四、技术引进中侵权隐患之难

在一些技术引进合同中，存在一些对技术引进方的限制约束过于苛刻的条款，如要求技术引进方承担无限期保密义务，限制其在合同标的技术基础上进行新的研究开发或限制使用所改进技术等，商业秘密的定义模糊等。这些规定单从法律的角度理解固然苛刻，但只要双方基于自愿的原则，且不违反达成一致的准据法及实体法即会在争议发生后被裁判机构所认可。

然而，实际情况是企业作为技术引进方，可能产生基于引进技术进行改进，并对改进技术进行对外转让或许可，或将自己的自主创新技术与引进的技术交混使用，甚至有可能没有使用合同相对方的技术的实际需求。由于大多数成文法律不会明确要求对技术秘密侵权风险和合同违约风险发生的因果进行分析，若企业的管理体系中未能建立商业秘密保护或管理的相应流程，大概率的后果是一旦发生合同预见的争议结果则由企业承担违约或侵权的不利后果。

五、应对互联网对商业秘密保护的挑战之难

互联网时代，商业秘密保护常常面临侵权主体较为复杂、侵权手段技

术性较高、侵权渠道较为多变等三方面的挑战。

（一）侵权主体涉及内外

商业秘密的侵权主体分为内外两种。其中，前者所代表的是企业内部的工作人员所出现的盗取商业秘密以及未经所有人同意即对商业秘密进行传播、曝光、出售等行为；后者所代表的是企业外部的人员或团体所实施的各类商业秘密侵权行为。

以企业内部工作人员泄露商业秘密的现象为例，由于互联网具有开放性和高效性的特点，故而在网络环境下，商业秘密泄露是非常容易且快速的，甚至一些员工在没有完全弄清事态的情况下就完成了商业秘密的曝光。此外，当员工脱离原有企业以后，外部主体侵权事件的发生频率更是高得惊人，由于互联网具有一定的特殊性并且不受时间和空间的限制，所以很难保证离职员工不会为了个人利益而对原公司的商业秘密进行泄露。

（二）侵权手段的技术性较高

在网络环境下，企业的商业秘密一旦被信息化以后，侵权人则有可能采取一些高技术的手段去获取这些信息，例如毁坏计算机的安全防护系统，破解计算机密码，利用木马、病毒等手段来入侵企业的计算机，等等。此外，近年来通过无线网络对商业秘密进行截取和破坏的事件也时有发生，一些不法分子已经成功地创造出一种类似于计算机病毒的编码，它能够通过各种形式入侵他人的计算机盗取信息。

（三）侵权渠道较为多变

旧有的窃取商业秘密的渠道包括收买企业掌握商业秘密的员工，借助参观、访问、商务谈判等方式刺探企业的商业秘密等，随着互联网和计算机技术的不断发展和创新，如今窃取商业秘密的方式和渠道也愈发多样化。以目前较为常见的电子邮件为例，电子邮件的使用率极高，它不仅是企业接收资料的主要途径，也是交流商业信息的重要工具。如果电子邮件被侵权者截获，那么也就意味着内容中所附带的商业秘密被泄露。

要应对这三方面的挑战，需要企业实施严格的内部管理制度并针对网络的技术特点做好管理留痕，才有可能为后续的维权提供有力的证据，而这些前置的留痕过程，尽管其最终形成的记录或者物品需要与程序法律对举证的规定保持一致，但其操作规程并非法条所能载明。

六、维权之难

毫不夸张地说，商业秘密一旦泄露，或许就意味着企业的发展将就此止步，企业原有的竞争优势很有可能就此丧失。

尽管我国近几年的立法和司法趋势是倾向保护商业秘密所有人的利益，但由于商业秘密本身以及侵权行为具有秘密、隐蔽的特点，致使商业秘密所有人被侵权后很难举证侵权人实施了侵权行为。按照"谁主张，谁举证"和一定条件下"举证责任倒置"的原则，商业秘密权利人如果无法提供有力证据证明其商业秘密被非法使用的客观事实，不管是要求行政保护，还是提起民事诉讼或刑事诉讼，都可能因举证不足而不得不承担不利的法律后果。

当然，被侵权人也可以采取刑事手段借用公权力获取自身很难取得的证据，但司法实践中启动刑事立案的门槛较高，公安机关通常会要求权利人到其指定的鉴定中心对商业秘密进行专门的鉴定。此外，还会对保密措施、经济价值等进行严格审查，并且要求提供侵权人的相关信息，否则不予立案。

总之，企业欲保护其商业秘密，并非仅靠法律法规就可无往不利，如果轻视内部管理，企业仍不免在后续维权之路上处处碰壁。依笔者浅见，唯有实施体系化管理才能有效提升商业秘密保护的绩效，才能真正护住、护顺、护好商业秘密。

第三章 企业提升商业秘密保护的秘诀
——体系化管理

第一节 理解商业秘密体系化管理

一、商业秘密体系化管理的提出

尽管很多企业都已认识到商业秘密是其核心竞争力的重要组成部分，在实际管理商业秘密时，却常常显得力不从心，不知从何入手。虽然一些企业制定了如《技术秘密管理办法》之类的管理文件，但整体来看，这些管理措施并不系统，难以形成有效的保护体系。更为严重的是，除了负责商业秘密管理的责任部门，其他部门对商业秘密管理工作知之甚少，甚至一无所知，人员普遍保密意识淡漠，也无法建立相应的企业文化。因此，本书提出对商业秘密实施体系化管理的建议，即为企业构建一套跨部门协作、全面覆盖、预防为主、应对有策的商业秘密管理体系，以最终达到有效保护企业商业秘密的目的。

关于此节提到的"管理体系"，本书采用 GB/T 19000—2016《质量管理体系 基础和术语》[1]的定义，管理体系即组织（3.2.1）建立方针[2]

---

[1] GB/T 19000—2016《质量管理体系 基础和术语》3.5.3 条款"管理体系"，由于该国家标准等同采用了 ISO 9000：2015 国际标准，故"管理体系"的定义应为国际所公认。

[2] GB/T 19000—2016《质量管理体系 基础和术语》3.5.8 条款"方针"。

(3.5.8）和目标❶（3.7.1）以及实现这些目标的过程❷（3.4.1）的相互关联或相互作用的一组要素。

为使读者进一步了解管理体系，本书在此简要介绍一下在全球范围内得到广泛实施的质量管理体系。1987年，国际标准化组织（ISO）发布ISO 9001质量管理体系标准，这一全球公认的标准文本旨在为企业提供一套框架，用于系统地管理其业务流程，确保产品和服务质量。多年来，ISO质量管理体系标准在全球范围内得到广泛实施，不仅提升了企业的市场竞争力，还促进了国际质量管理的统一与互认，为全球经济一体化和可持续发展奠定了坚实基础。

目前，我国国内企事业单位普遍采用的标准为GB/T 19001—2016/ISO 9001：2015《质量管理体系　要求》，即企业将以该标准文本为依据，按照该标准的要求，建立质量管理体系并加以有效运行。

依据标准构建商业秘密管理体系是近几年才在我国出现的新事物，然而其所运用的体系化管理理念、方法早已在管理领域蔚然成风，如前所述的质量管理体系，据国家市场监督管理总局全国认证认可信息公共服务平台显示，截至2025年1月，我国通过质量管理体系认证的组织已有87万多家。❸

通过以上介绍，我们可以对应地去理解商业秘密体系化管理：所谓商业秘密体系化管理，即以相应的标准文本为依据，构建并运行企业的商业秘密管理体系并加以有效运行，以提高企业商业秘密管理的运作效率和效果。换言之，商业秘密体系化管理就是利用标准为企业提供的管理框架，系统地管理商业秘密，以达到保护企业商业秘密的目的。

---

❶ GB/T 19000—2016《质量管理体系　基础和术语》3.7.1条款"目标"。
❷ GB/T 19000—2016《质量管理体系　基础和术语》3.4.1条款"过程"。
❸ 查自全国认证认可信息服务平台（http：//www.cx.cnca.cn/CertECloud/stutistics/intoStaticsIndex）。

二、商业秘密体系化管理的依据

（一）其他国家的标准工具

据了解，目前尚没有发布有关商业秘密管理的国际标准单独文本，在国际标准化组织发布的 ISO 56005《创新管理 知识产权管理指南》标准中涉及商业秘密管理的相关内容。如：（1）条款 6.1 指出，创新通常会产生各种可受保护的知识产权资产。例如，专利可用于保护新产品或新工艺，版权用于保护文学作品、艺术作品或软件，外观设计用于保护富有美感的设计，商标用于保护产品或服务的品牌，商业秘密用于保护独特的秘密配方。源自创新行动的不同形式或类型的知识产权，可至少在知识产权和/或知识产权权利的生命周期内产生开发利用机会（例如，续展的商标存续期，或妥善保护的商业秘密可能的永久性）。（2）条款 6.3 指出，组织应采取适当措施确保知识产权保护得以维持（例如，保密协议等保密和商业秘密保护措施）。

在地区或国家层面，欧盟成立了创新管理标准化技术委员会（CEN/TC389），并已发布 CEN/TS 16555 系列欧盟标准，包括《创新管理体系》《战略情报管理》《创新思维》《知识产权管理》《协同创新管理》《创造力管理》等标准，其中有对商业秘密保护和管理的内容。

韩国知识产权局曾于 2021 年 12 月 22 日发布《专利和商业秘密战略（IP-MIX）指南》，旨在制定最佳的技术保护战略。该"指南"比较分析了专利和商业秘密的优缺点，总结了在选择技术保护手段时应考虑的标准，如逆向工程的可能性、技术公开时存在的问题、经营战略等。该"指南"还包括专利和商业秘密的选择、组合案例等，将重点放在研究实际中更好理解并运用的相关概念上。

此外，ISO/IEC 27001《信息安全管理要求》和美国国家标准与技术研究院（NIST）发布的 NIST SP 800-57《推荐用于保护非机密信息的安全控制措施》、NIST SP 800-171《保护非联邦信息在非联邦信息系统和企业中的安全控制措施》等信息安全类的标准中关于信息安全管理的内容与商业秘密中的"信息安全"多有契合之处。

（二）我国的标准工具

相较于国际组织、其他国家或地区，我国行政管理部门或社会组织在制定、出台商业秘密管理标准文本方面表现得更为积极。通过标准管理商业秘密正逐步成为行政管理部门推动企业加强商业秘密管理的重要手段。

我国出台的首部企业知识产权管理国家标准GB/T 29490—2013《企业知识产权管理规范》已经涉及商业秘密的相关内容。其条款6.1.3指出，通过劳动合同、劳务合同等方式对员工进行管理，约定知识产权权属、保密条款。其条款7.5b指出，对检索与分析、预警、申请、诉讼、侵权调查与鉴定、管理咨询等知识产权对外委外业务应签订书面合同，并约定知识产权权属、保密等内容。其条款7.6指出，应编制形成文件的程序，以规定以下方面所需的控制：（1）明确涉密人员，设定保密等级和接触权限；（2）明确可能造成知识产权流失的设备，规定使用目的、人员和方式；（3）明确涉密信息，规定保密等级、期限和传递、保存及销毁的要求；（4）明确涉密区域，规定客户及参访人员活动范围等。其条款8.3b指出，做好供方信息、进货渠道、进价策略等信息资料的管理和保密工作。

该标准换版后的GB/T 29490—2023《企业知识产权合规管理体系 要求》于2023年8月6日由国家市场监督管理总局、国家标准化管理委员会发布，于2024年1月1日正式实施。相较于2013年版的标准，2023年版的标准在条款8.1.1获取中，增加了有关商业秘密的独立内容，并在条款9.3.3.4中增加了相应的审核重点内容，并在篇末增加了"附录A 商业秘密管理的工具与方法"，从涉密信息的管理、涉密人员的管理、涉密设备与载体的管理、涉密区域的管理帮助企业管理商业秘密，为核心业务保驾护航。

基于我国特殊国情，国企尤其是中央企业在经济活动中占有重要地位，而中央企业的商业秘密更是重要的无形资产，是企业的核心竞争力所在，因此，加强商业秘密保护是有效维护中央企业自身权益、确保国有资产保值增值的必要前提和重要途径。鉴于此，2010年3月25日，国务院国有资产监督管理委员会公布施行《中央企业商业秘密保护暂行规定》，明确规定中央企业商业秘密保护的机构、职责和措施，要求企业建立法定代表人负责制。

随着信息化时代的来临，考虑到中央企业商业秘密大量存在于信息系统中的实际情况，为了提高中央企业商业秘密的安全防护水平，重点保护承载商业秘密的信息系统安全。2012年5月14日，国资委公布施行第一版《中央企业商业秘密信息系统安全技术指引》（以下简称《指引》），要求各中央企业对集团层面的承载商业秘密的信息系统在1~3年内部署完成有关安全保密措施，并结合本单位实际，利用3~5年的时间，在本企业系统内分步部署完成相关安全保密措施。2015年，国资委保密委员会根据信息安全形势的发展及数据安全技术的发展进步，结合部分试点经验，对《指引》进行了修订，修订版《指引》在原版基础上，结合商业秘密的形成、流转、存储、脱密以及销毁等阶段，着重强调了商业秘密数据全生命周期安全保护理念，提出了针对不同阶段数据的安全保护标准，突出了商业秘密自身的安全保护，并将《指引》中的技术要求与现有的国家有关标准体系进行有效衔接，从而使修订后的《指引》具有了一定信息安全管理相关标准和国密管理相关要求的色彩。

除国家标准外，各地方和一些社会组织也相继出台了具有地方特色，或者符合团体成员特点的商业秘密管理或者保护的地方或团体标准，例如2020年，浙江发布我国首个《商业秘密保护管理与服务规范》省级地方标准，北京发布《北京市互联网企业商业秘密保护工作指引》，山东出台《经营者加强商业秘密保护工作指引》，福建出台《福建省商业秘密保护协作机制》等（见表3-1、表3-2）。

表3-1 我国商业秘密地方标准

编号	标准号	标准名称	省（区、市）
1	DB11/T 2156—2023	城市副中心　商业秘密保护指南	北京市
2	DB3202/T 1058—2023	商业秘密保护服务规范	无锡市

续表

编号	标准号	标准名称	省（区、市）
3	DB3202/T 1059—2023	企业商业秘密管理体系建设规范	无锡市
4	DB1310/T 2156—2023	商业秘密保护指南	廊坊市
5	DB3715/T 48—2023	商业秘密保护管理和服务规范	聊城市
6	DB65/T 4673—2023	商业秘密保护管理工作规范	新疆维吾尔自治区
7	DB34/T 4533—2023	企业商业秘密管理体系 要求	安徽省
8	DB2101/T 0080—2023	企业商业秘密信息化安全防护规范	沈阳市
9	DB43/T 2652—2023	企业商业秘密保护管理规范	湖南省
10	DB46/T 584—2023	商业秘密保护管理规范	海南省
11	DB4205/T 105—2023	商业秘密保护管理与服务规范	宜昌市
12	DB5105/T 59—2022	商业秘密保护示范基地建设规范	泸州市
13	DB21/T 3659—2022	商业秘密保护管理规范	辽宁省
14	DB61/T 1605—2022	商业秘密管理体系建设规范	陕西省
15	DB34/T 4317—2022	商业秘密保护规范	安徽省
16	DB5103/T 31.5—2022	知识产权保护 市场监管系统工作规范 第5部分：商业秘密	自贡市
17	DB4403/T 235—2022	企业商业秘密管理规范	深圳市
18	DB33/T 2273—2020	商业秘密保护管理与服务规范	浙江省

表3-2 我国商业秘密团体标准

编号	标准号	标准名称	社会组织
1	T/ZOSA 002—2018	中央企业移动办公商业秘密保护安全技术要求	中关村智能终端操作系统产业联盟
2	T/WLBY 2—2020	企业商业秘密保护工作规范	温岭市泵业协会
3	T/LDS 001—2020	灯饰行业商业秘密保护工作规范	临海市灯饰行业协会

续表

编号	标准号	标准名称	社会组织
4	T/SZATS 0001—2021	企业商业秘密管理规范	深圳市服务贸易协会
5	T/BDIA 3002—2022	商业秘密保护管理体系 要求	中关村大数据产业联盟
6	T/SZATS 0002—2022	企业商业秘密防护及管理服务规范	深圳市服务贸易协会
7	T/QDAS 085—2022	企业商业秘密保护工作规范	青岛市标准化协会
8	T/ZGZS 0101—2022	商业秘密载体销毁通用规范	中国再生资源回收利用协会
9	T/BMCA 007—2022	商业秘密管理体系建设规范	北京市军民融合协同创新协会
10	T/FSDTA 001—2022	商业秘密保护服务规范	佛山市顺德区商标协会
11	T/CCPITCSC 122—2023	商业秘密保护一站式服务指南	中国国际贸易促进委员会商业行业委员会
12	T/FCCI 2—2023	建筑卫生陶瓷行业商业秘密保护规范	佛山市禅城区陶瓷行业协会
13	T/CCAA 67—2023	商业秘密管理体系 要求	中国认证认可协会
14	T/SSYS 1—2023	食品饮料生产企业商业秘密保护管理规范	佛山市三水区饮料食品行业协会
15	T/GECPA 0004—2023	企业商业秘密保护评估规范	广东省企业竞争力促进会
16	T/THTTSPA 001—2023	商业秘密保护等级评价准则	天津滨海高新区商业秘密保护协会
17	T/BJHDSMEA 001—2023	中小企业商业秘密安全保护规范	北京海淀中小企业协会

续表

编号	标准号	标准名称	社会组织
18	T/HCSYMM 01—2023	商业秘密保护管理体系建设指南	厦门市海沧区商业秘密保护创新联合会
19	T/NHZSCQ 0001—2023	商业秘密保护管理规范	佛山市南海区知识产权协会
20	T/AHPA 002—2023	医药行业商业秘密保护规范	安徽省医药产业创新协会
21	T/CIPSA 0006—22023	商业秘密管理师职业技能等级培训与考核规范	首都知识产权服务业协会
22	T/JTMQ 001—2023	螺杆行业商业秘密保护工作规范	舟山市金塘民营企业发展联合会
23	T/WJZZ 015—2024	长三角生态绿色一体化发展示范区智能制造企业商业秘密保护工作规范	苏州市吴江区智能制造协会
24	T/CQJJLMA 002—2024	商业秘密保护规范	重庆市江津区酒类管理协会
25	T/PPAC 701—2021	企业商业秘密管理规范	中国专利保护协会
26	T/CIPS 004—2023	商业秘密鉴定规范	中国知识产权研究会

其中，中国专利保护协会作为民政部批准成立的全国性、专业性、非营利性知识产权社会团体，于2021年发布了T/PPAC 701—2021《企业商业秘密管理规范》。该标准充分吸收了国内外关于企业开展商业秘密管理的先进理念和实践经验，具有三个明显特点：（1）可实施性强，该标准为统筹协调企业商业秘密与国家秘密提供了参考，可与知识管理体系、信息安全管理体系、知识产权管理体系有机融合，同时又保持相对的独立性；（2）框架完整，该标准选择了ISO制定的、目前普遍适用的管理体系高阶架构，便于企业在建立商业秘密管理体系时与其他管理体系高效融合，也便于第三方机构参照该标准为企业提供商业秘密管理咨询或认证服务；

（3）观念创新，该标准首次提出并引入安全度的概念，引导企业的商业秘密管理始终关注商业秘密的安全度，指导企业采用过程方法，在合适的时间节点选择清晰合理的考核指标，并通过指标的分解量化、测量监控及不断完善，持续提升企业商业秘密管理水平，助力企业高质量发展。

此外，该标准是国家一级社团组织首例商业秘密管理团体标准，直接响应和有效支撑了国务院印发的《"十四五"国家知识产权保护和运用规划》，符合国家知识产权战略发展方向及我国企业的迫切需求，对我国企业建立并完善商业秘密管理体系具有指导作用，对其他有商业秘密管理需求的企业开展商业秘密管理也有参考作用，目前已经在十余家大型央国企和民营企业开花结果，其适用性已经得到认可。本书主要参考该标准的内容，对商业秘密体系化管理进行论述。

三、商业秘密体系化管理的主要内容

研读上述地方及团体标准，不难发现其中的管理要求类标准基本符合ISO/IEC导则附录1规定的适用于所有ISO管理体系标准的高层结构，即由范围、规范性引用文件、术语和定义、组织环境、领导作用、策划、支持、运行、绩效评价、改进等一级条款组成管理框架，这一管理框架的好处在于任何对管理体系稍有了解的企业很容易在现有管理的基础上嵌入商业秘密管理体系，并使公司的管理人员更快地适应由于商业秘密管理所带来的管理变化。

具体来说，对于一家要开展商业秘密体系化管理的企业而言，首先应理解其所处的环境，包括其外部的社会环境、法律环境、政治环境、经济环境和内部的治理环境和文化氛围。在此基础上，企业的领导层应作出表率，自上而下地推动商业秘密管理体系的整体策划并为其提供足够的资源保障。

这一资源保障无外乎是人、财、物的支持，其中财、物容易理解，而对人的支持不仅包括对人的能力选拔，还包括设置合适的岗位、分配合适的权责，并规定合适的制度和流程，从而确保正确的人在正确的岗位上可

以正确地履职。

具体到商业秘密管理的运行层面，商业秘密管理也往往会从商业秘密的确定开始，并通过人员管理、载体管理、设备管理和区域管理对商业秘密的产生、接触、使用、传递、保存、解密（消灭）加以控制；针对商业秘密管理运行不善或与合作伙伴、竞争对手发生的龃龉进行风险防范。

对运行效果的评价即绩效评价，不同的标准会设计不同的评价方法，但绩效评价又必须在策划阶段加以明确，才能与运行层面商业秘密管理的要求和程序保持一致，并能够通过实施这一过程帮助企业发现持续改进的方向。

第二节 通过体系化管理保护商业秘密的优势

本书第二章已经分析了企业在商业秘密保护实务中的诸多难点，而体系化管理的优势恰恰能够在一定程度上化解这些难题乃至使企业的商业秘密保护获益更多。

一、系统化解决商业秘密保护的难点问题

（一）以顶层设计塑造商业秘密保护意识

按照体系化管理的要求，企业应在识别环境的基础上，由最高管理层制定商业秘密管理的方针、目标并使其与企业的整体发展战略和规划保持一致，通过正式的下发过程形成对商业秘密管理的基础认识；通过企业架构的设计、优化，确保商业秘密的管理能够政令顺畅、如臂指使，使商业秘密管理的文化能够生根发芽；此外，还需要高层积极推动并以身作则地组织培训，从而让商业秘密管理的意识在企业成员的心中茁壮成长。

（二）以过程方法推动建立可落地的管理制度

所谓过程方法，即企业通过一系列相互关联相互作用的过程来实现预期的业绩，对这些过程及相互作用进行识别并对其进行管理以产生期望的产出。按照过程方法的要求，企业的管理制度或程序应做到环环相扣，

衔接紧密，任何一个环节都有前后步骤与之相对，任何一个环节都应有对应的岗位和人员来对其进行管理，将管理职责落实到位，将管理责任承担起来。例如，某大型民营化工企业在公司高层的支持下成立"商密管理委员会"，发布《商业秘密管理制度》《员工保密手册》《商密文件权限设定及变更审批流程》《信息安全政策确定流程》等制度文件，这些文件的规定就运用了过程方法的原理，加强商业秘密管理，对商业秘密管理涉及的各个步骤、各步骤需要什么人做什么事，以及如何进行等作出明确规定。

(三) 通过梳理商业秘密明确财产边界

企业只有首先了解其自身拥有和掌握的商业秘密才能够采取相应的保护措施。实施体系化管理，运行阶段的第一步就是明确商业秘密及其相关事项。需要注意的是，对商业秘密的梳理并不是总体性概括所有包含商业秘密的文件和资料，而是应当指明具体的需要保护的信息，可以进行商业秘密梳理并制作相应的商业秘密梳理表，在表格中应注明构成商业秘密的条件。

(四) 通过追踪职业生命周期细化人员管理

体系化管理在人员管理的过程中往往与其职业生命周期保持一致，即包括入职、在职、离职三个主要方面。

(1) 员工涉密背景调查。对于新入职的员工，除审查其与前用人单位的劳动关系解除情况，还应审查其是否掌握或接触前用人单位的商业秘密。

(2) 保密协议与保密制度配套执行。一方面，公司在员工入职时就应当以劳动合同的保密条款或单独的保密协议的方式明确约定员工的保密义务；另一方面，公司还应制定保密制度企业培训活动并交付给每个员工。

(3) 岗位调动或离职时作脱密管理。科学的商业秘密保护制度会将商业秘密知悉人员、存储区域限定在必要范围内，因此企业内部的调岗也可能涉及商业秘密的扩散或转移，有必要针对具体情况对相关员工作脱密处理。

(五) 规范化信息管理杜绝侵权泄密隐患

信息管理虽然有时并未在商业秘密管理标准中明文列出，它隐藏于标准的几乎所有字里行间，一般通过分级管理、区别于非涉密信息的存储管理方式、加密、接触限制、定期审查和更新等方面的要求防止侵权泄密。

（1）分级管理。不同涉密信息具有不同的秘密程度及商业价值，企业应在此基础上对不同级别的涉密信息作区分管理。

（2）存储管理。涉密信息应当采取区别于非涉密信息的存储方式，包括限定存储时间、保管人员和存储载体。员工因工作需要而获取涉密信息时，应当避免交付原件，并应跟进复制件归还或销毁情况，避免涉密信息存储范围的扩大。

（3）加密管理。必要时，应对涉密信息进行加密管理，以防止信息一旦泄露造成的损失，例如化工公司普遍采用的以代号标记原料和最终产品，不透露具体物质名称。

（4）接触管理。涉密信息应限定可接触人员的范围、访问和获取程序。员工获取涉密信息时，应以层级审批、签署保密承诺为前提，并应规定返还时间、保留流转记录等。

（5）定期审查及更新。企业应定期审查涉密信息的存储、备份和使用情况，将新形成的涉密信息及时纳入制度保护范围。对于重要的商业秘密，企业还应定期进行查新检索，审查涉密信息的披露情况。

（六）规范化商业活动管理保障交流合作

在体系化商业秘密管理的区域、载体、设备管理要求中，一般都包括与外部企业、人员的商务交往的相关规定，部分标准的条款还对商务活动中的注意事项详加规定。

（1）在商业交流活动中，应当尽量避免外来人员访问涉密区域、接触涉密载体。

（2）在商业合作过程中，无论是磋商阶段还是合作期间均应与合作商签署保密协议，以"列举+兜底"的方式约定保密信息内容，保密期限可根据具体情况约定为合作期间及合作结束后一定期限内，或约定为直至相关信息落入公知领域之日。

（3）管理与其他主体共有的商业秘密时，企业除应在己方范围内采取合理的保密措施外,还应与共有方签署保密协议,要求并监督共有方对共有商业秘密的保护情况,避免因共有方未采取保密措施而导致所涉商业秘密丧失秘密性和保密性。

(七)充分运用技术手段应对线上线下挑战

产品所承载的非标准技术信息在一定情况下可以作为商业秘密保护,为防止因产品流入市场导致技术秘密公开,商业秘密管理的相关标准会要求企业应以技术措施结合协议的方式实现保密:一方面,应采取技术措施防止他人拆解产品或进行反向工程,例如采用一体化设计,设置在强行拆解时会破坏技术秘密的自毁装置等;另一方面,应在产品上作出涉密警示标注、与产品购买方签署保密协议等。

如果因产品流通特点或技术限制而无法采取上述措施,标准中往往在确定保护方式的章节中提示放弃商业秘密保护的思路,在产品公开前将相关技术信息申请专利保护,避免因产品公开使技术信息丧失秘密性或保密性而无法维权。

值得指出的是,部分标准将商业秘密技术保护的技术如计算机网络技术的运用通过附录的形式加以展示,这些内容是对企业的有效提示,而非需要实施标准的企业无条件地采用。例如,现在出现了新的商业秘密保护方式,即使用专利保护技术秘密,使得专利和技术秘密的侵权识别能力大幅度提高。被我国"十四五"规划列为科技前沿攻关方向、被美国国防部誉为未来重点关注的六大颠覆性基础研究领域的合成生物学技术,在推动生物燃料和特种化学品生产、环境污染的治理、有毒化学物质的监测等领域的技术进步具有重大的意义,而合成生物学技术的基础就是经过工程化(如基因剪切或者构建)的特种细胞(如某种细菌)。某企业如果采用合成生物技术,研发了特定的菌种进行化工产品的生产,则可采用上述生物药的方式保护其研发成果。该项技术已经在生化领域有了良好实践——某菌种是生物药生产最重要的起始原料,由于侵权识别的困难,一般不作为专利保护,只作为技术秘密保护。该项技术的核心是利用基因序列的4进制,在菌种基因序列中插入一段特定的加密编码,而在专利中公开菌种的全部基因序列，把编码藏在其中。任何一方需要知道编码的长度、位置和密钥，才能破译该编码。如果在市场上发现其他厂家的产品中存在相同的编码，则可以认定该厂家是盗取了其技术秘密或侵犯其专利。一些特定化工企业也可以借鉴这种思路。

(八) 充分做好留痕解决维权证据难题

企业在面临商业秘密被侵害时，应该运用法律途径来维护自己合法的权益，综合或选择性地选择以下四个方面的途径来进行补救：民法上的救济、劳动法上的救济、行政法上的救济、刑法上的救济。依据这些相关法律的规定来弥补和追究因商业秘密被盗窃而造成的损失。而上述措施的有效性来自企业向司法或行政机关提供大量的优势或无可辩驳的证据，这些证据可以来自体系化管理要求保持或保存的记录文件。

二、为企业高质量发展带来增值优势

体系化管理商业秘密的优点在于具有统一性、明确性、可追溯性、效率性、关注风险、人本管理、可持续改进等。对任一企业而言——开展商业秘密体系化管理，除了可以享受体系化自身优点的回馈，还能得到更多增值收益。

(一) 加强合规运营

通过制定明确的操作规则和流程，使员工清楚地知道何时何地何事可能接触到企业的商业秘密，在接触过程中哪些行为是被允许的，哪些是被禁止的，从而减少违规行为。

同时，所有员工和部门都按照相同的商业秘密管理标准开展业务，避免了对商业秘密概念、保护目标、管理过程的理解不一致而导致的合规风险。

因为可以对照既定的标准来检查操作是否合规，故而标准化流程使得商业秘密管理监督和审计工作更加容易，也更容易发现管理中的问题并加以处理，形成持续改进，以适应法律法规的变化，确保企业的持续合规。

体系化管理必然要涉及全体员工的培训和教育，确保所有员工都接受到与岗位、业务有关的商业秘密管理合规要求培训，确保了合规意识、合规执行能力的提升。

文档化的记录可以作为企业商业秘密管理合规运营的证据，有助于应对企业内、外监管机构的审查；且有助于对与合规相关的风险进行追溯，以形成持续性的警示作用，并可通过预先设定的控制措施来降低违规的可能性。

当商业秘密有关的法律法规发生变化时，体系化管理可以帮助企业对这种变化保持高度的关注，及时获取变化的主要内容，并采取行动以适应新的合规要求。

商业秘密体系化管理可以提高企业商业秘密管理的可信度，使合作方或者潜在合作方能够更容易地了解企业的商业秘密合规状况并在此基础上与企业就更高标准的合规（商业秘密合规合同条款）达成一致。

通过确保合规，商业秘密体系化管理还可以减少企业因违规而可能面临的法律诉讼和罚款风险。

商业秘密体系化管理还有助于将商业秘密合规管理融入企业文化，并能够进一步强化企业的合规治理。

（二）促进技术创新

商业秘密管理体系为企业提供了一个稳定和可预测的商业秘密保护、管理和运用的操作环境。在此基础上，员工可以更专注于创新活动，而无须担心创新或日常操作的不确定性。

对商业秘密资产盘点则能够促进知识的积累和共享，对于能够接触和潜在的能够接触到核心创新成果——商业秘密的核心发明人员可以更加清晰地利用这些知识作为创新的基础。

尽管留痕的需要增加了一定的流程的复杂度，但是标准化的流程使团队之间的协作更加顺畅，因为不同部门的员工都遵循相同的涉密载体、设备的使用和涉密信息的传递规则。这种一致性不仅可以促进跨部门的创新项目，也能够有效推动新的涉及商业秘密的创新成果及时整合到企业现有的业务中。此外，标准化流程可以让企业在保护商业秘密的同时将与之相关的创新成果付诸实施，而无须担心对风险防控的过度投入延缓创新成果落地的脚步。

商业秘密体系化管理还有助于识别和控制创新过程中的商业秘密风险。通过体系化的管理，企业可以确保创新的一系列活动中发生商业秘密泄密风险或被侵权风险的可能性降低，即使发生风险事件，也能在事件发生后及时采取有效的措施进行止损或维权。

有效的商业秘密体系化管理可以增进合作伙伴或潜在合作伙伴对企业的信任并愿与之就核心技术的研发、使用展开合作，从而与企业形成合力，促进创新成果的发扬或带来新的创新灵感。

商业秘密体系化管理还可以提高资源利用效率：通过标准化，企业可以更有效地利用资源，包括人力、物力和财力，为创新提供必要的支持。

商业秘密体系化管理还可以形成创新反馈循环：标准化流程可以建立一个反馈循环，其中创新被测试、评估，然后根据反馈进行调整或进一步发展。

（三）支撑可持续发展

使用标准管理商业秘密有利于增强企业预警能力，形成商业秘密侵权和泄密风险识别机制，可以有效防止自己的核心技术流失或者产品、工艺流程侵权。

使用标准管理商业秘密有助于企业通过有效的商业秘密管理，建立自身技术、产品的知识产权市场监管机制，可以及时发现自己的产品、技术涉及的知识产权被侵权的情况，便于企业逐渐增强侵权、维权的应对能力。

企业通过设立商业秘密管理机构、配备具有专业知识的商业秘密管理人员，加强对研发、采购、生产、销售、进出口贸易等环节的商业秘密管理制度和工作流程建设，可以确保企业的商业秘密长期处于受控状态。

对于跨国公司或开展外贸业务的企业而言，标准化管理有助于确保在不同国家和地区的业务符合当地的商业秘密保护的法律法规，从而促进企业更好地开展涉外业务，避免外贸风险。

随着法律法规和国际形势的日益复杂，使用标准管理商业秘密还提供了一种系统化的方法来应对这种复杂性，确保企业不会因疏忽而阻碍发展。

从消极的一面看，如果没有一套标准化的实施方案和规范化的管理思路，很容易在管理过程中出现缺漏项，进而使商业秘密相关的潜在风险转变为风险事件，给企业造成无法挽回的损失。

以我国某化工企业与戴维、陶氏的纠纷❶为例，该化工企业的商业秘密管理在技术引进谈判之前至少存在以下管理问题，进而给企业造成巨额损失：

（1）对涉密信息的范围界定模糊。根据该化工企业的说法，"该协议约定的保密信息范围非常宽泛"，"在洽谈过程中，两公司仅向某化工企业提供或展示了一些用于宣传营销的资料及信息，未提供任何保密技术信息"，导致该化工企业"无从知晓哪些信息包含了保密信息内容"，且协议中还约定，"如果某化工企业从公有领域或第三方合法获取的信息包含保密信息内容，某化工企业在使用或披露该等信息之前，也必须获得戴维、陶氏的书面同意，否则即视为违反保密协议"。即使在这种情况下，该化工企业也在合同层面承认了对方关于商业秘密的界定，可见其在与陶氏、戴维接触时对商业秘密的范围缺乏清晰有效的认知。

（2）对保密有关法律法规了解不足。该化工企业与戴维、陶氏所签保密协议中约定的仲裁管辖地在国外，准据法也是国外法律。而在这类合同中，外方选择国际仲裁机构（一般倾向于保护商业秘密权人）和外国法律（对商业秘密权人程序上更加有利）是惯常做法，该化工企业接受了外方的这类条件并在后续的仲裁程序中铩羽而归，可见对相关准据法、仲裁庭的历史仲裁结果缺乏了解、应对仲裁的能力均可能有所欠缺。

---

❶ 知产前沿．涉外商业秘密巨额赔偿仲裁案看国际商事交易中的法律风险防范［EB/OL］．（2023-12-05）［2024-04-07］．https：//zhuanlan.zhihu.com/p/670523624.

第二编
夯实保护基础——
商业秘密体系化管理的要点

本书第一编引入了管理体系的定义，并阐明了什么是商业秘密体系化管理。接下来，我们将对商业秘密体系化管理的要点进行介绍。虽然本书提及的一些团体标准和地方标准都或多或少地说明了建立商业秘密管理体系的要求，但内容较为专业和庞杂，读者很难把握其重点。本书作者基于为企业提供商业秘密管理项目咨询的实务经验，参考 T/PPAC 701—2021《企业商业秘密管理规范》标准文本，提炼了企业商业秘密管理实践中最关键的内容。本部分从方针目标建立到整体策划，从组织机构设置到职责权限划分，从实施运行到绩效评价，均进行了介绍，以帮助读者清晰地了解商业秘密体系化管理的核心内容。简言之，本部分内容回答了商业秘密体系化管理"谁来管"、"管什么"、"怎么管"以及"如何提升"的问题。

第四章 发挥领导作用

不论是商业秘密管理体系还是其他管理体系,领导作用的重要性都是不言而喻的。作为企业发展的引领者和决策者,领导层对管理体系的重视程度直接关系到整个体系的成败。可以说,领导作用是商业秘密管理体系最关键的一环,它不仅决定了管理体系的方向和效率,而且在塑造企业文化、强化全员意识方面发挥着不可替代的作用。领导通过制定管理方针,明确管理目标,参与体系策划,确保资源支持,分配管理职责和权限,为商业秘密管理体系的发展奠定坚实基础,是商业秘密管理体系化成功的根本保障。本章重点介绍商业秘密的体系化管理"谁来管"的内容。

第一节 商业秘密管理的组织架构

在企业的商业秘密管理体系中,领导如同领航者,引领着前进的方向。而其中商业秘密管理的组织架构,是领导发挥关键作用的重要基石。一个科学合理、职责分明、协同高效的组织架构,不仅能够明确各方在商业秘密保护中的角色和任务,还能促进信息的流畅传递与资源的优化配置,确保商业秘密管理工作有条不紊地进行。本节将深入剖析商业秘密管理的组织架构,探寻其如何在领导的指引下,为企业构建起坚实的商业秘密保护屏障。

一、最高管理者的引领作用

商业秘密是企业的核心竞争力,是企业最重要的核心资产。最高管理者作为商业秘密管理的第一责任人，应充分支持和积极参与商业秘密的管理工作。

发挥领导作用，可以增强达成目标的有效性和效率，可以协调管理各个过程，可以增进与企业内各层级的沟通，更好地开发和提升企业及员工达成预定目标的能力。

最高管理者要为企业的未来描绘清晰的蓝图，设定富有挑战性的战略目标，并向员工传达企业的使命愿景，明确发展方向，在企业中营造商业秘密管理文化。

最高管理者应赋予各级人员相应的职责和权限，并配备履行职责所需的资源，为实现管理目标和管理的持续改进提供必要的保障。

最高管理者需要对商业秘密管理的方针和目标进行确认，并关注其与企业环境、战略方向的一致性；对于商业秘密管理涉及的部门、业务范围及区域，也需要经最高管理者确认；此外，针对企业商业秘密管理内部管理绩效评价、评审和改进，也需要经最高管理者确认。

二、各部门的支撑作用

各部门是商业秘密管理的直接参与者，企业应当在现有的部门岗位基础上，将商业秘密管理的职责及权限融入其中，根据管理需求进行商业秘密管理职责分配，并明确各部门商业秘密管理所需的权限。

岗位、职责及权限的建立应由最高管理者签批并发布，在岗位设置、职责划分及权限分配方面应满足以下要求：

（1）按照企业的管理需求建立相应的岗位、职责及权限，如各活动过程涉及的部门设定岗位、活动过程涉及的管理要求设定职责及权限。

（2）为落实岗位职责及权限的实施，需要采取措施确保岗位人员理解商业秘密管理和商业秘密管理有效运行的重要性。

（3）为获得预期的输出和结果，最高管理者需监督并确保规章、制度的要求得到有效执行。

（4）由最高管理者组织开展管理绩效评价活动，由各部门岗位汇报商业秘密管理所获得的绩效，讨论研究得出改进建议并予以落实。

第二节　商业秘密方针与管理目标

在商业秘密管理的进程中，领导的作用不仅体现在组织架构的搭建上，还突出表现在方针与管理目标的制定上。明确且恰当的商业秘密方针和管理目标，犹如指引企业前行的灯塔，为商业秘密保护工作指明方向。商业秘密方针和管理目标是领导智慧的结晶，也是企业开展商业秘密管理工作的重要依据。本节将探讨商业秘密方针与管理目标，了解其如何在领导作用的引领下，为企业的商业秘密保护工作提供清晰的路线图。

一、商业秘密方针

商业秘密方针是企业商业秘密工作的宗旨和方向。建立方针为企业的商业秘密管理体系提供了焦点，对内可以形成凝聚全体员工的力量，对外可以彰显企业的追求，从而取得相关方更多的信任。

商业秘密方针的制定是领导作用的重要体现，好的方针是引领企业前进的方向和目标，是企业和员工行动的指南，能够使企业在高速发展时保持清醒的认识，在遭遇挫折时保持坚定的信念。同时，企业的相关方也可以通过方针去了解企业的商业秘密管理意图和目的，以确定合作的方式与程度。因此，制定出一个好的商业秘密方针，对企业来说具有非常重大的现实意义。此外，商业秘密方针往往与企业研发战略、知识产权战略、总体战略具有高度关联性，即企业应当是在企业文化、企业战略的基础上去建立商业秘密方针。

如前所述，商业秘密方针是企业商业秘密工作的宗旨和方向，因此，商业秘密方针的批准发布需要最高管理者的参与。具体而言，商业秘密方针应由最高管理者批准、发布，并通过培训等方式在企业内传达、学习，从而获得企业全体人员的理解和运用。商业秘密方针制定的要求，包括以下几方面。

（1）最高管理者应按照企业宗旨和内外部环境情况，同时结合研发战略、知识产权战略方向来制定商业秘密方针，并确保商业秘密方针与企业的总体战略保持一致。

（2）商业秘密方针应确保对商业秘密管理目标具有引导、指导作用，为其提供框架。

（3）商业秘密方针应获得最高管理者的批准，并能够根据企业战略方向的调整而适时改进。

（4）商业秘密方针应保持成文信息。

二、商业秘密管理目标

企业商业秘密管理目标应与商业秘密方针保持一致，可以包括长期目标和中、短期目标。其中，长期目标是对商业秘密方针在企业贯彻的具体体现，而中、短期目标又是针对长期目标的阶段性考核依据。长期目标、中期目标、年度目标需要得到管理层的理解，且需要进行持续改进。

目标的实现需要各部门进行充分合作。因此，就需要至少将短期目标在各部门分解，分解时需要考虑各部门的具体工作内容、各项指标的考核和评价方式（定性还是定量、量化指标的占比）、阶段性评价安排等；还应考量各项指标的完成是否需要部门间的协作，如果需要，分工协作如何安排；针对阶段性评价结果，还需考虑如何统筹指标的调整和优化。

第三节　商业秘密体系化管理的策划

在商业秘密管理过程中，领导的作用不仅体现在方针与目标的确定上，还在于对商业秘密体系化管理的精心策划。有效的策划是构建完善商业秘密管理体系的关键一步，如同绘制一幅精确的蓝图，为后续的管理工作提供清晰的框架和路径。本节将探讨领导如何在商业秘密体系化管理的策划中发挥核心作用，以确保企业的商业秘密得到全方位、多层次的保护。

一、商业秘密体系化管理策划的原则

企业在整体策划商业秘密管理体系时应遵循下列原则。

（1）最高层管理原则：商业秘密是企业的核心竞争力，最高管理者作为商业秘密管理的第一责任人，应积极参与商业秘密管理体系的策划。

（2）全流程管理原则：商业秘密涉及企业经营管理的方方面面，应将商业秘密的管理融入企业的研发、设计、采购、生产、施工建设、商务合作、对外交流、信息披露、销售、设备维修、工艺改造、人事、财务、信息化、法务等业务过程，实现全流程商业秘密管理。

（3）平衡管理原则：企业应通过分类分级、信息化等管理手段在商业秘密安全、管理效率与管理成本之间寻求平衡，在保证商业秘密安全的前提下提高管理效率、降低管理成本。

二、商业秘密体系化管理策划的风险考量

商业秘密管理的风险主要包括：法律风险（诉讼风险、举证风险等）、合规风险（行业合规风险、国家秘密合规风险和信息安全合规风险等）、社会影响（如品牌形象受损）、责任风险（如法律责任等）和业务风险等。

企业出现商业秘密管理风险的原因可能主要有以下几个方面。

（1）商业秘密的秘密性定位不准。由于企业对商业秘密的秘密性定位不准，从而出现"密而未管"的情况；对商业秘密的管理强度把控不到位，从而出现"管而不密"的情况。因此，企业在对商业秘密的范围进行判断时，应结合企业商业秘密的秘密性定位以及商业秘密管理的要求进行判断，尽量杜绝"密而未管"和"管而不密"的情况。

（2）商业秘密的价值性判断不清。不同的考量因素和价值模型对商业秘密的价值性影响较大。在未发生商业秘密泄露造成损失的情况下，商业秘密的价值较难确定。企业应综合内外部环境、企业竞争实力等多方面因素对商业秘密所涉及的经济价值进行判定，必要时可采用多种模型进行测算，价值测算需要有合理的测算依据。

（3）商业秘密的保密措施不到位。商业秘密的保密措施涉及人员、载体、设备和区域，缺一不可。任一环节的缺失，均可能带来相应的风险。企业应从商业秘密管理资源、人员能力、人员意识等多方面、多层次入手管控风险，防范因人员、载体、设备、区域中某一环节的管理不到位带来的系统风险。商业秘密的保密措施可以在业务流程与要素（人员、载体、设备、区域）两方面同时作出规定，从而实现全方位覆盖。

企业在商业秘密管理中需要对风险和机遇进行分析和识别，从而规避风险，寻求机遇。规避风险包括消除风险源、改变风险的可能性或后果、分担风险或通过信息充分的决策而保留风险。对风险和机遇的分析需要采取适当的方法进行分析，常见的分析方法包括SWOT分析法、PEST分析法等。

三、商业秘密体系化管理策划的内容

商业秘密能够给企业带来独一无二的市场机遇，让企业在某一领域取得领先甚至垄断的地位。因此，企业的商业秘密管理更多是要求企业对商业秘密所涉及的风险和机遇进行识别，进而对风险和机遇进行评估，而后针对不可规避的风险、可以利用的机遇采取措施，尽量选择合适的手段将风险带来的影响降至最低，将机遇带来的效益充分发挥，实现领域的领先甚至垄断。

为了保证商业秘密体系化管理工作能够顺利有序开展，企业需要"建章立制"，应当建立诸如商业秘密风险管理制度、风险和机遇控制程序等，从制度层面保证商业秘密风险管理的效果。

具体而言，企业在商业秘密管理的总体管理制度、商业秘密流程管理制度等层面，应针对自身的商业秘密管理需求，结合自身面临的内外部环境要求，进行综合且全面的分析。在此基础上，企业需针对商业秘密管理的要求，制定相应的风险应对措施和机遇把握策略，并形成相关的程序、制度等管理规定。相关管理制度应包括：针对商业秘密泄露的风险和机遇采取的具体措施；衡量措施有效性的评价方法；以及对措施进行改进的具

体要求。此外，企业还需要策划商业秘密管理的考核，应当对考核方法进行统一设计，有序组织进行考核。

企业的商业秘密管理还包括变更的策划，企业需要首先关注商业秘密管理需要进行变更的时机，例如，当商业秘密管理的内外部环境发生重大变化时（市场竞争格局的急剧变动、法律法规的重大调整、行业技术的突破性革新等），或者相关方的要求发生重大变化（合作伙伴提出了新的保密要求、客户对商业秘密保护的期望显著提高）时，企业就需要对商业秘密管理进行相应的变更。针对不同的变更时机，需策划不同的内容，此时，针对相应的变更内容，需要考虑变更的可行性、后果等，尽可能通过周全的策划来保证变更的成功。例如，要考虑是否有足够的人力、物力和财力来支持变更的实施，即需要关注资源的可获得性；要考虑变更是否会导致某些关键环节的保密措施出现漏洞；要考虑是否要进行职责和权限的分配或再分配，避免变更后出现职责不清、权限不明的问题。

企业商业秘密管理体系示例：

以 T/PPAC 701—2021《企业商业秘密管理规范》为基础，围绕商业秘密的安全性和保密性建立一套完整的管理和保护机制，确保企业各项活动满足商业秘密管理的要求。立足商业秘密管理目标，并通过持续改进来提高企业商业秘密管理绩效。具体包括以下内容。

（1）明确的方针和目标：确定企业商业秘密管理的方针和商业秘密保护的长期和短期目标，规划实施商业秘密保护计划。

（2）组织机构：建立商业秘密保护的组织机构、职责分工和协作机制，明确各级管理层次和部门之间的关系。

（3）政策和程序：制定商业秘密保护的相关政策、标准和程序，确保各项活动符合要求。

（4）确定商业秘密保护范围：明确商业秘密的保护范围，明确哪些信息、数据、技术属于商业秘密，并根据机密程度对商业秘密进行分类，区分重要性和保密级别，确保员工和合作伙伴对商业秘密有清晰的认识。

（5）工作流程及保密措施：建立商业秘密保护的各项工作流程，确保工作流程的顺畅和高效运行；建立相应的保密措施，包括访问控制、信息加密、安全审计等，确保商业秘密的安全性和保密性。

（6）保密协议：与员工、供应商、合作伙伴签订保密协议，确保其意识到商业秘密的重要性并保证保密。

> （7）保密教育和培训：加强对员工的保密教育和培训，提高员工商业秘密保护的意识和能力，确保商业秘密保护工作的有效开展。
>
> （8）商业秘密风险评估：定期进行商业秘密泄露风险评估，识别和评估潜在的商业秘密泄露风险，并及时采取预防措施。
>
> （9）商业秘密合规监督：建立商业秘密合规监督机制，确保企业所有商业活动符合法律法规和契约义务，避免因商业秘密泄露引发的法律纠纷和损失。
>
> （10）商业秘密违规处理：设立商业秘密违规处理程序，明确违规处罚和补救措施，对违规行为进行追责和处理。
>
> （11）绩效评估：对企业的商业秘密保护活动和管理绩效进行评估和监控，以持续改进和提高绩效水平。

综上所述，一个完善的商业秘密管理体系可以有效保护商业秘密，降低商业风险，提升企业价值和竞争力。企业应当根据自身实际情况建立适合的商业秘密管理体系，并不断优化和改进。

第五章 明确管理对象

企业所掌握的技术信息、经营信息往往数量非常庞大，但这些信息并非都属于商业秘密，比如产品执行何种国家标准、企业的性质，就不一定是必须保守的秘密。因此，在企业开展商业秘密体系化管理实务之前，首先要厘清哪些信息才是企业应该管理的商业秘密。本章重点介绍商业秘密体系化管理"管什么"。

商业秘密管理应当以最小受控单位进行管理，如一份研发报告、一张设计图纸、一份重点客户名单、一份合同等，是商业秘密体系化管理重点管控的内容。商业秘密的分类、保密期限、接触范围等内容需要企业进行逐一确定，以形成商业秘密清单。

第一节 商业秘密的范围

在商业秘密管理过程中，明确管理对象是至关重要的第一步。清晰界定商业秘密的范围更是关键所在。准确把握商业秘密的范围，就如同在茫茫大海中划定了航行的边界，能让企业有的放矢地进行保护工作。本节将深入探讨商业秘密的范围，帮助理解哪些内容应当被纳入商业秘密的保护范畴，为企业商业秘密管理打下坚实的基础。

一、商业秘密管理的边界

在企业的实际经营中，商业秘密保护是一件耗时耗力的工程。企业并不一定要将所有信息加以保护，因此，首先要甄别出最需要保护的关键信息,即划定商业秘密的边界。而商业秘密管理的边界应当在商业秘密管理方针、商业秘密管理目标的指引下,根据企业生产经营的实际需要进行确定,并在发生变化时予以修改完善。

企业依据商业秘密的法律定义和基本范围,结合生产经营的范围、性质及特点,界定商业秘密的边界,可以从以下几个方面考虑。

(1)判断信息对企业的重要程度。结合信息的研发成本、获取难度,对企业的产品生产、渠道拓展起到的关键作用,信息泄露后产生的经济损失,竞争对手获取该信息后产生的价值,全面判断商业信息的重要程度。

(2)判断信息是否属于公知信息。秘密性是商业秘密最核心的特征,如果信息不具有秘密性,一切保护都无从谈起。就以实务中最常见的客户名单举例,随着信息化时代的到来,如果一家企业想要获得客户名单,相对来说是较为容易的,例如,通过国家企业信用信息公示系统、中国招标投标公共服务平台等渠道就能轻易获取相关行业客户的联系方式以及采购需求,处于这种状态下的信息就可能认定其为所属领域的相关人员普遍知悉或容易获得,不具有秘密性。但是如果企业通过与客户长期交易,后期加工整理客户名单,使客户名单可以涵盖客户的具体交易习惯、意向、价格承受能力、成交底线、特殊偏好、要货规律等特殊综合深度信息,那就属于对公知信息深加工形成的新信息,满足不为相关公众知悉的条件。

(3)判断信息的产生过程是否可以全程留痕。对商业秘密的研发、整理和加工过程的梳理,是证明商业秘密的秘密性和价值性的一个重要步骤。围绕企业的业务模式,应对生产过程中的重要信息进行全程跟踪并留痕。例如,将技术资料中涉及的工艺配方、操作规程、质量控制要求、原材料质量要求、生产装置设计技术要求及参数等,都纳入管理,并妥善保管涉及商业秘密的信息,这些信息反映了研发投入、周期、成果的逐步形成,因而能对商业秘密的秘密性和价值性判断起到支撑作用。

二、不能作为商业秘密管理的内容

一般来说,国家秘密、专利、能被反向工程破译的产品以及行业内通识的商业信息或者商业技巧不宜通过商业秘密的形式进行保护。

商业秘密要求不为公众所知悉，而专利授权的前提是公开，只有公开的专利技术方案才能得到保护。既然所有的专利（国防专利除外）的技术方案都是公开的，那么专利就不可能成为商业秘密，或者说专利和商业秘密是互斥的。

产品研发出来之后是要推向市场的，在此情况下，即使对产品采取了一定的保密措施，但如果产品的技术方案能够通过反向工程被破译，他人这样获得商业秘密的方式也是不违法的。对于能够被反向工程破译的产品，也不宜通过商业秘密的形式进行保护，企业最好通过申请专利的方式进行保护。

对于行业内通识的商业信息和商业技巧，即使企业获得这些信息和技巧花费了很多精力、财力和时间成本，但是如果这些信息和技巧同样为行业内大多数人知晓，也不能得到保护，也就无法成为商业秘密，如一些没有特点的客户名单等。

企业在开展商业秘密管理边界确定的过程中，应注意与国家秘密管理的区别，防止误将国家秘密的相关内容纳入商业秘密管理的范畴中。

《保守国家秘密法》第2条关于国家秘密的定义，主要从依法治密的角度，对什么是正当、合法的国家秘密作出了描述。其核心要义，应当从以下两个方面进行把握。

（1）实质标准：泄露后会损害国家安全和利益。《保守国家秘密法》第1条开宗明义，明确立法宗旨是"为了保守国家秘密，维护国家安全和利益，保障改革开放和社会主义建设事业的顺利进行"。《保守国家秘密法》关于国家秘密概念也强调了"关系国家安全和利益"这一本质特征。与此同时，《保守国家秘密法》第13条规定，"下列涉及国家安全和利益的事项，泄露后可能损害国家在政治、经济、国防、外交等领域的安全和利益的，应当确定为国家秘密……"第14条又依据泄露后损害后果的程度，对国家秘密的密级作出划分。综上所述，认识和理解国家秘密，最根本的是要从"国家安全和利益"的角度加以考量，充分认识到国家秘密与国家安全和利益密切相关，并且其泄露后会给国家安全和利益带来损害。这是国家秘密区别于其他秘密的关键所在，是区分国家秘密与非国家秘密的主要标准。

（2）形式标准：依法确定、要素齐全。由法定的主体履行法定的程序、具备法定要素，是公权力依法行使的必然要求。《保守国家秘密法》第 2 条关于"依照法定程序确定，在一定时间内只限一定范围的人员知悉"的规定，就是关于国家秘密的形式标准。一项关系国家安全和利益的事项，只有通过有权机关依照法定程序确定下来，才能成为合法的国家秘密，在保密法的调整下形成保密法律关系。国家秘密依法确定的外在表现就是国家秘密标志。具有国家秘密标志是判断某一事项、信息、资料或者物品应当属于国家秘密的外在标准，是将关系国家和安全利益的事项确定为国家秘密的主旨所在。

三、商业秘密管理的分类

商业秘密的"不为公众所知悉、具有商业价值、经权利人采取相应保密措施"可分别对应"秘密性、价值性、保密性"三个特征，保密性的要求相对来说较为简单，主要考察企业的相关制度和要求，而"秘密性"和"价值性"的要求相对来说更为复杂。

1. 秘密性

"秘密性"作为商业秘密第一个且最基础的属性，是"各个案件的门槛问题"。《最高人民法院关于审理侵犯商业秘密民事案件适用法律若干问题的规定》第 3 条规定："权利人请求保护的信息在被诉侵权行为发生时不为所属领域的相关人员普遍知悉和容易获得的，人民法院应当认定为反不正当竞争法第九条第四款所称的不为公众所知悉。"这里涉及三个概念："公众"、"普遍知悉"和"容易获得"。

从上述法条可以看出，这里对"公众"一词的理解是"所属领域的相关人员"，不包括所属领域外的其他人，即一般公众。特定商业领域的相关人员所广泛知晓的信息，由于具备可能的专业性或复杂性，并不一定会被一般公众所知晓,"所属领域的相关人员"知晓,但一般公众不知晓的信息,不满足商业秘密的"秘密性"的要求。也就是说,只要企业所确认的某个信息在同行同领域内是属于众所周知的,那就不能作为"商业秘密"来保护。

除"公众"这一主体要素外,企业还要考虑所确认的信息需要构成"普遍知悉"或"容易获得"。《最高人民法院关于审理侵犯商业秘密民事案件适用法律若干问题的规定》以及《最高人民法院关于审理不正当竞争民事案件应用法律若干问题的解释》均反向列举了法院可以认定"为公众所知悉"的几种情形,包括:所属领域的一般常识或行业惯例,公开出版物或其他媒体上公开披露,通过公开的报告会、展览等方式公开,观察上市产品即可直接获得,从其他公开渠道可以获得,无须付出一定的代价而容易获得。这也是"普通知悉"或"容易获得"的比较直观的体现。

在技术秘密纠纷中,由于涉及专业的技术问题,法院为了认定原告所主张的秘密点应当符合"秘密性"要求,通常需要依当事人的申请,或者主动依职权委托有资质的司法鉴定机构来对原告主张的秘密点进行鉴定,这就是"非公知性鉴定"。这类鉴定在技术秘密案件中的使用频率很高,因为法官并非专业技术人员,不可能了解个案中的技术背景或技术原理,因此通过鉴定所得到的结论,在很大程度上是法院认定"应当为公众所知悉"的重要依据。而"非公知性鉴定"的逻辑是通过反向排除来证明"不为公众所知悉"这一消极事实,即通过科学的检索查验将特定个案中的涉案信息可能"为公众所知悉"的几种法定的情形都进行了排除,确认不可能构成"为公众所知悉",从而反向推导出涉案信息"不为公众所知悉"的结论。

2. 价值性

通常认为,商业秘密的价值性是指商业秘密能为权利人带来现实的或潜在的经济价值或竞争优势。有学者认为价值性是指"商业秘密通过现在的或者将来的使用,能够给权利人带来现在的或潜在的经济价值,其最本质的特征是所有人因掌握该商业秘密而具备相对于未掌握该商业秘密的竞争对手的竞争优势"。❶ 特别是根据《反不正当竞争法》中价值性进行考虑，需要考虑到商业秘密与企业主营业务的关联程度，泄露后对于企业的影响以及在现阶段的市场地位、技术先进性及潜在的发展前景等，评估其经济价值。可将研发成本、合同价格或市场前景分析等信息作为评估其经济价值的参考。

价值性是指该项技术信息或经营信息具有可确定的应用性，能够为权利人带来现实的或者潜在经济利益或者竞争优势。具有实用性能够为权利人带来经济利益，这正是商业秘密的可受保护的财产利益。对经济利益的追求是权利人取得商业秘密并努力维护所享有的商业秘密权的内在动力。商业秘密的权利人在开发研究商业秘密的过程中，已有明确的工业化或商业化目标，这无疑是出于谋求经济利益的考虑。

从商业秘密的实施利用结果来看，权利人因使用了自己所掌握的技术秘密或商务信息取得在市场竞争中的优势地位。例如在技术上，含有技术秘密的新产品、新材料、新工艺使其在同类产品中拥有性能稳定、质量可靠的特点，或者能够降低产品成本、节约原材料；在商务方面，经营信息的持有和运用能够拓宽商品销路或提高商品销售价格；在经营管理上，商业秘密的运用能够提高劳动生产率，开源节流，促进生产要素的优化组合；等等。商业秘密持有人可以从上述几个方面使自己在竞争中处于更有利的地位，创造更多的利润。而合法持有人以外的他人也有可能以这些信息的使用谋取非法利益，保护商业秘密的意义就是禁止他人从这些信息中取得不正当的经济利益。

在特定的场景及地域，商业秘密保护的价值尺度具有更为广泛的理解，从而将否定性信息也纳入价值中。否定性信息，例如知道一些不应该犯的错误、关于照此办理不会产生有利结果的信息，因能够避免失败，缩小差距，因此和正面的、积极的信息一样具有价值；短暂的、一次性使用的信息，如对短期内股市行情的预测，可以带来投资效益，因此和连续使用的

---

❶ 彭学龙．从美国最新判例看客户名单商业秘密属性的认定［J］．知识产权，2003（1）．

信息一样具有价值，都能构成商业秘密的价值性。

商业秘密的密级划分需要与国家秘密的密级划分进行区别。具体而言，《保守国家秘密法》中，国家秘密分为"绝密"、"机密"和"秘密"三个类别。而商业秘密的价值和重要性与国家秘密不同，其密级建议划分为"核心"、"重要"以及"一般"三个类别。例如，能够关乎企业生死存亡的商业秘密，可定义为"核心"商业秘密（如核心配方、图纸、工艺流程等）；能够导致企业元气大伤的商业秘密，可定义为"重要"商业秘密（如客户名单、经营策略与技巧、尚未开始的招投标管理制度等）；其他能够造成一定损失，且不属于核心和重要商业秘密，但还有一定保密价值的，可定义为"一般"商业秘密（如非核心业务涉及的资料、已经完成的招投标管理制度等）。企业也可根据自身的管理需要对商业秘密进行其他形式的划分。

企业需要明确商业秘密的定密原则、定密责任人、密级划分原则、定密过程、定密周期等事项。

需要注意的是，企业内部进行管理绩效评价时，需要重点关注的是商业秘密管理制度中，商业秘密的管理权限是否合理，是否按照商业秘密管理规定的流程进行日常管理，以及商业秘密管理是否具有可追溯性。不建议管理绩效评价中对商业秘密本身进行查验。

第二节 商业秘密的保密期限

在商业秘密管理中，明确商业秘密的保密期限是一项至关重要的任务。保密期限的合理设定，不仅关系企业资源的有效配置，更直接影响商业秘密的保护效果和价值实现。恰当的保密期限能够在保护企业核心竞争力的同时，避免过度投入和资源浪费。本节将深入探讨商业秘密保密期限的相关内容，助力企业把握其中的关键要点。

一、商业秘密保密期限的特点及规定

法律未规定商业秘密的保护期限，因此企业的商业秘密除非因某种原

因公开，否则可以一直保持秘密的状态。商业秘密的公开渠道包括企业的保密措施解除和他人的信息公开（包括反向工程后的公开）。

一项商业秘密可能由于企业保密措施得力和技术本身的应用价值而持续较长时间。保密也需要成本，长期保密需要企业持续提供保密措施的成本费用。企业需要结合成本考量、生命周期、技术成熟程度、潜在价值、市场需求等，设置合理的保密期限。

对于保密期限的长短，部分文献给出了指导性意见。如：

《深圳经济特区企业技术秘密保护条例》给出了"保密期限为技术秘密的存续期"的指导意见。也可参考《国家秘密保密期限的规定》第3条"国家秘密的保密期限"的指导意见进行保密期限的设置。

《国家秘密保密期限的规定》第3条规定："国家秘密的保密期限，除有特殊规定外，绝密级事项不超过三十年，机密级事项不超过二十年，秘密级事项不超过十年。保密期限在一年及一年以上的，以年计；保密期限在一年以内的，以月计。"

二、保密期限设置的考量与实际操作

商业秘密的密级和保密期限设置是对应的，对于不同密级的商业秘密需要严格按照对应的保密期限进行保管。保密期限同时也需要充分考虑商业秘密生命周期、技术成熟程度、潜在价值、市场需求等，保密期限也可区分为可以预见时限或不可以预见时限分别进行管理。

实际操作中，企业需要根据自身技术或信息保存的必要性，来确定具体保密期限，同时要考虑到技术自身的特点，比如产品上市后、申请专利后会主动造成商业秘密公开，则保密期限可设置在产品上市前、专利公开前。

第三节　商业秘密的接触范围

在商业秘密管理领域，明确商业秘密的接触范围是保障企业核心资产

安全的关键环节。合理划定接触范围，既能确保商业秘密在必要的范围内得到有效利用，又能最大限度降低泄密风险。本节将深入探讨如何精准确定商业秘密的接触范围，为企业的商业秘密保护筑牢防线。

一、商业秘密管理的责任划分

从企业宏观层面，商业秘密的主责应由专门的保密部门（如保密办）承担，具体到某一商业秘密的微观层面时，需要根据商业秘密的密级确定接触部门和对应接触权限人员。

保密办（或其他主责部门）需要完成包括制定保密规章制度，认定保密事项，开展保密教育，建立完善的档案管理制度等工作，根据明确后的商业秘密的密级，确定具体的商业秘密可接触到的人员等，如果上述管理要求明确，员工均清楚各自的保密义务和保密范围，企业的保密管理就可以形成合力，有效降低泄密风险。

二、接触权限的确定与分配

对于接触权限，一般采用金字塔式的管理模式，以某研发项目举例说明：在项目立项时，管理层、研发小组和保密办，明确研发项目的具体负责部门及研发小组成员，此时研发资料的接触权限完成宏观分配，下一步，研发组组长根据研发小组成员角色分配不同的研发工作，此时微观的接触权限分配完成，需要注意的是，各个部门、成员均应保留好对应任务分配等过程的成文资料，以便留有可追溯证据。

接触权限的划分需要由各部门在各自的商业秘密管理的范畴内采用分级授权的方式进行，并随着项目的变动、职位的变动进行动态调整。

三、信息流转与留痕

信息流转过程即留痕过程，是商业秘密诉讼案件的重要取证来源。对于企业而言，保留成文的信息流转记录是非常必要的。对于流转，主要包括纸质流转和电子流转两种方式。对于纸质流转，需保留好流转证据，该证据往往需要按照该商业秘密的流转要求，进行签字确认（如资料接收确认单）；对于电子流转，商业秘密通过信息系统或者会议等形式发布时，需要采取签字或者数字化身份认证等方式记录接触范围。电子数据常常产生于多个途径，如用户的手机、计算机、业务系统等，这些电子设备存储了市场信息、财务预算、客户信息等很多重要的敏感信息数据，是企业在现代化经营中管理商业秘密的重点、难点。

第四节　商业秘密清单

在商业秘密管理的工作中，编制一份清晰准确的商业秘密清单具有重要意义。这份清单如同企业商业秘密的"藏宝图"，能够让企业对自身所拥有的核心机密一目了然。通过明确商业秘密清单，企业能够更加系统、全面地进行商业秘密保护和管理。本节将探究商业秘密清单的相关内容，以深入了解其在商业秘密管理中的关键作用和编制方法。

一、商业秘密清单的确认

企业在确定商业秘密后，即可形成商业秘密清单。企业应对商业秘密清单的分类、格式、内容、定期更新、保管方式、保管部门、保管期限、更新频率、销毁等进行规定。

不同部门的商业秘密清单表现形式可以不同，但需要符合基本的建立原则。商业秘密清单需要覆盖企业的主要产品、活动及过程。

二、商业秘密清单的更新

商业秘密清单大多属于事前预判和分析的结果，在企业的实际工作中，各类新业务的发展、新技术和工艺的产生，以及企业员工的动态变化等各种因素，常导致该清单出现不完整、不准确的情况。因此，需对商业秘密清单进行及时更新。

商业秘密清单的更新过程需要与定密的过程相一致，即定密是一个持续不断且受控的过程,而这种"持续不断"的要求产生的结果有可能是商业秘密清单的更新。为此,在定密工作中,不能完全依赖商业秘密清单,应认识到清单可能与实际工作要求存在偏差,以该事项和信息需要控制范围和时限为原则,提出定密申请,经过主管领导和保密工作部门的认可后,增加商业秘密清单的内容。当然,更新也包括减少商业秘密清单中的事项,即解密。

商业秘密清单的形成与更新均可视为将商业秘密确认归档,在此之后,企业仍然要不断收集竞争对手和市场上的相关信息,并对原有商业秘密进行审查,以判断该商业秘密是否具有继续保密的价值和必要。

第五节 商业秘密存证

在商业秘密的管理体系中,商业秘密的存证是一项不可或缺的重要工作。存证不仅是对商业秘密存在和归属的有力证明,而且是在可能出现的纠纷和侵权事件中维护企业合法权益的关键依据。本节将深入探讨商业秘密存证的重要性、方法以及相关注意事项,帮助企业充分认识和把握这一关键环节。

一、商业秘密事项必要性

专利、版权、商标等知识产权的产生均有比较明确的时间界限(如专利的申请日等),而商业秘密产生的时间往往比较模糊,难以界定(如在项目中逐渐形成的不为公众所知的技术方案);此外,商业秘密需要权利人在使用过程中对其进行严格保护,但在现实中,必要的商务往来和涉密人员的流动是无法避免的,虽然不为公众所知悉是商业秘密的基本要求,但是在上述活动过程中(交易、劳动关系流转)又必须让特定人员知悉某些商业秘密,以证明其存在。总之,商业秘密的存在,无论在时间和空间上,都是非常不稳定的。

此外,商业秘密的权利具有非排他性。即在不为公众所知悉且双方均保密的前提下,都可以拥有各自的商业秘密,即便是双方的商业秘密在内容和形式上完全相同,或者一方商业秘密来自对另一方商业秘密的合法的反向工程,或者一方商业秘密在产生的时间上远远早于另一方的商业秘密,也就是说,一方的存在无法限制另一方的合法存在。

商业秘密的表现形式多样,既有技术信息,也有经营信息,可能还包括除此之外的其他信息,范围相当广泛;尽管如此,我们又希望商业秘密必须是特定的,比如,一项技术,往往大部分内容是公开的,唯有其中几个节点是保密信息,可称为秘点,这也是商业秘密的法律价值所在。

如果商业秘密的权利人从市场上发现竞争者有侵犯其商业秘密的行为或者可能,只能举证证明竞争者侵犯了自己(而不是别人)的商业秘密,才可能获得司法救济。这就出现一个问题,权利人的商业秘密是什么?自己的权利客体(商业秘密权)的存在是寻求法律保护的前提,所以权利人要首先证明自己商业秘密的存在。

证明自己商业秘密的存在,往往采取自我证明的方式(可以认为是自我存证),这种证明当然是有效的,但未必有力;著作权的登记制度说明了传统的著作权自动产生制度的无奈,这种无奈也同样存在于商业秘密的保护过程中。为此,有人找到了一种更有力的证明方式,就是第三方的证明(第三方存证)。

商业秘密存证的必要性在于商业秘密的特殊性。例如,某企业拥有一项核心技术秘密,但在商业往来中需要与合作伙伴共享部分信息,导致商业秘密的存在在时间和空间上变得不稳定。此外,该企业发现市场上出现了与自己技术相似的产品,却难以证明自己的商业秘密被侵权,因为无法准确界定自己商业秘密的存在和范围。

二、商业秘密存证特征

证,可以理解为公证,一般需要独立的第三方机构提供;由于目前还没有足够的条件达到这一要求,因此还允许自我存证的情形存在;又或者,证,理解为证据,存证就是保存证据的意思,可以分为自我存证和第三方存证两种模式。

（1）自我存证：企业通过书面签字、电子审核等留痕的方式，将技术信息、商业信息确定为商业秘密并对其实施管理的活动。

（2）第三方存证：商业秘密的权利人将其合法拥有的商业秘密信息载体委托独立并有公信力的第三方进行保存，并在必要时间向相关机关提供证明的一种制度或者方法。

商业秘密自我存证，企业可通过书面签字的方式，对涉及商业秘密的相关文件进行确认和留痕，使其成为受控文件。在第三方存证中，该企业将商业秘密信息载体委托给具有公信力的第三方机构进行保存，如在涉及商业秘密诉讼时，第三方存证能够为企业提供有力的证据支持。选择哪种存证方式，由企业根据自己的实际需要来确定，也就是说，存证与否是商业秘密权利人自愿的，存证的方式和内容比较灵活，但是如有可能，商业秘密存证人的诚信保证需要得到司法机关的认定。

存证的形式一般为电子数据存证。电子数据存证是指将电子数据证据信息保存在安全稳定的数据库中，以便在需要予以调用，同时它还采用了特定的技术以便能将这种过程通过数据予以记录，来证明特定时间的电子数据的状态，也可证明电子数据在存储后并未被篡改。例如，某企业将商业秘密相关的电子数据存储在安全稳定的数据库中，并采用特定技术记录数据状态，确保数据在存储后未被篡改。在实际应用中，电子数据存证可应用于商业秘密管理证明、电子票据、电子档案证明等领域。

商业秘密存证具有以下特点：（1）在商业秘密存证过程中，其保存措施是十分严密规范的；（2）商业秘密的存证是权利人商业秘密的备份；（3）商业秘密存证的信息载体较为广泛，可以是报告、论文、图纸、磁带、磁盘等信息化载体，也可以是样品、样机等物化载体；（4）商业秘密存证的客体可以是商业秘密本身，也可以是商业秘密的复制件或复印件，或者商业秘密的信息统计表。总之，商业秘密存证的内容是有限的，仅证明权利人自我认定的商业秘密的存在，不能证明这种存在符合法定构成要件。

《最高人民法院关于民事诉讼证据的若干规定》和《最高人民法院关于互联网法院审理案件若干问题的规定》中明确规定"电子数据的内容经公证机关公证的和由记录和保存电子数据的中立第三方平台提供或者确认的"或"当事人提交的电子数据,通过电子签名、可信时间戳、哈希值校验、区块链等证据收集、固定和防篡改的技术手段或者通过电子取证存证平台认证"的,人民法院应当确认。

第三方存证机构的选择需要考虑法律主体独立性、公信力、司法机关认可等要素。第三方存证机构的资质需要定期评价,企业可设置第三方存证与自我存证互补的存证方式。

第六章　实施全面管理

在明确哪些信息属于企业的商业秘密后,就要具体实施商业秘密的体系化管理了,在这一阶段,直接面临的问题是从何处入手对商业秘密进行管理。本章从风险思维、全过程思维、商业秘密全寿命周期思维的角度出发,结合企业的管理实际,提出从涉密人员、涉密载体、涉密设备以及涉密区域、风险管理等方面入手对商业秘密进行全面管理的建议。本章重点介绍商业秘密的体系化管理"怎么管"的内容。

第一节　涉密人员的管理

在商业秘密保护的广袤领域中,体系化管理至关重要,其核心无疑是对涉密人员的管理。涉密人员与涉密载体、涉密设备、涉密区域的有机组合,构成了商业秘密体系化管理的基础框架。商业秘密管理绝非仅靠领导的单方面作用,而是需要全体工作人员的积极参与和共同努力。这要求企业进行全面且系统的规划,涵盖职位设置、人员选拔、绩效管理、教育培训等诸多方面。

企业应将自身的使命、核心价值观、愿景与企业战略紧密协调,以企业战略为明确导向和有力牵引,充分发挥员工在商业秘密管理方面的积极性和创造性,提升其管理能力,增强管理效力。只有如此,企业才能在激烈的市场竞争中,筑牢商业秘密的坚固防线,守护自身的核心竞争力,实现稳健、可持续的发展。本节将聚焦涉密人员的管理,深入探讨如何识别、选拔、培训涉密人员,如何规范他们的工作流程和行为,以及如何建立有效的监督和激励机制，以确保涉密人员在保护企业商业秘密方面发挥积极作用，为企业的发展筑牢保密防线。

一、涉密人员的能力及提升

涉密人员的能力是影响商业秘密管理体系运行绩效的关键，企业首先要识别影响商业秘密管理绩效的岗位人员是哪些，然后根据人员所属的岗位情况，确定上述人员需要具备什么能力。对于人员的能力要通过教育培训或招聘的方式确保其能够满足岗位要求；或者聘用、外包胜任该岗位的人员。在适当的情况下，要对提升人员能力的措施进行评估，以确保措施的有效性。

识别影响商业秘密管理绩效的人员非常重要，决定了后续能力培养的方向、范围。岗位的不同，商业秘密管理的内容和要求也不尽相同，在入职培训和在职培训时应针对不同岗位区分培训重点。常规的人员能力提升措施主要是培训，培训的方式可以多样，即使是外包人员，也需要进行适当的培训，以确保外包人员对商业秘密管理的理解。外包人员的能力提升可以交由外包企业完成。

二、涉密人员的保密意识

在保密意识方面，企业需要确保向员工充分宣传并解释企业商业秘密方针和管理目标，员工保护商业秘密与自身工作绩效、工作目标的关系，商业秘密泄露可能会造成的危害，违规泄露企业商业秘密的后果等，可以建立符合企业自身能力以及能满足员工需求的培训或宣传机制，并按机制要求对员工进行宣传、培训。

涉密人员的保密意识可以从员工的知晓和理解两方面实施重点把控。

在知晓方面，可以包括：员工对商业秘密方针和管理目标的知晓；员工对企业内部进行保密宣传（如设置画报、标语等）的范围和持续时间的知晓；员工对已有的商业秘密管理制度内容（包括绩效、奖惩等）或获取途径的知晓；商业秘密管理的培训广度和深度对员工知晓的影响等。

在理解方面，可以包括：员工对商业秘密方针和管理目标的理解；员工对本职工作涉及的商业秘密的内容和范围的理解；员工对本职工作涉及的商业秘密的处理流程的理解；员工对已有的商业秘密管理制度内容（包括绩效、奖惩等）的理解；员工对本职工作涉及的商业秘密的处置以及风险的理解；员工对发生商业秘密风险后应急处理的理解等。

三、涉密人员的入职管理

（一）招　　聘

招聘是企业人员流入的主要途径，应做好此环节的商业秘密管理，具体管控手段包括对人员进行入职背景调查、要求入职人员签署保密承诺书等。

哪些人员在入职过程中需要签署保密承诺书并不是绝对的，企业可以根据员工入职后可能涉及的商业秘密种类和程度进行确定。若无法清晰判断，可通过入职后的涉密人员管理环节进行管控。

通常情况下，保密承诺书可以包括以下内容：承诺入职时所提供的资料信息都是真实的；承诺入职时与其他企业之间不存在劳动关系，并且不违反任何竞业限制义务及其他未处理完的法律纠纷；承诺入职时对企业规章制度和岗位职责已学习和明确，并愿意在履行劳动合同过程中严格遵守各项制度；承诺在职期间，遵守企业保密规定，保守企业秘密，不将企业的任何保密材料带离工作场所；因职务取得的商业和技术信息等研究成果，权益归企业所有；承诺不将任何涉及第三方的商业秘密带入企业及在企业使用。

保密承诺书的效力具有两面性。一方面，保密承诺书对员工具有约束作用。原则上，员工自我的承诺具有道德和法律的约束。另一方面，保密承诺书对外部企业的效力较弱，因此企业需要对承诺书上的内容进行验证，以防因为员工的虚假承诺或过失陈述导致的商业秘密管理漏洞。

针对入职人员的背景调查，可以包括以下内容：员工涉及商业秘密

(可将其他知识产权一并纳入)基本情况;员工是否与其他企业存在商业利益冲突;员工对服务过的企业所承担的保密义务、竞业限制义务;员工的不良工作记录,包括但不限于潜在行为、道德、信用风险;员工涉及的诉讼记录,包括但不限于违反保密义务、竞业限制义务、权属纠纷等。

关于背景调查结果的处理方式,企业应明确规定。若背景调查发现员工存在问题,如与其他企业存在未处理完的法律纠纷、违反竞业限制义务等,企业应根据具体情况进行评估,决定是否录用该员工。若决定录用,应与员工进一步沟通,明确相关责任和义务,并采取相应的防范措施,如要求员工提供额外的担保或签订补充协议等。同时,企业应将背景调查结果记录在案,作为员工档案的一部分,以备后续查询和参考。

企业的涉密人员种类多样,负有的责任及需调查内容可有所不同。为了更有效地管控涉密人员,可以针对不同类别的涉密人员分别创建保密承诺书、员工入职背景调查模板,以满足管理的需要。

企业在入职阶段严格把控保密承诺书、员工入职背景调查的实施,可以有效防范人员流入带来的商业秘密风险。但是,考虑到历史原因(对实施商业秘密管理前已入职人员缺少相应的管控)、管理执行等问题,企业应当在合理的时间间隔内进行补充核查,包括但不限于已入职人员保密承诺书的补充签订及完善。

对于续签合同的人员,建议企业按照新入职的流程,查漏补缺,补充完善保密承诺书及相关管理文件。

(二)保密协议

保密协议是指协议当事人之间就一方告知另一方的书面或口头信息,约定不得向任何第三方披露该信息的协议。

企业应要求新入职员工均签订保密协议。保密协议内容可包括:保密信息范围;保密主体;保密期;双方的权利、义务;竞业限制(可选);纠纷管辖机构。

保密协议的签订需要注意以下几个方面。

(1) 签订方式:需要采用书面形式。

（2）需要明确保密义务期限：包括劳动合同的解除、终止对协议的影响。

（3）需要明确保密主体和保密义务：保密主体包括直接接触人员、间接接触人员，以及其他第三方人员等；保密义务包括商业秘密的披露、公开、出借、赠与、出租、转让、处分等。

（4）需要明确保密范围：包括工作岗位可能涉及的保密信息，可通过后续协议、涉密内容确定等方式进一步细化涉及的保密信息内容。

（5）明确违约的情况及法律责任：违约金的设置需要合理。

（6）保密费或补偿金：不建议作为保密协议的组成部分，不建议与保密义务关联。若设置，需要单独列支、分人分岗设置。

（三）竞业限制协议

竞业限制是指用人单位和知悉本单位商业秘密或者其他对本单位经营有重大影响信息的劳动者在终止或解除劳动合同后，一定期限内不得在生产同类产品、经营同类业务或有其他竞争关系的用人单位任职，也不得自己生产与原单位有竞争关系的同类产品或经营同类业务。

企业应当谨慎选择竞业限制协议签订的对象，企业对竞业限制协议签订的范围应当自行评价，在某些情况下，竞业限制协议签订的范围及协议内容还需要提请工会进行审查和批准。

竞业限制协议约定内容需要注意以下几个方面。

（1）竞业限制的人员范围：限于企业的高级管理人员、高级技术人员和其他负有保密义务的人员，实际上限于知悉企业商业秘密和核心技术的人员，并不适用于每个员工。

《公司法》中的高级管理人员是指公司的经理、副经理、财务负责人，上市公司董事会秘书和公司章程规定的其他人员。

高级技术人员一般是有高级职称的，如高级工程师等，或企业自行定义的高级技术人员。

其他知悉核心、重要商业秘密的人员，企业需要自行确定，并与企业实际制定的商业秘密清单相对应。

(2) 竞业限制的范围、地域：竞业限制协议限制了员工的就业权，因此不能任意扩大竞业限制的范围，原则上，竞业限制的范围、地域，要以能够与企业形成实际竞争关系为限。

(3) 竞业限制期限：根据《劳动合同法》的规定，竞业限制的期限不得超过两年。

(4) 竞业限制补偿：竞业限制限制了员工的劳动权利，由于受到协议的限制，员工的就业范围大幅缩小，甚至失业，因此对员工进行补偿成为必要。企业需要拟定补偿的具体标准，如有必要，可公示。

(5) 违约责任：建议在竞业限制协议中约定员工违反竞业限制协议需要承担的违约责任。

(四) 入职人员保密培训

保密培训需要结合企业的文化，符合企业的行业特点。培训前需要制订计划，并经过审批确认。培训的内容可包括商业秘密的定义，商业秘密的法律法规，企业内部的商业秘密保护规定和要求，以及具有岗位特征的特殊培训。

新员工入职培训需要注意以下几个方面。

(1) 涉密人员要先培训后上岗，属于涉密岗位工作人员或接触、参与涉密事项，无论是临聘、借调人员，还是工勤人员，只要其工作内容能接触到涉密信息，就必须对其进行保密审查和教育培训，确保涉密人员全覆盖。

(2) 对新上岗涉密人员进行系统化的商业秘密法规及相关保密知识培训，建立保密意识；针对企业内部的管理规定和实操技能进行培训，尤其是那些与其岗位日常工作直接挂钩、容易出现保密漏洞的环节，如保密信息范围、涉密信息保管、涉密信息传输等，要进行特别强调。

(3) 保密教育要明确具体行为：涉密信息的知悉范围，需要根据工作需要限定在最小范围，限定到具体人员。

(4) 妥善保管相应培训记录，作为员工知悉相关保密规定的证据，以备后续查验。

（5）在培训实施中，需要特别注意培训讲师的筛选，以确保满足需求。

（6）培训的考核要包括对受培训人员的考核，以及对培训讲师的考核（如培训满意度），确保培训的效果。

四、涉密人员的在职管理

（一）日常管理

涉密人员的在职日常管理要点在于动态跟踪，或者定期更新。由于人员更换岗位或因工作原因接触新的涉密信息，应相应地更新并形成新的涉密人员的清单。

涉密人员清单调整后，需要进一步梳理涉密人员与涉密岗位对应情况，高级管理人员、高级技术人员和其他知悉核心、重要商业秘密的人员竞业限制协议签订情况，不同类别人员的培训完成情况是否满足。若不满足，则应当对相应的环节进行补充。

（二）保密承诺

在职人员的管理仍然可以采用保密承诺的方式进行。需要注意的是，人员在职管理环节所承诺的内容与入职环节的承诺的目的、内容等均有所不同。

保密承诺与保密协议的区别主要在于一个是单方允诺，一个是双方确认。保密承诺与保密协议在企业管理内容方面并无实质性区别。企业的商业秘密管理重点在于定期与不定期签订保密承诺书，定期可以依据时间节点，例如与劳动合同续签同步，或者每年/每季度进行重新签订保密承诺书。不定期则可以依据岗位特点，以及与企业商业秘密保护重大项目的关联程度等，灵活制定适合自身需要的签订期。

单方允诺在某些条件下可以撤销，因此，需要结合保密协议等其他管理手段综合判定效力。

保密承诺的内容要合理，且需要与保密协议等管理手段共同构成员工的保密约束。如果员工涉及多份保密承诺书，因其内容不同，需要全部保留。

保密承诺中"所接触的商业秘密"应是可以指向唯一具体内容的描述，而非抽象、模糊的表述。需要特别说明的是，保密承诺中"所接触的商业秘密"的详细程度，应以不涉及商业秘密本身为限。如有不能避免的情况，需要对重点词语进行遮挡、替换等操作。

（三）在职人员保密培训

企业应针对全体涉密员工制订日常保密培训计划并实施。保密培训的内容可以包括商业秘密法律法规、相关保密知识、企业内部的管理规定和实操技能的培训。尤其是与涉密人员岗位日常工作直接挂钩、容易出现保密漏洞的环节，如保密信息范围、涉密信息保管、涉密信息传输等，应进行重点、反复培训。

日常保密培训还应当包括关于不当行为带来风险的培训，不当行为人可以是内部人员，也可以是外部人员。

培训记录需完整（如时间、地点、参加人、培训讲师、培训内容、考核记录、培训课件、培训满意度等），妥善保管以备后续使用。

（四）岗位变动

涉密人员内部转岗时，需要及时变更其涉密等级和接触权限，并按新的接触权限收回其相应涉密信息。针对员工内部转岗，还应注意涉密载体、涉密设备的交接情况。此外，员工脱密期长短以及约定履行的保密义务与岗位变动无直接关系。

企业应根据需要与转岗员工签署新的保密承诺书，岗位变动是让员工在变动后，不再接触到原岗位涉及的商业秘密，但是，变动后的岗位有可能涉及新的商业秘密，需要进行相应的管控。

五、涉密人员的离职管理

企业应当明确涉密人员离职的流程。从流程方面，企业应当进行离职面谈及保密承诺的签订。针对离职涉密人员的面谈，重点在于告知其负有的保密义务，以及其他约定或法定的注意事项，还可包括工作移交的承诺、竞业限制的生效或取消、离职后的职务发明权属问题等。保密承诺书的重点还应要求其声明不再拥有任何与本企业商业秘密相关的载体。

另外，企业应当对离职人员的涉密设备和涉密载体进行清查盘点并做好记录；梳理与离职人员签订过的所有的保密协议及保密承诺书；确认离职人员的竞业限制协议的签订与履行要求；做好离职人员去向的追踪记录，以及离职人员新就职单位的商业秘密侵权风险识别。

第二节　涉密载体的管理

在商业秘密保护的广阔领域中，涉密载体的管理占据关键地位。涉密载体作为商业秘密的重要承载形式，其妥善管理对于企业的生存和发展至关重要。本节将深入探讨涉密载体管理的各个方面，从整体概述到具体环节，从分类管控到重要意义，全方位呈现涉密载体管理的复杂性与必要性，指导企业实施严谨有效的涉密载体管理，确保商业秘密的安全无虞。

一、涉密载体管理概述

涉密载体是指以文字、数据、符号、图形、图像、声音等方式记载商业秘密信息的纸介质、磁介质、光介质、产品实物（密品）等各类载体。不同类型的载体，管理重点和方法具有差别。

涉密载体的管理是一项系统工作，有独立的方法论与工具，需要全过程策划，其中，明确专人权责尤为重要。

涉密载体的管理离不开涉密人员的管理。涉密人员因工作需要持有涉密载体的，应严格履行保密责任，不得擅自交予他人传递和使用。涉密人员离岗离职时，应清退个人所持有和使用的涉密载体、涉密信息设备等，并清点登记移交。

二、涉密载体的分类与管控措施

不同载体的管控措施、投入以及效果等均有不同，企业可根据涉密载体可能遭遇的风险等对其进行分类管理。

（1）针对灭失风险，可按照投入和复杂程度分类，如异地灾备、定期重置等。例如，对于重要的涉密载体，可以采用异地灾备的方式，将载体的备份存储在不同地点的安全设施中，以防止因自然灾害或其他不可抗力因素导致载体灭失。同时，定期对载体进行重置，确保载体的安全性和可靠性。

（2）针对泄密风险，可按照风险程度分类，如禁止复制与接触、载体加密、分块分段、设置异常触发、设置陷阱信息、选择专业机构等。例如，对于核心级涉密载体，可以禁止复制与接触，严格限制接触人员的范围，并对载体进行加密处理，只有授权人员才能解密和使用。对于重要级涉密载体，可以分块分段管理，设置异常触发机制，一旦发现异常情况，如未经授权的访问或复制，立即触发警报并记录相关信息。此外，还可以设置陷阱信息，对潜在的泄密行为进行监测和防范。

（3）针对传递风险，可按照信息化程度分类，如纸质登记、电子流转、数据分析、录音摄像等。例如，对于纸质载体，可以采用纸质登记的方式，详细记录载体的收发、传递、使用等过程，包括时间、地点、人员、事由等信息，并要求相关人员签字确认。对于电子载体，可以通过电子流转系统进行管理，记录载体的流转轨迹和操作记录，并采用数据分析的方式，对载体的使用情况进行监测和分析。同时，还可以采用录音摄像等方式，对涉密载体的使用过程进行监控，确保行为的可追溯性。

企业应当注意区分信息和载体，理解载体的多样性。纸介质涉密载体是指传统的纸质涉密管理制度、资料、书刊、图纸、档案等；光介质涉密载体是指利用激光原理写入和读取涉密信息的存储介质，包括 CD、VCD、DVD 等各类光盘；电磁介质涉密载体是指利用电子原理写入和读取涉密信息的存储介质，包括各类优盘、移动硬盘、存储卡等。

三、涉密载体管理的重要意义

涉密载体的管理具有重要的现实意义。载体是商业秘密存在的证明基础；应避免因载体管理不当而造成的商业秘密泄露；载体管理记录对行为具有证明的价值。没有载体，则商业秘密的保护就无从谈起。企业应在涉密载体制作可控的前提下，清楚、全面地掌握涉密载体的明细数量，并确保其增减变动受控，防止载体的意外/恶意损毁，防止不当接触与扩散，并保证能够进行行为回溯。

另外，企业还应当注意区分"涉密载体管理"与保密信息范围确定的区别与联系，注意区分"涉密载体安全"与信息系统安全的区别与联系，并持续关注涉密载体管理技术手段和措施的发展。

四、涉密载体的制作

涉密载体的制作，是涉密信息持有者将信息进行外化的过程，不同于载体的复制，在载体制作的过程中，制作者在考虑信息的使用和分发需求的同时，也应同时注意保密的要求，从而决定载体的具体形式、承载信息的范围、载体的保密设防措施等。明确制作载体的权限，包括原创者与习得者，是载体控制的基础和起点。需要注意商业秘密"认定前的涉密载体制作控制与盘点"与"认定后的涉密载体完善与控制"的协调。

关于涉密载体制作的权限管理要求，需要按照密级进行管理，同时需要采取报备、审批等管理措施进行管理。

涉密载体制作审批记录，需要包含清晰的制作方案，且该制作方案需要包含保护措施、使用或发放范围、制作数量等要素；商业秘密载体制作记录，还需要包括所制作载体的可追溯信息。

涉密载体制作环境与制作条件需要准备充分，从而避免制作过程中的泄密风险，比如采取加密等技术手段，也可以采取加盖"水印"标识等手段。涉密载体的制作数量应与审批数量一致，涉密载体需要进行商业秘密标志、记号的加注。

五、涉密载体的收发、传递

对于信息觊觎者，可能会在涉密载体流转过程中寻找管理的薄弱环节，而对于涉密载体的传递人来说，严格遵守传递的操作规程有利于减少风险的产生，完备的流转记录，对于发生事故后的排查也是至关重要的。

涉密载体的收发、传递包括但不限于针对不同密级的载体的清点、编号、登记、签收手续等。企业应重点关注针对不同密级的涉密载体，在收发、传递过程中措施要求的执行情况，以及涉密载体收发、传递的记录的管理。

六、涉密载体的使用

涉密载体的使用，涉及使用者占有载体、提取并利用所载信息的过程，不同于涉密载体的收发和传递环节，使用者对涉密载体的保管、携带、取用的过程更复杂，需要重点提示使用者的保密责任，加强其保密意识。

涉密载体的使用应当重点关注以下内容：涉密载体使用可追溯记录与涉密载体的状态对应；涉密载体使用需要进行审批，审批记录需要包括使用过程中的涉密载体风险分析及流转控制要求。

涉密载体使用报告，需要对使用过程中的关键事项进行清楚记录；涉密载体回收时间要记录准确，针对超期回收需要有原因管理，在涉密载体回收环节，需要对涉密载体使用过程记录的齐备性进行检查。

特殊情况的涉密载体使用应有预案，预案应包括全程陪同、保密事项提醒、使用人员确认等举措。

七、涉密载体的复制

不同于涉密载体的制作，复制是针对信息的外化形式、分块、加密、管控要求都已经明确的情况下，对涉密载体的份数增加、备份数量的增加，会导致信息泄密的风险增加，如非必要不得进行复制，如果复制则需要匹配同等的保密举措。

企业应重点关注涉密载体复制的审批流程，针对不同涉密载体、不同密级载体设置不同的审批流程；复制记录中，对复制目的、范围、份数等记载信息应完整；复制涉密载体需要有复制戳记，不同涉密载体的复制设施设备,需要满足企业对于设施设备的保密要求。

八、涉密载体的保存、维修及销毁

相较于收发、传递、使用等环节,涉密载体的保管,由于涉密载体容易集中、查看频次有限、占有时间长等特点,保密风险更高。同时,涉密载体保存的安全与可靠要求,也更为突出。

涉密载体的保存应重点关注保存设施、人员的配置情况,保管人员对管理要求的理解;涉密载体盘点、核对的作业计划,作业记录中与方案相关的内容;涉密载体销毁审批管理要求及审批方式;针对不同涉密载体,信息销毁的验证方案。

涉密载体的保存、维修、销毁需要登记清晰、更新及时;涉密载体的保管、维修、销毁可追溯记录需要齐备、清晰、可追溯;需要设置涉密载体维修记录,根据不同密级要求,需要进行维修方案策划评审,充分考虑灭失、泄密风险;维修合同、维修记录要清晰可追溯;对于现场维修,维修过程记录、现场监督方案要清晰,监督过程需要记录、监督人签字;抽查销毁审批记录,方案提报人、审批人、执行人、销毁验证人要签字齐全,对应的涉密载体可追溯记录更改记录要及时;销毁设施、专业机构的配置要完整;现场观察涉密载体销毁过程,要包括销毁设施、销毁验证等。

第三节 涉密设备的管理

在商业秘密保护的整体框架中,涉密设备的管理占据举足轻重的地位。这些设备承载着企业的关键信息和核心数据,其安全性直接关系企业的生存与发展,一旦管理不善,极易导致商业秘密的泄露。本节将着重阐述涉密设备管理的相关内容,包括其重要意义、可能存在的风险以及针对性的管理方法,助力企业完善涉密设备的管理体系,保障商业秘密的安全。

一、涉密设备管理概述

涉密设备的管理包括建立健全设备管理档案,对保密设备的购置、使用、维护和报废情况进行记录和归档。涉密设备的管理应当以涉密人员管理为基础。包括但不限于：涉密人员对涉密设备进行定期检查、维护和保养，确保设备的正常运行；对涉密设备使用人员进行安全培训，提高他们的保密意识和安全意识；涉密设备使用人员应当按照设备使用说明书的要求正确配置设备，保证设备的正常运行；涉密设备使用人员不得私自改变设备的配置和参数等。

涉密设备可以分为显性涉密设备和隐性涉密设备，二者的管理重点略有不同。

二、显性涉密设备的管理

显性涉密设备是指制作生成、储存、处理商业秘密所使用的特定设备。

企业需要建立显性涉密设备安全管理政策或管理办法，有效确保商业秘密不受损害或侵害。企业应明确设定显性涉密设备的信息加密系统，确保显性涉密设备中的商业秘密在加密状态下进行处理，从而对显性涉密设备中的商业秘密储存、复制、下载等过程进行管控。

企业还应明确显性涉密设备的使用方式以及不同保密等级员工接触权限，显性涉密设备需要加装员工权限管理系统，凭借密码登录使用显性涉密设备，并需要定期更换密码，确保仅有权限的员工才能接触到相应的商业秘密。

企业应对员工访问显性涉密设备中的商业秘密信息进行追踪与监控，并履行登记审批制度，保留登记审批记录，使其具有可追溯性。

显性涉密设备中所安装的软件产品也需要注意商业秘密泄露。自行开发的软件，需要在开发过程中通过在软件开发生命周期各阶段采取必要的、相适需要的安全措施来避免因软件原因造成的显性涉密设备泄密的风险；购买的软件，应采用软件监控系统等方式进行风险管控；通过开发过程与使用过程的共同管控，而使得在显性涉密设备上使用软件产品更有安全保障。

随着互联网技术发展，无纸化办公、网络化办公已经成为主流，企业日常工作中需要通过显性涉密设备存储和处理大量涉密信息，对显性涉密设备、网络和信息系统的依赖性不断增强。网络保密管理尤其是涉密网络安全保密防护和管理工作成为重点。企业需要注意网络和通信安全，可采取建立虚拟局域网技术、安装防火墙系统、入侵检测系统，避免网络病毒感染以及黑客入侵。

企业需要明确告知员工企业建立的显性涉密设备使用监管系统，在保证合法性的同时对员工使用显性涉密设备处理涉密信息进行监管，避免商业秘密信息的泄露，同时企业需要建立监管档案记录，对于违反安全措施行为留存证据。

显性涉密设备的使用、维修、报废要进行全生命周期管理，显性涉密设备进行维护检修时，须保证所存储的涉密信息不被泄露，对涉密信息需要采取转存、删除、异地转移等安全保密措施。显性涉密设备报废销毁时需要事先进行脱密处理，并由专人负责监控销毁。

三、隐性涉密设备的管理

相对于显性涉密设备，隐性涉密设备具有更大的管理难度，需要仔细排查设备的涉密情况。

隐形涉密设备的管理主要从供应商管理、运送管理、使用管理等各方面入手。

供应商管理需要在采购过程中与供方签订保密协议约定保密义务，需要采取对产品进行混淆采购、隐藏采购人名称、地址和项目名称、用途等方式降低设备或产品采购过程中商业秘密泄密风险。

运送管理需要在设备或产品运输过程中与承运方签订保密协议约定保密义务，在运输过程中需要采取对设备或产品进行遮挡掩盖等方式降低泄密风险。

使用管理需要在设备调试试验或使用过程中采取必要的保密措施，需要对设备进行遮挡或限制区域和进入人员等方式降低设备泄密风险。

设备或产品报废前要进行脱密处理，履行相应审批程序，并对报废设备销毁审批记录进行管理。

第四节　涉密区域的管理

在商业秘密保护体系中，涉密区域的管理是至关重要的一环。这些区域承载着企业的核心机密，稍有疏忽，便可能导致商业秘密的泄露，给企业带来不可估量的损失。本节将聚焦涉密区域的管理，深入探讨如何明确涉密区域的范围，如何制定有效的管理措施，以及怎样进行全面且严格的检查，以确保涉密区域的安全，为企业的商业秘密筑牢坚固的防线。

一、涉密区域的定义与范畴

涉密区域是指能够接触到商业秘密信息的一切场所，包括但不限于企业园区、厂房、车间、实验室、办公室、保密室、档案室、机房、用户现场等。

涉密场所应当严格控制人员的进出，应当按涉密人员的接触权限对涉密场所的进出进行管控。同时，对于涉密载体及涉密设备也应当制定进出管控的要求。

涉密区域管理需要关注：企业包括哪些涉密区域，如何进行分级管理，各级别区域分别设置了哪些警示标志。不同级别涉密区域内部人员、外部人员的管理，关注涉密区域的进出审批记录及登记管理记录。此外，企业可对涉密区域设置监测系统，并对监测系统的使用、维护妥善管理。

二、涉密区域的管理要求

涉密区域的管理需要满足以下要求。

（1）采用书面可追溯记录明确涉密区域，实地采用警示标志，对不同级别的涉密区域用不同标志区分。

（2）对涉密区域进出施行内外有别的管理，内部通过物理硬件措施分级授权管理；外部除物理硬件隔离管理外还需要有前置审批、登记、识别证件等要求。

（3）为进一步加强涉密区域管理，有条件的企业可以设置监测系统，对涉密区域的入口和主要通道等实行控管。

（4）涉密区域管理的分级、审批、登记等需要有可追溯记录。

三、涉密区域的管理检查

重要涉密区域的建设、使用、检查和防护要符合保密要求，这些要求也是重要涉密区域检查的主要依据，包括场所空间电磁信号检查、通信信号检查、电话线路检查、办公设备及物品的电磁信号检查等。为保证保密检查的完整性和可靠性，重要涉密区域的检查内容应包括环境检查、信息泄露技术检查、通信网络检查、计算机检查等。

（1）环境检查的对象包括选址、墙体、地板和天花板、门、窗户、通风管道等。选址应远离对外业务服务区、公共区域及本单位的边界，防止声音信息、光信息、电磁信息泄露等造成泄密。墙体结构应为实体墙，能够抵御非法入侵。地板和天花板的建设应该能够达到墙体的强度保护和隔音效果。重要涉密区域应只有一个主入口，并且具备阻止视觉观察以及提高听觉保护的功能。窗口作为光信息泄密的主要途径，要具备基本的视觉和听觉屏蔽作用。通风口和管道也应满足声学防护的要求。

首先要检查门、窗、墙体、通风管道、天花板等是否采取了相应的防护措施。此外，还应检查场所内的电气设备、消防设备等是否符合安全要求，是否存在安全隐患。有条件的企业可使用保密检查车、手推式 X 射线安全检查设备等，检查墙体内有无窃密设备、场所内有无异常的无线信号时，应详细记录检查结果，包括检查时间、检查人员、发现的问题等。

（2）重要涉密区域被动信息泄露主要分为三种形式：声音、光、电磁信息泄露。声音的泄密途径主要包括门、窗、墙壁、地板、天花板、空调管道、暖气或自来水管道、消防管道、排水孔等重要涉密区域边界处。其中比较薄弱的环节是门、窗及管、孔的泄露。窃听的方式多种多样，重要涉密区域的外侧窗户，存在利用激光远距离窃听的可能性。信息设备的电磁泄漏,是指信息设备的涉密信息以杂散(寄生)电磁能量的方式通过导线或空间向外扩散,任何处于工作状态的电磁信息设备(如计算机、打印机、传真机、电话机、投影仪等)都存在不同程度的电磁泄漏,应注意屏蔽。

声音泄露防护检查包括封闭检查、透声检查、振动检查等,可使用声压级设备和示波器查看墙体、门、窗、管道的隔声效果,在检查时应具体测量隔声数值,并与标准值进行对比,判断是否符合要求。

光泄密技术检查,可以采用的检测方法为干涉法测量微小振动原理、幅度泄漏特性分析,使用激光探测器检测室内是否存在激光。光信息还可以通过摄像头泄密,因此还需要采用摄像头检测设备进行窃照装置检测,检查是否具有反光的物体,应全面检查场所内的各个角落,确保无遗漏,并详细记录测量数据和分析结果。

电磁泄漏发射防护检查,是以电磁泄漏发射技术为基础,电磁泄漏发射技术主要包括宽带接收和红黑信号识别。电磁泄漏发射测试设备包括测试接收机、天线等。使用测试接收机、天线等电磁泄漏发射测试设备进行检查时,应按照规定的测试流程和标准进行操作,记录测试数据和结果。电磁频谱检测的原理是使用天线、频谱分析仪和测量接收机等专业接收设备,通过扫描对比设备开机前后周围电磁信号的变化,捕捉异常信号,发现无线窃密装置。对发现的异常信号,应进行深入分析和排查,确定其来源和性质。

(3)通信系统由交换设备、传输设备和终端设备组成,其泄密隐患主要有:有线传输线路辐射泄密、网络串音泄密、无线传输泄密、通信设备电磁泄漏发射泄密。检查有线传输线路是否采取了屏蔽措施,防止辐射泄密;检查网络串音是否在允许范围内;检查无线传输设备是否禁止使用,对于手机等设备的检查,应使用手机探测仪、空中信号检查接收机和手机恶意程序检查工具进行全面检查,确保无遗漏。

此外,现代电信网广泛使用程控交换机,如果被植入木马程序,就会造成泄密。因此,在重要涉密区域应禁止使用无线传输的通信设备,包括无绳电话、对讲机等。对于手机，可以使用手机探测仪、空中信号检查接收机和手机恶意程序检查工具进行检查。有线通信设备，可以使用相应的电话线路测试仪，快速查询有线通信系统中隐藏的各类窃听器，并详细记录测试结果，包括线路的通断情况、信号质量等。

（4）计算机信息系统是通信、计算机、网络技术的综合产物，具有通信系统所有的泄密隐患，计算机检查可以参考国家的相关标准进行，包括信息设备电磁泄漏发射、系统后门、隐通道、漏洞，磁介质剩磁数据可复原，操作系统检查，主要软硬件检查等。

办公自动化设备及物品的保密检查，可以采用全波段接收机扫描、射线扫描、电磁泄漏发射进行，应全面检查设备是否具有可疑部件。同时，还需要对重要涉密区域的主机信息、系统配置、移动存储介质使用、互联网连接、涉密文件存储、感染木马病毒、防护软件等情况进行全面检查，应详细记录检查结果，包括发现的问题、采取的措施等。对于互联网出口的检查，可以使用平台部署的方式，也可以采用便携式设备的方式，采用入侵检测技术、网络数据还原技术、数据挖掘技术、加解密技术等，现场快速检测、分析、定位网络窃密事件，应及时记录检测过程和结果，对发现的问题及时进行处理。

第五节 商业秘密泄密风险的管理

在企业发展的道路上，商业秘密如同珍贵的宝藏，而泄密风险则如暗处的盗贼，时刻威胁着企业的核心利益。在商业秘密管理体系中，对泄密风险的把控不仅是关键的一环，而且是确保企业稳健前行的重要保障。商业秘密泄密风险的管理，是全面审视企业在商业秘密防护方面工作成效的核心环节。通过对商业秘密泄密风险的精细管理和深入探究，企业能够敏锐地察觉潜在的漏洞与隐患，进而精准施策，加以防范和改进。本节将共同深入探讨商业秘密泄密风险的管理要点，助力企业筑牢商业秘密的安全防线。

一、商业秘密泄密风险防控与管理

（一）泄密风险监控与评估

为了降低商业秘密泄露风险，企业可以通过建立防盗系统、安装监控软件等技术手段以及采取市场调查、网络查询等方式或渠道对泄密行为进行监控。

企业可以制订定期的风险评估计划，每季度或每半年对各部门的涉密人员、涉密载体、涉密设备、涉密区域管理情况进行全面评估，分析潜在的泄密风险点和薄弱环节。在评估过程中，结合市场动态、竞争对手情况以及内部管理变化等因素，综合判断商业秘密泄密的可能性和影响程度。

（二）泄密风险预警与处置

企业还应建立预警机制，根据风险评估结果设定不同级别的预警信号。当风险达到一定程度时，及时发出预警通知，提醒相关部门和人员采取相应的防范措施。预警通知应明确指出潜在的风险点、可能的影响以及建议采取的措施，确保相关人员能够及时了解情况并采取有效行动。

（三）泄密风险管理机制

商业秘密泄密风险的管理部门可设置于法务部、知识产权管理部门，也可单独设置。管理部门需要对各部门的对涉密人员、涉密载体、涉密设备、涉密区域管理进行监管。需要重点关注研发部、市场部等重点涉密部门的防盗设施和监控软件的部署，监控泄密情况的记录等。

（四）员工保密意识培养

要加强对员工的保密培训，提高全体员工的保密意识和警觉性，通过奖励机制激发全员保密的积极性。

（五）发生泄密事件的应对

发现可能发生的泄密行为时需要及时上报并采取向市场监督管理部门、公安机关举报或向法院提起诉讼等方式制止泄密活动发生，如因员工引发的泄密行为也可申请劳动仲裁或商事仲裁。

（六）合法使用与侵权防范

在加强商业秘密管理的同时也要防止侵犯他人商业秘密，对于可能涉及他人的技术秘密和经营信息等敏感信息需要明确其来源合法，对于通过许可、善意取得、反向工程等获取的敏感信息保留获取过程的相关证据，有合同的按合同约定合法使用。企业应采取措施确保及时核实敏感信息的合法性并重点关注敏感信息的侵权风险。

二、商务活动中的商业秘密管理

企业的商务活动包括采购、销售、委托开发、委托生产、参展等。而商业秘密管理除涉及企业内部的相关部门，也会涉及相关方，因此应对相关方的商业秘密管理责任和能力提出要求。

（一）商务洽谈、商展

企业在开始商务谈判前，要与对方签署保密协议，以防止对方侵犯商业秘密。在参展过程中可通过遮挡、与展览方签订保密协议等方式降低泄密风险。企业应对上述活动的相关合同、协议、备忘录等进行管理和存档，同时对协议/合同履行过程中商业秘密的使用情况及泄露情况进行监督管理，保留相关的监管记录。

（二）技术合作

在合作前，要调查合作方的商业秘密管理能力，优先选择实施系统的商业秘密管理的合作方。在技术合作协议中应约定背景商业秘密及共同开发、改进或二次开发中涉及商业秘密的内容和归属，必要时可对保密内容签署单独的保密协议；应约定对共有商业秘密的管理，许可、转让或与第三方合作，争议处理等内容，合作方商业秘密所有人需承诺其商业秘密不侵犯第三方任何权利。合作协议应对合作项目的涉密人员、涉密信息以及涉密信息的传递和交流方式进行明确约定。

（三）国际业务

企业开展国际业务时，应提前调查业务所涉国家或地区商业秘密相关的法律法规及执行情况，查看相关案例，必要时咨询当地的专业人员，以防止开展国际业务时，发生不必要的纠纷。

（四）并购、重组

企业并购或重组，应开展商业秘密尽职调查，对商业秘密的法律、经济价值及风险进行评估。应签署保密协议，协议应约定商业秘密内容与范围、权利归属、利益分配方案、协议期限外的保密义务、争议解决途径、违约金及损害赔偿等内容。在并购或重组过程中应做好商业秘密的交接及管理的衔接，使商业秘密始终处于受控状态。同时，需关注并购或重组对象涉密人员的去向。涉及并购或重组过程中的保密协议、交接记录、会议纪要、保密管理制度清单等要有专人保存、保管。

（五）许可、转让

针对许可或转让业务，企业应对涉及的商业秘密进行资产评估，评估工作可委托第三方权威机构完成。签署的保密协议应涉及商业秘密内容与范围、权利归属、协议期限外的保密义务、争议解决途径、违约金及损害赔偿等。在许可或转让过程中做好商业秘密的交接及管理的衔接，使商业秘密始终处于受控状态。涉及许可或转让过程中的保密协议、交接记录、会议纪要、保密管理制度清单等需要有专人保存、保管。

三、商业秘密泄密应急管理与处置

（一）泄密应急管理

为了保护自身权益，有效防止泄密风险，企业应建立完善的管理制度，包括泄密处置程序和应急预案。一旦有泄密事件发生，迅速对其进行处置，将风险控制在最小范围内。

应根据企业的行业特性，对商业秘密泄密风险进行全面评估，测评自身商业秘密泄密造成影响和损失的可能及程度，能够帮助企业发现泄密隐患，并为企业制订应急处置预案提供依据。应急预案应包含但不限于以下内容：应急组织机构及职责、泄密事件的预警和监测、泄密事件的分级和响应流程、应急处置措施、后续的补救措施、信息发布和沟通机制以及预案的演练和更新等。企业应明确制定应急预案的流程，确保预案的科学性和有效性。

涉及国家秘密的，需要及时采取补救措施并立即向公安部门或者国家安全部门、保密部门报告。企业在处理涉及国家秘密泄密的情况时，需按照相关要求上报并及时进行补救。

（二）泄密处置与措施

企业需关注应急处置预案和应对流程，以确保发生泄密和被侵权情况可及时处置。企业需采取措施，将风险控制在最小范围内并对措施的有效性进行检验，包括抽查泄密证据、核实泄密内容、调查泄密原因与责任人等，同时需关注补救措施方案、保密整改是否有效。

四、商业秘密维权策略

（一）侵权评估

企业发现商业秘密涉嫌被侵犯时，要首先判断该商业秘密被侵犯给企业带来的影响，即商业秘密被侵犯达到什么程度，给企业造成哪些损失，为后续决定维权做好充足准备。

企业要区分被侵犯的商业秘密与技术有关还是与经营有关。与技术有关的商业秘密包括结构、原料、组分、配方、材料、样品、样式、植物新品种繁殖材料、工艺、方法或其步骤、算法、数据、计算机程序及其有关文档等信息。与经营活动有关的商业秘密包括创意、管理、销售、财务、计划、样本、招投标材料、客户信息、数据等信息。

企业要关注商业秘密被侵犯的范围，如果是与技术有关的商业秘密，是研发失败数据或过程还是研发成功的数据或步骤遭到泄露；如果是与经营活动有关的商业秘密，是经营活动过程中哪一个环节的具体信息遭到泄露。

企业需关注商业秘密泄露的方式，是由于员工跳槽将商业秘密带到其他企业，还是缔约过程或交易过程中被客户了解了商业秘密，抑或是在社会层面上完全公开，或者以其他方式被使用、利用等。

企业需知悉侵权嫌疑人的情况，系企业现职工、离职员工还是外部人员，是外部人员网络攻击，抑或其他竞争对手通过某种方式盗取了商业秘密。如果是离职职工，需了解竞业限制或者保密协议的签订及执行情况。总之，应尽可能收集嫌疑人的相关资料。

企业需分析商业秘密被侵犯对于企业的影响，包括现实和潜在的经济价值（如研发成本、创新程度、可能带来的竞争优势等）、品牌形象、商业信誉等。

（二）维权方式

企业可以自由选择维权方式，可以选择其一，也可以组合选择。通常情况下，民间调解（请求调解组织调解）的效力偏弱，但具有灵活性和便捷性，适用于纠纷较小、双方愿意协商解决的情况。行政手段（向市场监督管理部门投诉）具有一定的权威性和专业性，能够对侵权行为进行调查和处罚，但可能需要较长的时间和程序。司法手段（向人民法院提起民事诉讼；向公安机关报案；申请人民检察院对商业秘密诉讼活动进行监督等）效力更强，具有强制性和终局性，但成本较高，程序较为复杂。直接与侵权人协商通常效率较高，协商过程中也可以进一步取证，但需要双方有一定的协商意愿和沟通基础。具体如何选择，企业可以根据自身情况综合考量，包括侵权的严重程度、维权的成本和时间、证据的充分性以及企业的战略目标等。

关于司法手段，《最高人民检察院、公安部关于修改侵犯商业秘密刑事案件立案追诉标准的决定》将侵犯商业秘密刑事案件立案追诉标准修改为："侵犯商业秘密，涉嫌下列情形之一的，应予立案追诉：（一）给商业秘密权利人造成损失数额在三十万元以上的；（二）因侵犯商业秘密违法所得数额在三十万元以上的；（三）直接导致商业秘密的权利人因重大经营困难而破产、倒闭的；（四）其他给商业秘密权利人造成重大损失的情形。"

关于检察院进行监督的方式，由于检察院本身属于监督机构，可以对民事诉讼或者行政诉讼进行监督，所以既可以由当事人提出请求，也可以由检察院依职权开展监督。一般来说，在民事诉讼中，一审法院作出判决后，检察机关可以经当事人申请，进行法律监督，提起抗诉。实践中更多的是检察机关在二审宣判后，经当事人申请或依职权提起抗诉。此外，如果商业秘密严重涉及刑事犯罪，也可以依据《刑事诉讼法》及相关司法解释，申请人民检察院对商业秘密诉讼活动进行监督。

如果企业与现员工或者离职员工发生商业秘密纠纷，也可以参考《中华人民共和国劳动争议调解仲裁法》以及《劳动和社会保障部办公厅关于劳动争议案中涉及商业秘密侵权问题的复函》的明确规定，"劳动合同中如果明确约定了有关保守商业秘密的内容，由于劳动者未履行，造成用人单位商业秘密被侵害而发生劳动争议，当事人向劳动争议仲裁委员会申请仲裁的，仲裁委员会需要受理，并依据有关规定和劳动合同的约定作出裁决"。

相较于司法手段，仲裁具有时间短、效率高的优点，但是由于一裁终局制，仲裁裁决作出后，当事人不得就同一纠纷再申请仲裁或向人民法院起诉。

综上所述，企业有多种维权方式可以选择，只要能够满足自身需求，达到维权效果，阻止或减少损失，减轻或消除影响即可。当然，企业也可以选择不维权。在企业选择不维权的情况下，需明确不维权的原因是基于哪些方面的考量（如侵权影响较小、维权成本过高、维权证据缺失等），以综合判断企业选择不维权的合理性。

（三）维权方案

企业在遭遇商业秘密侵权后，应制定维权方案，并按照该方案执行，以最终达到维权目的。维权方案可包含专项工作组、维权目标、维权措施、取证措施、维权策略、时间计划及重要节点、律师团队、资金预算等。

在制定维权方案时，企业应进一步强调与整体战略的结合。例如，企业需要考虑维权行动对企业形象、市场份额、合作伙伴关系等方面的潜在影响。如果维权行动可能对企业的长期发展产生不利影响，企业应谨慎权衡利弊，综合考虑是否采取维权措施以及采取何种维权方式。此外，维权方案应与企业的战略目标相一致。如果企业的战略目标是保护核心技术、维护市场竞争优势，那么维权方案应重点围绕这些目标制定，确保维权行动能够有效地保护企业的商业秘密，支持企业的战略发展。

（四）证据收集

无论采取何种维权方式，都要以证据作为支撑。根据法律规定，谁主张积极事实，谁承担举证责任。对于被侵权人来说，因为要说明被侵权的事实，所以需要承担相应的举证责任。在我国，商业秘密案件一直存在维权难、举证难的问题。因此，收集合适的证据已成为维权最关键的步骤。证据主要包括物证、书证、鉴定意见等。

企业应确定需要收集的证据的内容、范围和方式。企业需要明确哪些是需要收集的证据，如体现商业秘密权属的证据，就包括商业秘密的来源、载体、存证证明等。

企业需要收集证据证明商业秘密的价值性，包括现实的和潜在的经济价值。如果是现实的经济价值，需要有票据等证据；如果是潜在的经济价值，需要进行了相应的被认可的计算或者评估，以及其他证据佐证。企业需要制定寻求评估机构进行价值评估的预案，包括如何委托评估机构、评估机构专业性判定等管理制度。

针对商业秘密的秘密性，企业需要收集证据证明商业秘密不为公众所知悉，可以采用委托鉴定机构出具非公知性鉴定报告的方法，针对此种委托应制定预案。

针对商业秘密的保密性，企业需要收集的证据包括但不限于保密制度、保密协议、竞业限制协议等。

针对可能造成泄密的人员，企业应收集人员的劳动合同、保密协议、具体工作职责、工作总结以及能够接触商业秘密信息的证据，如该员工接触的供应商信息、客户信息等。

针对研发证明或合法来源证明等，企业应收集研发管理过程的材料，包括试验数据、过程性结论、研发成果等。

针对商业秘密被侵犯的证据，企业应收集公开证据、以交易等方式获得的证据、鉴定报告等。企业应做好预案，有效利用公证等证据固定方法。

针对商业秘密被侵犯的损害事实，企业应及时收集并固定已经掌握的相关事实，包括侵权行为的具体表现，被侵权所受的损失或侵权行为所获得的收益等。

五、商业秘密涉密案件的应诉策略

（一）应诉方案

关于商业秘密涉密案件的应诉，首先，企业应评价案件对企业造成的影响，包括对企业产品、品牌形象、近期重大事件的影响等，均应评价以及判定。

其次，应对被诉事件的事实情况进行全面分析，包括涉案人员以及涉案客体；通过收集事实情况的证据并与《反不正当竞争法》的相关规定对照以初步判定侵权可能性，根据判定结果，确定应诉方案。

关于证据的准备，企业应明确指定专人负责证据的收集和整理工作，确保证据的完整性和准确性。在收集证据时，要注重证据的合法性和关联性，不仅要收集对自己有利的证据，还要考虑对方可能提出的反驳证据，并做好相应的准备。对于收集到的证据，应进行分类整理，制作详细的证据目录，并对每份证据进行说明，阐明其证明目的和与案件的关联程度。同时，要注意证据的保存方式，确保证据在诉讼过程中不会被损坏或丢失。在证据整理过程中，还应进行分析和评估，找出证据中的关键信息和薄弱环节，为应诉策略的制定提供依据。根据证据的情况，合理选择应诉的重点和策略，提高应诉的成功率。

应诉方案包括应诉目的、应诉现状、应诉证据、应诉手续等。应诉方案需要考虑以下几个方面：应诉调查组成员、商业秘密的固定证据、商业秘密的法定构成要件、商业秘密的内容比对、商业秘密的获取途径、第三人商业秘密侵权构成条件以及损害赔偿等。

（二）证据收集

商业秘密涉密案件应诉证据收集可以称为商业秘密的固定，通俗地讲，就是确定涉案的商业秘密到底是什么。商业秘密的具体内容包括商业秘密的载体和具体构成。载体是纸介质、磁介质或设备等，所谓具体构成是公知点和多个非公知点的组合。

首要的应诉要点是将原告所称商业秘密的内容进行公知点和非公知点的拆分，其中可能只有很少一部分才具有非公知性，实现诉讼的聚焦。其次是对于合法来源以及注意义务的应诉考量。

1. 公　知

对于公知点的定义解释，可参照《最高人民法院关于审理侵犯商业秘密民事案件适用法律若干问题的规定》的相关规定。其中第4条规定："具有下列情形之一的，人民法院可以认定有关信息为公众所知悉：（一）该信息在所属领域属于一般常识或者行业惯例的；（二）该信息仅涉及产品的尺寸、结构、材料、部件的简单组合等内容，所属领域的相关人员通过观察上市产品即可直接获得的；（三）该信息已经在公开出版物或者其他媒体上公开披露的；（四）该信息已通过公开的报告会、展览等方式公开的；（五）所属领域的相关人员从其他公开渠道可以获得该信息的。将为公众所知悉的信息进行整理、改进、加工后形成的新信息，符合本规定第三条规定的，应当认定该新信息不为公众所知悉。"

固定商业秘密的过程，尤其是涉及技术信息的非公知性判断，往往需要借助技术鉴定。法院审理时一般会参考专家证人的意见，或是进行技术鉴定或专家咨询。在这一过程中，需要关注收集所属领域的一般常识或者行业惯例信息的渠道、行业内相关工具书、行业内的展览展示会议情况登记，以确保及时获取证据。

其中，行业内相关工具书是汇集某一领域经常需要查阅的文献资料或专业知识的工具书，方便读者随时查阅。这类书籍通常会简明扼要地介绍某一专业或领域的基本知识，包括基本公式、图表、数据、规章制度等，具有很强的实用性。

2. 合法来源

技术的合法来源包括自主研发、合法受让或许可以及反向工程等。

（1）自主研发。项目研究过程中需要保留研究开发活动中形成的记录，并实施有效的管理。例如，机械领域的研发记录一般会包括图纸，此外，对于样品试制与调整的记录也属于研发记录。研发记录的有效管理应包括图纸的保存、研发记录的署名等。

（2）合法受让或许可。需要证明被控侵权的信息来源于第三方的合法转让或者许可，自己没有侵权的故意，能够有效证明合法受让的证据主要是相关商业秘密的转让合同或许可合同。

（3）反向工程。是指通过技术手段对从公开渠道取得的产品进行拆卸、测绘、分析等获得该产品的有关技术信息。合法的反向工程是获取商业秘密的正当方法，通过该方式取得的商业秘密，不构成侵权。能够有效证明实施反向工程的证据包括购买产品的发票、提货单、供货合同、反向工程实施过程中的详细数据资料和有关说明，以及研制进展情况的原始记录等。但如果当事人以不正当手段知悉他人的商业秘密之后，又以反向工程为由主张获取行为合法的，是不能得到法院支持的。

3. 注意义务

主观上的不知道或者不需要知道，并在发现存在商业秘密侵权时，立即停止侵权，证明自己注意了需要尽到的义务：

（1）没有直接接触商业秘密载体的渠道，没有接触可能；

（2）与员工或者相关单位签订过保密承诺书，内容包括相关人员保密承诺不将上一家雇主的保密信息应用到本企业，本企业不恐吓、不威胁、不迫使员工将上一家雇主保密信息应用到本企业，员工自主泄露商业秘密应用到本企业，本企业不承担连带责任等约定；

（3）在接到相关律师函件后，停止了与涉案商业秘密相关的工作，并采取了相关保密措施，不构成商业秘密侵权罪。

在证据收集方面，首先要明确被诉事件中的涉案客体的基本信息，将涉案客体的各个元素与不构成商业秘密的情形进行类推解释，以证明权利人的信息并不构成商业秘密。商业秘密可以由多个权利主体分别独立拥有，不排斥其他人独立开发研究相同的商业秘密。因此，需要收集证明自己自主开发的商业秘密的证据，以及为之付出的人力、物力，以切断与原告商业秘密的"接触"条件。

鉴定报告由具有"司法鉴定许可证"资质的机构出具，一般由权利人委托鉴定，侵权人如对鉴定意见有异议的，也可委托鉴定。若鉴定报告存在足以影响鉴定结论公正性的程序或实质问题，必要时可申请重新鉴定。

在商业秘密争议处理过程中，一般委托有资质的鉴定机构对所涉信息是否为公众所知悉，被告获得、披露、使用的信息与原告持有的信息是否相同或者实质相同等进行司法鉴定。企业需要保留司法鉴定的可追溯记录。企业需要清楚所属行业可委托有资质的鉴定机构数量及优劣势。

第七章　注重绩效管理

无论企业实施何种管理体系，都不可能一次性地达到完美的程度，对管理体系进行持续改进应成为企业始终追求的目标。因此，商业秘密体系化管理应注重绩效管理。这一环节不仅是商业秘密体系化管理闭环中的关键一环，更是衡量体系运行成效、检验管理策略有效性的重要环节。注重绩效管理，对于确保商业秘密管理体系能够持续、高效地推动企业创新发展，具有无可替代的重要性与必要性。它可以使企业精准识别管理体系中的亮点与不足，为后续的优化升级提供坚实的数据支撑与决策依据，确保商业秘密管理体系始终沿着高效、合规的轨道稳健前行。本章重点介绍商业秘密的体系化管理"如何提升"的内容。

第一节　绩效管理相关理论

常见的绩效管理理论包括卓越绩效管理理论、质量管理安全度理论、系统管理理论和绩效管理理论等。这些理论为绩效管理提供了重要的指导和方法，在实际应用中，常常会根据企业的特点和需求进行综合运用和创新。本节重点对常见的绩效管理理论进行介绍。

一、卓越绩效管理理论

卓越绩效管理理论20世纪80年代后期源于美国的国家质量奖，每两年更新一次，是国际上广泛认同的一种企业综合绩效管理的有效方法和工具。卓越绩效管理旨在关注企业经营管理质量，推动企业持续改进，追求卓越并持续成功。美国的卓越绩效管理包含7个方面：领导、战略、顾客、员工、测量与知识管理、过程管理和经营结果。经过40余年的发展，卓越绩效模式几乎能适应所有类型的企业，能兼容其他有效的管理方法。

卓越绩效管理是全面质量管理的系统化、标准化、程序化和规范化，意在将体系理念推广到企业质量管理经营的各个方面和领域。目前世界上多个国家和地区使用此标准进行国家质量奖的评选和质量管理的测评与改进，2004年，我国颁布了第一部卓越绩效评价国家标准，正式开始关于卓越绩效管理的研究，2012年进行准则的第一次更新。我国也有许多企业使用此模式进行管理，通过跟踪对比发现，导入此模式的企业比同类企业发展更快。

二、质量管理安全度理论

质量管理安全度是企业内部质量管理工作在企业中的执行情况，是衡量和推动企业质量管理的一种主要手段和评价方法。质量管理大师菲利浦·克劳士比（Philip B. Crosby）在《质量免费：确定质量的艺术》❶ 一书中，首次提出"质量管理安全度方格理论"，将企业质量管理安全度划分为5个时期：不确定期、觉醒期、启蒙期、智慧期以及确定期。著名的质量管理安全度模型有：麦肯锡质量模型、ISO 9004安全度模型、上海质量科学院模型、质量奖模型、IQMM国际质量安全度模型和卓越绩效评价模型等。

麦肯锡质量模型和ISO 9004安全度模型等重点关注的是产品实现和项目过程质量；卓越绩效模式重点关注企业整体的经营质量和管理质量。

卓越绩效模式将质量管理安全度根据评价准则（总分1000分），划分为5类：很差，面临淘汰（200分以下）；较差，无竞争力（201~400分）；一般（401~600分）；良好，有竞争力（601~800分）；卓越，竞争力极强（801~1000分），通过对企业质量管理安全度的测评，有助于企业明确定

---

❶ 菲利浦·克劳士比. 质量免费：确定质量的艺术 [M]. 杨钢，林海，译. 北京：中国人民大学出版社，2006.

三、系统管理理论

贝塔朗菲[1]于1937年提出了系统的思想和原理,即一般系统论,将系统思想创立成一门学科。系统管理学认为万事万物都是一个相互联系、作用和制约的系统。系统管理的核心是一个整体,不是机械地将其合并或简单地叠加起来。系统管理理论的核心思想与卓越绩效管理模式的重点关注相契合。系统管理理论认为一个系统应具备整体性、关联性和目的性等共性特征。

四、绩效管理理论

绩效管理理论最早来源于学者对人力资源管理的重视,学术界将绩效管理理论大致分为两个方面,分别是组织取向和个人取向。组织取向的绩效管理是管理组织的方法和体系,旨在实现组织的战略和促进组织发展,保持竞争优势。个人取向的绩效管理被认为是研究员工如何有效工作的方法,关注员工潜能的激发和个人与工作目标的实现。

第二节 商业秘密绩效管理

在商业秘密管理体系运作过程中,绩效评价是衡量管理成效和发现改进空间的重要手段,商业秘密管理绩效的评估则是全面衡量企业在商业秘密保护方面所取得成果的重要环节。通过对商业秘密管理绩效的深入分析,企业能够清晰地看到自身的优势与不足,从而有针对性地进行改进和优化。商业秘密管理的安全度作为绩效评价的关键要素,直接关系企业商业秘密保护的实际效果和未来发展。准确评估商业秘密管理的安全度,能够帮助企业清晰地了解当前的管理状况,及时发现潜在风险,为优化管理策略提

---

[1] 贝塔朗菲,即路德维希·冯·贝塔朗菲(Ludwig Von Bertalanffy),是一位美籍奥地利理论生物学家和哲学家。

供有力依据。本节将探究商业秘密管理安全度及管理绩效的相关内容,助力企业提升商业秘密管理水平。

一、商业秘密安全度

(一)安全度的概念

安全度是反映商业秘密安全与否的客观程度。安全度概念理解、测量指标选择、测量过程管控、测量结果呈现等方面可适当参考或引用 GB/T 19001—2016《质量管理体系 要求》客户满意度、DB32/T 1439—2009《信息安全风险评估实施规范》信息安全风险评估的相关要求。

(二)安全度的测量指标与数据来源

岗位人员需要关注企业的商业秘密管理要求,安全度需要得到定义并在内部统一。首先,安全度需要具备可测量性,其测量结果应能够直接反映商业秘密管理状况,也是后续改进措施的制定依据。其次,测量指标一般情况下至少覆盖涉密人员、载体、设备、区域、对外合作五个核心管控点,失泄密事件、争议处理结果,作为问题,可根据情况纳入测量指标;商业秘密管理的能力也可根据需要纳入测量指标。再次,测量指标的数据或信息需要来源于管理绩效评价过程,且可与日常管控状况相结合,以助于获取更客观、准确、全面的测量结果。最后,安全度测量过程记录作为评价结果的直接证据,需要具备可追溯性,形成后需要有效保管,而安全度测量结果需要为一个确定的等级或分值。

例如,企业可以根据安全度的测量结果,分析商业秘密管理中存在的问题和薄弱环节,制定针对性的改进措施。如果安全度较低,企业应深入剖析原因,可能是涉密人员管理不善、涉密载体保护措施不到位、涉密设备存在漏洞或涉密区域管控不严等。针对这些问题,企业可以采取加强人员培训、完善载体保护制度、升级设备安全性能、强化区域管理等措施,以提高商业秘密管理的安全度。同时,安全度测量结果还可以作为企业决策的重要依据。企业在制定商业秘密管理策略、分配资源时,可以参考安全度测量结果,优先解决安全度较低领域的问题,确保商业秘密管理的有效性和可持续性。

(三) 安全度的评价方法

安全度的评价可以采用定性、定量、半定量的方法。

定量分析法是依据统计数据，建立数学模型，并用数学模型针对数量特征、数量关系与数量变化分析的一种方法。即用数学语言进行描述，典型的定量分析方法有因子分析法、层次分析法、时序模型、回归模型等。作为定量研究，其对象是客观的、独立于研究者之外的某种客观存在物。定量的风险评估，就是通过相关数据的量化分析来描述、推断系统安全事件发生的可能性和后果，从而精准计算风险值，得出结论。例如，通过对涉密人员、载体、设备、区域、对外合作等核心管控点的数据进行统计分析，建立风险评估模型，精准计算风险值，从而得出安全度的定量评价结果。这种方法适用于数据丰富、可量化程度高的情况。

定性分析法是用文字语言进行相关描述，分析过程相对容易，但对评估专家的专业素质要求及依赖性很强，评估过程和评估结果相对主观。例如，依靠评估者的经验和直觉，运用主观上的判断对评估对象进行性质和特点上的分析，对企业的商业秘密管理状况进行判断，确定其安全度的等级。典型的定性评估法有逻辑分析法、德菲尔法、因素分析法等。作为定性分析，研究者和研究对象之间的关系十分密切，研究对象被研究者赋予主观感情色彩，成为研究过程中的有机组成部分。定性分析可以分为两种，一种是没有数据分析的纯定性分析，其结论几乎完全依靠研究者的主观判断，具有较强的概括性和较浓的思辨色彩；另一种是建立在定量分析的基础上的更高层次的定性分析，往往有一定的数据证明。相较而言，定量分析更加科学公正，但需要较强的定量分析知识；定性分析较为粗糙主观，在数据资料不够充分时较为适用。

还有一种介于定性分析与定量分析之间的方法，即半定量分析法。半定量分析法融合了定性和定量的优点，广泛应用于复杂的商业秘密安全度的风险评估中。半定量分析法对数据进行近似测量，而不是精确测量，对商业秘密安全度进行分级，从而实施半定量分析。例如，结合定性的评估指标和定量的数据，对安全度进行分级评估，使得评估结果较为科学、公正、客观。这种方法广泛应用于复杂的商业秘密安全度的风险评估中。

由于商业秘密安全度评估的复杂性、非线性、不确定性及实时性强等特点，采用传统的数学模型进行评估存在一定的局限性，评估方法带有较大的主观随意性和模糊性，在操作上比较复杂，而人工神经网络具有常规方法所不具备的智能特性，可以处理不确定性问题、具有自学习和获取知识的功能，适宜处理非线性问题。可以采用模糊—小波神经网络等方法进行商业秘密安全度的评估，通过对大量数据的学习和分析，自动调整模型参数，提高评估的准确性和可靠性。

（四）安全度测量的过程记录与评估报告

安全度的测量过程记录包括测量指标统计表、安全风险汇总表、风险管控建议汇总表、安全度评估报告，安全度评估报告包括评估目的、范围、依据、方法、内容、结论。

二、商业秘密管理绩效评价

商业秘密管理绩效评价可以借鉴绩效管理的相关理论，注重商业秘密管理体系的整体性、关联性和目的性，协调好各要素之间的关系，明确领导作用、制定战略目标、关注顾客需求、重视员工发展、加强测量与知识管理、优化过程管理，制定合理的绩效目标和评价指标，明确自身所处的阶段，找出存在的问题和不足，从而有针对性地进行改进和提升，确保商业秘密管理体系的有效运行，提高商业秘密管理的绩效和有效性。

商业秘密方针、管理目标及要求是开展商业秘密管理绩效评价活动的依据。方针为商业秘密管理指明方向，例如确立"强化保密措施，保障核心机密不泄露"的指导原则；目标则是设定具体的可衡量标准，例如"在本财年内将因商业秘密泄露导致的经济损失降低30%"。而科学合理的方法是顺利开展管理绩效评价活动的关键手段，例如采用大数据分析技术来评估商业秘密的潜在风险，或者运用实地考察与调查问卷相结合的方式来收集员工对商业秘密管理的看法等。管理绩效评价的频次应保证至少每年进行一次，也可以根据需要及时组织实施，这样能够及时发现问题并作出调整。最终的绩效和有效性的评价结论作为必要输出成果，为后续的管理决策提供有力支持，比如明确指出"在过去一年中，商业秘密管理措施在某些关键环节执行得力，但在员工培训方面效果欠佳，需要加强"等。

  管理绩效评价应当覆盖管理绩效评价的内容、方法、职责、权限、频次和时限等重要方面。内容上可以包含商业秘密的分类管理、保密技术的应用效果等；方法上可以综合运用定量分析、定性评估以及案例研究等多种手段；职责方面应清晰界定评价团队中各成员的具体任务，如数据收集、分析报告撰写等；权限方面应明确规定评价人员所能获取的信息范围和可采取的调查手段；时限方面则根据企业规模和业务复杂程度合理设定，例如大型企业可规定在两个月内完成全面评价。在绩效评价中，重点关注各项指标的实现程度，例如预定的保密技术升级目标是否达成；政策评价则侧重落地实施的实际效果，例如保密培训政策在提升员工保密意识方面的作用是否显著。有效性评价作为最终目的，旨在判断当前的商业秘密管理措施是否真正达到了预期的保护效果，能否有效应对内外部的各种风险挑战。

  管理绩效评价的内容包括但不限于方针、目标、资源、可追溯记录、管控措施、变更情况。例如，方针的评价指标可以包括方针的明确程度、与企业战略的契合度、员工的理解和认同度等；目标的评价指标可以包括目标的合理性、可衡量性、达成情况等；资源的评价指标可以包括人力资源的配备情况、培训情况，财力资源的投入情况，物力资源的保障情况等；可追溯记录的评价指标可以包括记录的完整性、准确性、及时性等；管控措施的评价指标可以包括措施的有效性、针对性、执行情况等；变更情况的评价指标可以包括变更的合理性、审批流程的规范性、变更后的效果等。

  管理绩效评价的方法包括但不限于观察、询问、查阅。例如，通过观察员工的工作行为、涉密区域的管理情况等来了解实际执行情况；通过询问员工对商业秘密管理的理解和执行情况，获取相关信息；通过查阅相关文件、记录来检查方针、目标的落实情况等。

管理绩效评价的职责和权限需要覆盖管理和执行层面，且需要结合保密管控要求。例如，管理层负责制订评价计划、审批评价结果，执行层负责具体实施评价工作、收集相关数据和信息等。

　　管理绩效评价的频次应当保证至少每年一次，管理绩效评价的时限一般在一周以内。具体的时间安排应根据企业的实际情况合理确定，确保评价工作能够及时、有效地开展。

　　管理层必须高度关注该项管理职责，岗位人员则需要密切留意企业的商业秘密管理要求，包括管理绩效评价准则的建立和批准情况，以及管理绩效评价方法的选择和确认情况。对于这些方面，需要定期进行检查，并形成详细且规范的记录。与此同时，企业的商业秘密管理运行绩效和有效性的评审结论也应当清晰明确地得以体现。

　　岗位人员需要关注企业的商业秘密管理要求，管理绩效评价过程记录应当涵盖保密管控要求、涉密人员配备情况、管理绩效评价计划、签到记录、管理绩效评价表及保密管控记录、改进项目报告及整改记录、管理绩效评价报告等内容。

　　其中，保密管控要求应当与商业秘密管理体系文件相互呼应且保持一致，涉密人员配备科学合理，以满足企业商业秘密管理的需求。管理绩效评价计划应包括目的、范围、依据、成员名单、具体安排等内容。目的应清晰，如明确是为了提升商业秘密管理水平还是防范潜在风险；范围应明确，例如是针对特定部门还是整个企业；依据应合理，比如相关法律法规和企业内部规定；成员名单应准确，确保评价团队具备相应的专业能力；安排应具体，如评价工作的时间节点和分工。签到记录需要完整准确，能够清晰反映评价人员的实际情况。管理绩效评价表应当全面覆盖企业的商业秘密管理要求，确保没有遗漏。保密管控记录需要完整且对应无误，能够真实反映保密工作的实际执行情况。改进项目报告应当包括问题描述、纠正或纠正措施、验证结果等内容。问题描述应详尽，如问题的性质、影响范围和发生频率等；纠正或纠正措施应切实可行，例如加强培训、完善制度或升级技术手段；验证结果应客观准确，以评估纠正措施的实际效果。

整改记录需要完整且对应清晰，能够直观展示整改工作的全过程和成果。管理绩效评价报告应包含全面的管理绩效评价结果、准确的安全度评价结果以及对企业商业秘密管理绩效和有效性的评价结果，为企业的决策提供有力依据。

管理绩效评价过程记录及结果应对安全度评价、企业的商业秘密管理绩效和有效性评价具有支撑作用。比如，通过详细的管理绩效评价过程记录，可以清晰地了解各项措施的执行情况和效果，为安全度评价提供具体的数据和案例支持，有助于准确评估企业商业秘密管理的绩效和有效性。

管理绩效评价结果是商业秘密管理绩效和有效性评价的基础。企业的商业秘密管理评价内容应当广泛覆盖策划、措施、安全度、改进需求等方面。针对策划的评价，需要重点关注适宜性和执行效果。例如，策划是否符合企业的战略目标和实际情况，执行过程中是否遇到阻碍以及是否达到预期目标。措施主要是指商业秘密管理和争议处理过程中的相关措施，如保密协议的签订、信息访问权限的设置等。针对安全度的评价，可以采用风险评估模型、漏洞检测工具等评价方式进行评价。改进需求通常来源于管理绩效评价和安全度测量的结果，例如发现管理流程中的漏洞或者安全防护措施的不足。管理绩效评价及企业的商业秘密管理评价的过程记录形成后应妥善保留，以便日后查阅和参考。

岗位人员需要关注企业的商业秘密管理要求。企业的商业秘密管理评价内容需要与管理绩效评价结果相关联且覆盖策划、措施、安全度、改进要求等方面。针对策划的评价，需要综合考虑内外部因素、企业商业秘密管理的要求以及企业的商业秘密管理运行状况。例如，外部竞争环境的变化是否影响策划的实施，企业内部资源是否能够支持策划的推进。针对措施的评价，需要结合商业秘密的管理、商业秘密的争议处理的相关措施制定和实施情况。例如，措施的制定是否合理，实施过程中是否严格按照规定执行，是否达到预期的效果。管理绩效评价及企业的商业秘密管理评价的过程需要形成记录，并得到有效的保管，确保记录的完整性和准确性。企业的商业秘密管理绩效和有效性的评价结论应当清晰地体现出来，为企业的决策和改进提供明确的方向。

改进项目的发现、分析、纠正是企业的商业秘密管理持续改进的关键过程，类似改进项目的推断是提升改进效果的重要过程。企业应明确改进项目的评审方式，确保评审过程清晰、公正。在确认改进项目时，应合理选择依据，准确描述问题、分析原因，并根据原因的影响程度推断类似改进项目的存在或发生概率。制定的纠正或纠正措施应具有针对性和有效性，并及时验证结果。

同时，企业应关注商业秘密管理的适宜性、充分性、有效性以及商业秘密管理安全度的不断提升，将改进过程形成记录并妥善保管。此外，企业还应建立对改进效果的跟踪和评估机制，定期对改进项目的实施效果进行检查和评估，确保改进措施真正落实到位，取得预期的效果。如果发现改进效果不理想，应及时分析原因，调整改进措施，再次进行改进，形成持续改进的闭环管理。对于改进项目的评审方式必须明确、评审过程需要清晰，要让参与评审的人员清楚知晓采用何种标准和流程进行评估，评审过程的各个环节和步骤都应有条理、有秩序，避免出现混乱和模糊不清的情况。改进项目的依据需要充分，如依据应当基于充分的调研、数据分析以及相关的专业知识和经验。改进项目的问题描述和原因分析必须准确无误，需要全面、深入地剖析问题的本质和根源。还需要根据原因的影响程度，科学推断类似改进项目的存在或发生概率，以便提前做好防范和应对措施。纠正或纠正措施需要具有针对性且切实有效，能够真正解决问题，消除隐患。验证结果也需要清晰地体现出来，以证明纠正措施是否达到了预期效果。企业的商业秘密管理在适宜性、充分性、有效性以及商业秘密管理安全度方面都需要不断得到提升。整个改进过程应当形成详细完整的记录，并得到妥善有效保管，方便后续查阅和参考，为企业的持续发展和优化提供有力的支持。

第三编
贯彻落实——
商业秘密管理体系建设实务

第八章　商业秘密管理体系策划

商业秘密作为重要的无形资产，对企业形成和保持竞争优势起着关键作用。近年来，一些企业保护意识不足和落后的保护措施导致商业秘密被侵害的案件不断增加，商业秘密被泄露和窃取的事件频发，严重影响了部分企业的生产经营活动。扁鹊论医时提到其长兄是三兄弟中医术最高明的，因为长兄能够"医病于未病"，就是在病情发作之前就能铲除病症，商业秘密管理体系建设与之有异曲同工之效，即在发生泄密事件之前就做好防控、能够溯源、有迹可循。商业秘密管理体系建设就是建立起一套科学、系统、有效且可执行的商业秘密管理机制，这是现代管理学的重要一环。企业根据自身技术信息、经营信息的特点，结合现行法律法规，利用现代化管理手段，对商业秘密的确定、管理、争议处理等进行统一的调配和统筹，能够提升企业的综合竞争力，助力企业健康、长效发展。

第一节　工作启动

一、确定工作指导思想

确定工作指导思想对于商业秘密保护工作至关重要，它是指在商业秘密保护过程中所遵循的主要指导原则和理念。企业在商业秘密保护工作过程中，应遵循的指导思想包括以下几个方面。

（1）保密至上——确保所有员工明确理解并坚守商业秘密的保护原则，将保密纳入企业文化之中。要让员工意识到保护商业秘密不仅是法律要求，更是保护企业核心利益和竞争力的需要。

（2）合规合法——商业秘密管理工作必须合规合法，遵守相关法律法规和行业规范。建立健全的信息保护制度和流程，确保商业秘密管理工作合法合规。

（3）分级管理——根据商业秘密的重要性和敏感程度，对商业秘密进行分类和分级管理，制定相应的安全措施，设置严格的访问权限，实现精准保护。

（4）全员参与——商业秘密管理是全员参与的工作，需要所有员工都积极参与和配合。要通过培训和教育，提高员工的保密意识，确保全员都能有效保护商业秘密。

（5）持续改进——商业秘密管理是一个持续改进的过程，需要不断评估和调整管理策略，及时应对风险和挑战，提高保密工作水平。

通过明确并贯彻这些工作指导思想，企业可以建立健全的商业秘密管理体系，确保商业秘密得到有效保护，促进企业的持续发展，提升企业的竞争优势。

二、确定管理机构

商业秘密管理机构在企业中扮演着协调、监督、指导和支持等多重角色，为企业的长期稳健发展提供着重要保障。企业可设立商业秘密管理委员会与商业秘密日常管理机构相配合，负责商业秘密保护工作的相关事项。

（一）商业秘密管理委员会

商业秘密管理委员会是企业商业秘密管理的最高机构，一般由管理层、商业秘密主管部门及主要职能部门负责人组成。具体工作职责包括以下几个方面：

（1）负责确定商业秘密管理的宗旨和方向，指导制定商业秘密管理的方针和目标；

（2）负责商业秘密管理体系的建立、健全和完善工作；

（3）指导、协调、督促和检查日常保密工作，并为保密工作提供人力、财力和物力等方面的必要保障；

（4）负责商业秘密分类表的审批发布，定期组织商业秘密的确定工作，形成商业秘密清单；

（5）研究部署商业秘密管理工作中的重要事项，及时解决商业秘密管理工作中的重要问题，制定商业秘密工作规划，确定年度商业秘密工作目标和工作重点；

（6）审核、确定涉密场所及其他保密工作重大事项，抓好涉密人员学习、教育和管理工作的指导与检查；

（7）对泄密事件和泄密人员的查处提出补救措施和处理意见；

（8）调查研究商业秘密管理工作新情况、新问题，提出加强和改进工作措施意见。

（二）商业秘密日常管理机构

商业秘密日常管理机构是商业秘密管理委员会的日常办事机构，负责制定商业秘密保护方针目标和程序制度，指导和监督保密措施的实施、开展商业秘密保护教育培训、保密检查、保密技术防护和泄密事件查处等工作。

根据企业商业秘密管理工作的定位和工作阶段，商业秘密日常管理机构可单独设立，也可由技术部门、法务部门、知识产权部门、体系部门等兼任。

1. 设在技术部门

这是很多技术导向型企业的做法，因为对这些企业来讲，技术开发是主要的工作，技术信息是其商业秘密的主要来源及管理重点，所以商业秘密日常管理工作由技术部门兼任最为方便，这样有利于实施与技术开发密切相关的技术秘密管理。缺点是很难照顾到经营秘密的管理。

2. 设在法务部门或知识产权部门

在不少企业管理层的心目中，商业秘密就是一项法律事务，应该由法务部门或知识产权部门负责。这样做的好处是有利于企业订立契约、规避侵权风险，以及商业秘密纠纷的处理等，因为这些工作是法务部门或知识产权部门的职责所在，同时律师也可以很容易地进行尽职调查、收集有关的证据等。缺点是法务部门或知识产权部门更习惯于从诉讼端切入商业秘密管理，容易导致建立的商业秘密管理体系过于关注保密细节管理，而顶层设计不足。

3. 设在体系部门

近年来，随着商业秘密管理体系的运行推广，部分企业将商业秘密日常管理机构设在体系部门，由体系部门全权负责商业秘密管理体系的运行和推广工作。这种机构设置的优点是体系部门对于管理体系的运作模式比较熟悉，方便管理体系的搭建推广、落地实施。缺点是由于体系部门的工作人员对商业秘密知识的积累较少，容易导致商业秘密工作浮于表面，很难深入。

无论商业秘密日常管理机构设在哪个部门，都各有优缺点。最好的解决办法是将体系部门工作人员与各部门商业秘密工作人员一起形成商业秘密管理体系建设推进小组，这样既有利于保护体系的搭建推广，又有利于商业秘密保护工作的落地实施。

三、确定和配备资源

企业的商业秘密保护工作要想顺利开展，必须提供建立、实施、保持和持续改进商业秘密管理体系所需的资源。企业开展商业秘密管理工作的保障性资源主要包括三个方面：人员、基础设施和经费。

（一）人　员

企业开展商业秘密管理工作的人员包括从事商业秘密管理的工作人员以及与商业秘密管理活动有关的人员，几乎与企业生产经营活动的全部人员有关。

企业的商业秘密管理体系要想有效实施，必须配备相应的商业秘密管理人员，且须对其进行保密管理方法系统培训。对于影响商业秘密管理体系运行绩效和有效性的人员也应明确其所需具备的能力，可对其进行法律法规、保密责任、保密意识、保密措施等教育培训，或招聘有经验的人员任职，总之，应确保其能够胜任保密管理工作。

企业还应定期对人员的能力开展评估工作，以确保其满足商业秘密管理体系运行的需要。

(二) 基础设施

商业秘密的安全管理离不开物理安全管理和信息安全管理。物理安全管理设施包括门禁系统、监控系统、访客管理系统等安全设施;信息安全管理包括访问控制系统、信息安全审计和监控系统、网络安全系统、安全存储设备、安全认证技术、安全传输技术等。这些基础设施和技术手段能够有效保护商业秘密信息的安全,防止泄露和不当使用,保障企业核心竞争力和利益。

(三) 经　　费

无论是人员能力培养、技术设施的配备还是商业秘密管理体系的有效运行,都离不开充足的经费支持。因此,只有在充足的经费支持的情况下,企业的商业秘密保护工作才能落到实处,见到成效。

四、制订体系建设推进工作计划

科学地制订商业秘密管理体系建设推进工作计划是每个企业商业秘密管理体系建设工作的起点,也是保证商业秘密管理体系建设工作顺利进行的重要依托。

在制订工作计划时,首先应明确规定在一定时间内所完成的目标、任务和应达到要求。任务和要求应该具体明确,有的还要定出数量、质量和时间要求。

其次要确定工作方法,要想按时实现目标和完成任务,就必须确定相应的措施和方法,这是实现目标的保证。措施和方法主要指达到既定目标需要采取什么手段,动员哪些力量与资源,创造什么条件,排除哪些困难等。总之,要根据客观条件,统筹安排,将"怎么做"写得明确具体,切实可行。特别是针对工作中存在问题的分析,要拟定解决问题的方法。

最后要确定工作程序和时间安排。每项任务,在完成过程中都有阶段性,而每个阶段又有许多环节,它们之间常常是互相交错的。因此,制订计划时必须胸有全局,妥善安排,哪些先干,哪些后干,应合理安排。在实施中，又有轻重缓急之分，哪是重点，哪是一般，也应该明确。在时间安排上，既要有总的时限，又要有每个阶段的时间要求，以及人力、物力的安排。这样，使相关人员知道在一定的时间内，一定的条件下，把工作做到什么程度，以便争取主动，有条不紊地协调进行。

五、召开体系建设启动会

启动会的召开标志着企业商业秘密管理体系建设工作正式开始，是规范企业内部商业秘密管理的基础，也是企业重视商业秘密的体现。启动会作为商业秘密管理体系建设的第一环节，企业应做好商业秘密保护第一课，形成领导重视、全员参与的模式。在启动会上，最高管理者要向全体员工传达商业秘密管理体系建设的重要性以及建设的决心，明确各部门的职责，并对商业秘密管理体系建设的工作计划与相关任务进行传达，以便商业秘密管理体系建设工作能够顺利进行。

在启动会的前期策划阶段应确定好会议的时间、地点、内容及参会人员，以及需要准备的相关文件。启动会的参会人员一般包括企业最高管理者、商业秘密管理委员会成员、商业秘密管理体系建设推进小组成员、商业秘密日常管理机构成员及各部门负责人、保密专员等。还可以包括商业秘密行政主管部门人员及其他特邀嘉宾、商业秘密管理体系建设服务机构辅导人员等。如条件允许，还可号召全员参与。启动会需要准备的文件材料包括：商业秘密管理委员会成立文件及工作职责、商业秘密管理体系建设推进小组成员及工作职责、各部门商业秘密管理职责分工、培训课件等文件。

启动会时间可以不用太长，但是意义非同寻常，尤其对商业秘密管理体系建设工作能否得到企业所有人员的重视至关重要。因此，只要没有特殊情况，启动会必须召开。启动会上，应向全体参会人员传递出重视商业秘密保护对企业的意义、体系建设工作的重要性、体系建设工作的几个阶段、每阶段的工作内容、各部门如何配合等内容。最后，是最高管理者的总结发言，应强调商业秘密工作对企业经营发展的重要性及意义，这体现了企业决策层对该项工作的支持和要求，同时也是一次鼓舞士气的动员和号召。

六、开展体系建设培训

培训是一种知识传递、技能传递、标准传递、信息传递、信念传递、管理训诫行为。通过培训可以提高员工的智力、技能的开发，调动员工的积极性，增强企业凝聚力，为企业未来发展阶段进行合理人力资源配置提供基础支撑。

在召开启动会的同时，可以对参会人员开展商业秘密管理体系建设的重要性及商业秘密管理体系建设内容的培训。内容可涉及商业秘密管理体系的策划、商业秘密的确定、涉密人员管理、涉密载体管理、涉密设备管理、涉密区域管理、商业秘密的风险及争议处理等，对管理者及基层员工，企业现状及未来规划，提出标准化的要求，科学、全面地指导企业开展商业秘密管理体系的策划、实施与检查等环节的工作。

第二节 调查诊断

企业商业秘密管理涉及企业方方面面的管理问题。因此，在开展商业秘密管理体系建设工作前，首先要对企业的商业秘密管理现状进行调查诊断，以便发现问题，制定体系建设方案。

诊断的方式一般包括书面诊断和现场诊断。书面诊断主要以书面的形式了解企业的商业秘密管理现状。现场诊断则是通过面对面的访谈方式进一步了解企业的商业秘密管理现状，访谈主要包括高层访谈和员工访谈。调研的内容包括但不限于以下方面：

（1）企业现阶段及未来一段时间的主要商业秘密管理目标；

（2）企业现有管理体系（行政体系、知识产权管理体系）和各项商业秘密管理制度；

（3）企业商业秘密管理现状；

(4）企业商业秘密管理存在的问题以及亟须解决的问题。

针对缺失或需要进一步核实的内容可以补充访谈。由于企业的规模不同，访谈期间各部门工作压力不同，访谈的时间和次数可以灵活安排。

通过书面诊断与现场诊断相结合的方式，能够更加全面地了解企业的商业秘密管理现状，准确定位企业商业秘密管理水平，客观评价企业商业秘密管理存在的问题，以便形成《商业秘密管理体系调研报告》，初步提出商业秘密管理体系建设方案和实施意见。

一、书面诊断

书面诊断可以通过发放及回收调查问卷的形式实现，调查问卷的内容主要以选择题为主，发放对象为体系覆盖所有部门的相关人员，针对不同的对象可以设计不同的调查问卷。调查问卷的内容主要包括以下几个方面。

（1）企业架构：首先需要了解企业的组织架构，确认商业秘密管理体系覆盖的部门。如果是集团公司，还需要确认是否要将分公司、子公司纳入进来。这能够为后续的策划环节的机构设置、人员配备及部门职责确定奠定基础。

（2）商业秘密管理现状：包括商业秘密管理机构、管理人员的数量及构成、商业秘密管理相关制度、企业现有的商业秘密管控措施等。

（3）企业商业秘密保护工作所处阶段：了解企业的商业秘密保护工作所处阶段，明确企业商业秘密保护工作的重点。企业的商业秘密管理体系可以划分为三个阶段，即初级阶段、中级阶段、高级阶段。

①在初级阶段，企业开始意识到商业秘密的重要性，并开始着手建立保护措施。通常在这个阶段，企业可能会进行商业秘密的识别和分类工作，制定基本的保护政策和控制措施，但执行和监控可能尚未得到充分重视。

②在中级阶段，企业加强了对商业秘密保护的实施和监控。这包括进一步完善保护政策、控制措施和培训计划，加强对商业秘密的识别和分类工作，以及增强对外部威胁和内部风险的防范措施。

③在高级阶段，企业已经建立健全的商业秘密管理体系，并持续进行

评估和改进。这包括制定高级的保护策略、技术控制和管理措施，通过不断培训和提升意识确保员工遵守保密规定，持续监测和评估体系的有效性，及时应对新的威胁和挑战。高级阶段的企业通常拥有较强的商业秘密保护文化和机制，能够有效保护自己的核心资产和竞争优势。

虽然企业所处的发展阶段不同，其工作内容不同，但各阶段工作还是具有一定的延续性。在初级阶段主要工作内容是提高企业管理层及员工的商业秘密意识，加强相关培训，开始有意识地进行商业秘密保护。在中级阶段则需要进一步完善保护政策、控制措施和培训计划，加强对商业秘密的识别和分类工作。高级阶段则是通过高级保护策略、技术控制和管控措施的实施以及保密文化和机制的建立，使商业秘密管理体系能够有效地保护企业的核心资产。

（4）企业内部的管理过程及流程：识别企业的研发、采购、生产、销售及人力资源等方面的管理过程及流程，以便将商业秘密管理的要点嵌入上述过程。

（5）企业现有的各种管理体系的运行情况：很多企业的管理体系建设工作比较成熟，已建立质量、环境、职业健康与安全、知识产权等多种管理体系。因此，需要了解各管理体系的运行情况，有利于商业秘密管理体系的策划、资源配置、确定互补的目标以及评价企业的整体有效性。

调查问卷示例：

商业秘密管理体系建设调研问卷			
填表人		所属部门	
职务		填写时间	

非常感谢您抽出宝贵的时间填写此问卷。

为全面了解贵公司商业秘密保护情况，我们准备了几个问题，想听一下您的意见和建议。我们将非常重视您的宝贵意见，您的答案和建议将帮助我们更好地为贵公司提供服务！

续表

1. 您认为目前公司发生商业秘密泄露风险的可能性如何？
   □ 几乎不存在风险
   □ 发生的可能性较低
   □ 发生的可能性较高
2. 贵公司是否发生过商业秘密泄密事件或纠纷？
   □ 是
   □ 否
3. 贵公司负责统筹保密工作的部门是_____
   □ 设有专门机构（保密办公室或委员会）
   □ 法务相关部门
   □ 研发相关部门
   □ IT 相关部门
   □ 其他：（请注明）_____
4. 您认为商业秘密泄露的途径有以下哪些？
   □ 文件通过 U 盘、移动硬盘等移动介质拷贝带出公司
   □ 通过网络、即时通信工具带走
   □ 通过邮件发送给外部人员
   □ 通过打印/拍照等带走
   □ 笔记本电脑外带公司
   □ 电脑、硬盘遗失
   □ 其他：_____
5. 您认为泄露商业秘密的主要原因可能是什么？
   □ 员工保护商业秘密的意识不足
   □ 公司保密相关制度不完善、执行力不足
   □ 公司对商业秘密相关培训工作不足
   □ 各类信息系统权限管控不足
   □ 对文件流转监督力度不够
   □ 公司信息防范技术不足或缺少专门的保密软件
   □ 员工离职
   □ 业务交流需要
   □ 其他：_____
6. 您是否对所在公司保密相关制度的管控要求有所了解？
   □ 不知道相关制度
   □ 知道相关制度，具体内容没有了解
   □ 知道相关制度，具体内容有所了解
7. 如果您身边出现泄密事件，您是否清楚向哪些部门传递及反馈吗？
   □ 直接领导

续表

☐ 公司商业秘密管理员
☐ 法务部
☐ 部门最高领导
☐ 不清楚

8. 您认为贵公司保密相关制度的完善度、实施效果如何？
☐ 十分完善，效果较好
☐ 不太完善，但有效果
☐ 不太完善，效果较差

9. 贵公司对员工开展保密教育培训范围？
☐ 新入职员工
☐ 中高层等重要岗位员工
☐ 涉密岗位员工
☐ 全体员工
☐ 都未培训

10. 贵公司对员工开展保密教育培训的内容有哪些？
☐《反不正当竞争法》等法律、法规、规章
☐ 企业有关商业秘密保护的规章制度
☐ 员工泄露企业商业秘密的法律责任
☐ 典型案例解析
☐ 其他：_____

11. 贵公司采取了哪些商业秘密保护措施？
☐ 与负有保密义务的员工签订保密协议
☐ 与负有保密义务的员工签订竞业限制协议
☐ 对负有保密义务员工离职实施涉密载体交接和监督检查
☐ 对负有保密义务员工调岗实施脱密管理
☐ 确定了企业商业秘密的信息范围、密级等
☐ 严格限定知密范围
☐ 对涉密场所实施防盗及内部监控等防护和管理措施
☐ 对涉密物品及载体实施保密防护和管理措施
☐ 对涉密电脑等设备、各类应用系统及数据库实施加密保护
☐ 对经贸谈判、商务洽谈会议等商务活动实施防护和管理措施
☐ 对员工开展商业秘密保护普法宣传教育培训
☐ 制定并实施泄密事件应急处置预案
☐ 其他：_____

12. 您认为公司是否有必要配备专用的保密软件？
☐ 必要，已配备
☐ 必要，尚未配备

续表

　　　　□ 不太必要
13. 您认为公司通过管理标准建立商业秘密管理体系的必要性。
　　　　□ 十分必要
　　　　□ 必要
　　　　□ 不太必要
14. 您对 T/PPAC 701—2021《企业商业秘密管理规范》标准是否了解？
　　　　□ 不知道该标准
　　　　□ 知道该标准，具体内容没有了解
　　　　□ 知道该标准，具体内容有所了解
15. 下列关于商业秘密的服务中，您认为哪些方面贵公司有需求？
　　　　□ 商业秘密管理体系咨询（制度、流程建设等）
　　　　□ 商业秘密相关培训
　　　　□ 商业秘密纠纷解决
　　　　□ 对目前的商业秘密管理情况进行评价并查漏补缺
16. 您对《企业商业秘密管理规范》的推广有哪些意见、建议或疑问？

二、现场诊断

商业秘密管理现场诊断是评估企业商业秘密保护水平的重要手段，通过与企业高层或员工的访谈，以获取不宜用调查问卷方式收集的信息，并深入了解企业的管理现状、商业秘密现状、商业秘密管理体系实施难点等。进行现场诊断时需要关注的内容包括以下方面。

（1）商业秘密识别与分类：识别企业对商业秘密的识别和分类情况，包括确定哪些信息属于商业秘密、如何进行分类和标识等，确保对企业商业秘密信息的全面了解。

（2）商业秘密保护措施：识别企业已经实施的商业秘密保护措施，包括物理安全、信息安全、访问控制、加密技术等方面的措施。

（3）员工意识和培训：识别企业员工对商业秘密保护的意识水平和接受培训的情况。了解员工是否清楚商业秘密的重要性，是否知晓保密政策和程序，及是否接受过相关培训。

(4) 访问控制和权限管理：识别企业的访问控制措施和权限管理情况，了解人员能够访问和操作商业秘密信息的权限。

(5) 外部合作伙伴和供应链管理：识别企业与外部合作伙伴和供应链的合作情况及相关商业秘密保护要求，是否采取了必要的保密管理措施。

(6) 监控与改进机制：识别企业的商业秘密监控和改进机制，包括审计、监测、报告等方面。

现场诊断访谈提纲示例：

访谈提纲		
访谈部门		时间	
项目人员		陪同人员	
基本概况	请简单介绍一下公司和部门的基本情况，部门的定位和职能，人员组成等。 贵部门的主要业务流程是怎样的？ 贵部门有没有涉密岗位？有没有专门管理商业秘密的人员？	
对商业秘密的理解	您认为商业秘密包含哪些内容？应该具有什么特点，具体体现在哪里？ 据您所知，公司目前的管理制度中，有没有关于商业秘密的制度或措施？落实效果如何？有没有需要改进的地方？ 您认为目前公司和部门发生商业秘密泄露风险的可能性如何？公司员工的保密意识如何？	
信息文件	贵部门的工作流程中主要涉及哪些信息？ 这些信息是以什么样的形式进行流转？ 公司是否建立了统一的文件管理制度，包括文件命名、编号、标识、修订、发布等过程都有明确的要求？ 对信息、文件的处置是否设置了权限？您能否从您目前工作的信息中遴选出商业秘密？ 信息、文件在部门内部、部门间、对外合作过程中流转时，采取了哪些措施以防止商业秘密泄露？	

续表

软硬件设施	部门的计算机、电子设备、网络设备、存储设备、软件等，是否采取了禁止或限制使用、访问、存储、复制、删除等保密措施？ 对重要的涉密设备、区域有哪些具体的管理措施，比如隔离、标识、来访人员管理等？ 有没有安装专门的保密软件？
对外合作	部门是否有对外信息发布的情况？对外发布信息时是否经过保密审查？ 是否有商务活动、技术合作、国际交往、企业并购重组、许可转让等对外业务过程？是否有对外业务过程的相关管理制度？其中对涉及商业秘密的信息和文件的管理规定是什么？执行情况如何？

将通过调查问卷和现场访谈获取的信息进行汇总分析，以确定企业商业秘密管理现状及存在的问题，并分析明确以下内容：

（1）界定企业管理过程中涉及的商业秘密种类以及管理要点，在此基础上明确企业商业秘密管理的对象。

（2）找到企业特点，包含企业规模、行业特点、所处地位等，量体裁衣，设计合理的方针、目标，搭建合适的体系，推动商业秘密管理体系更加充分有效地运行。

（3）可以充分利用现有的管理制度，在此基础上对管理内容进行补充完善。

三、编制调研报告

调查诊断的最后一步是编制商业秘密管理体系调研报告。调研报告应篇幅适度、结构清晰，应涵盖调查诊断的主要内容，并针对有关事项提出建议。在编制商业秘密调研报告时，要依据诊断分析得出的结论一步步实施，不可添加主观判断，一切应可实际操作。

调研报告可包括如下内容：

（1）调研目标、调研方式、调研范围；

（2）企业在行业中所处地位、经营目标、行业竞争对手状况、商业秘密管理需求等，以确定商业秘密方针及管理目标；

（3）企业的组织架构及与管理需求的匹配程度；

（4）企业的商业秘密管理资源储备、硬件、人才等基本情况；

（5）企业的商业秘密管理现状、员工意识、现有制度及执行情况；

（6）从商业秘密管理的有效性、效率、合规性等方面分析企业现有商业秘密管理存在的问题；

（7）亟须解决的优先项问题；

（8）建立、保持商业秘密管理体系的有关建议及解决方案。

诊断报告可以采用论述式描述，也可以采用表格式描述或者二者结合的形式。

商业秘密调研报告目录示例：

```
一、调研背景
（一）调研时间
（二）调研目标
（三）调研方式
（四）调研范围
二、调研内容及结果分析
（一）××部门
（二）××部门
三、商业秘密管理体系建设问题清单及方
案建议
（一）商业秘密管理体系调研问题清单
（二）商业秘密管理体系调研结果及建设
建议
……
```

第三节　体系构建

管理体系的结构可以分为四个不同的层次：最下面的是基础层，包括企业各种规章制度、作业流程等，它是公司赖以正常运营的基础；第二层是保障层，是为了确保这些制度、流程得以有效执行的控制手段与方法，包括责任制约机制、激励机制、绩效管理、薪酬杠杆等几大常规模块；第三层是文化层，是为凝聚力服务的，它将员工个人价值和企业价值绑在一起，在这个层面上进行企业管理，真正致力于对人力资源效率的开发，从而帮助企业取得生产力的提升；而处于这座"金字塔"最顶端的，则是战略层——战略管理，要求管理者能够真正从战略的角度出发，构建企业的战略框架，成为企业发展的指挥棒。由此，有了坚实的制度基础，有执行的保障，有文化的促进，有战略的指引，则可以构成完整意义上的企业商业秘密管理体系。

在商业秘密管理体系的构建过程中，应遵循以下几项原则：

（1）适用性——商业秘密管理体系必须适应企业的业务活动、人员和结构，符合企业的目标、特点，绝不能与企业的目标背道而驰；

（2）有效性——企业的商业秘密管理首先要在正确的目标指导下，通过科学管理，合理利用企业人力、物力、财力等资源，充分挖掘潜力，高质量、高效率地实现商业秘密管理；

（3）协调性——商业秘密管理体系作为管理体系之一，应与企业建立的其他管理体系在构建方式及运作模式上协调一致；

（4）前瞻性——充分认识企业商业秘密管理的系统性、长期性、艰巨性等，立足高远，站在未来角度看待企业商业秘密管理工作，力争使企业能有持续且长远的发展。

商业秘密管理体系的构建过程主要包括理解自身、确定商业秘密方针、制定商业秘密管理目标、策划商业秘密管理体系等。

一、理解自身

（一）理解企业及其环境

理解企业及其环境，是在构建商业秘密管理体系前要评审企业所有可获得信息的过程，协助企业对可能影响其商业秘密管理体系的重要事项确立高层次理解，是企业开展商业秘密管理体系的策划、实施、运行和改进的前提。

环境是企业所处的宏观环境、微观环境、内部环境等各种环境要素的总称，企业所处的环境构成企业赖以生存的基础，企业总是受各种环境因素的影响和制约，并在这种制约中寻求生存和发展，企业需要利用科学的方法充分理解和分析这些与商业秘密管理相关的环境因素（见图8-1）。以下将从企业的外部宏观环境、外部微观环境及内部环境等角度对环境要素进行理解，并对如何通过识别、监视和评估等过程确定影响实现商业秘密管理体系预期结果能力的内外部事项进行介绍。

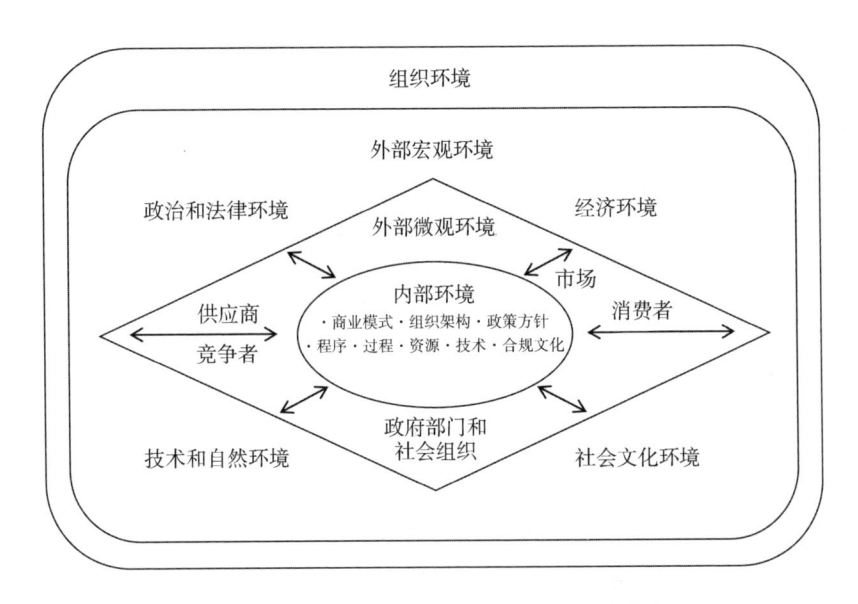

图 8-1 企业内外部环境关系及所包含的内容

1. 企业外部宏观环境

企业的外部宏观环境分析可以采用比较常见的 PESTEL 大环境分析方法，即从所在国家、区域的宏观环境，包括政治因素、经济因素、社会文化因素、技术因素、环境因素和法律因素等方面，分析识别对企业有冲击作用的力量，调查企业外部影响因素，目的是充分识别和确定对企业的宗旨、产品、服务及经营活动构成影响的外部保密义务，评估企业所面临的保密风险，确定企业商业秘密管理体系的范围。

（1）政治和法律环境。

政治环境引导着企业经营活动和战略决策的方向，在稳定的政治环境中，企业可以通过公平竞争获得合法权利来生存和发展，国家政策法规对企业的生产经营活动具有控制和调节作用，相同的政策和法规可能会给不同的企业带来不同的机会或限制。

法律法规是由国家立法机关制定，国家政权保证执行的行为规则，是企业规定经营活动的行为准则，如果行为违背法律法规的规定，可能招致承担法律上的严重后果。《中华人民共和国民法典》《中华人民共和国反不正当竞争法》《中华人民共和国刑法》《关于审理侵犯商业秘密民事案件适用法律若干问题的规定》等法律制度部分地定义了企业在商业秘密管理中可以做什么和不能做什么，是企业保密义务的主要来源之一。

政治与法律相互联系，共同对企业的商业秘密管理和经营活动产生影响并发挥作用。企业不仅要了解商业秘密有关的政策与法律法规，还要了解市场经营、劳动法等企业经营管理的法律法规。

（2）经济环境。

经济环境是指构成企业生存和发展的社会经济状况及国家的经济政策，具体包括社会经济制度、经济结构、宏观经济政策、经济发展水平以及未来的经济走势等。经济环境与管理的关系最直接，对管理体系的影响也最大，同时也对企业的商业秘密管理活动产生影响。

（3）社会文化环境。

社会文化环境是指企业所处地区的社会结构、风俗习惯、宗教信仰、价值观念、行为规范、生活方式、文化水平、人口规模与地理分布等因素的形成与变动。社会文化环境对企业的生产经营有着潜移默化的影响，如文化水平会影响人们的需求层次，人口规模与地理分布会影响产品的社会需求与消费等。

（4）技术和自然环境。

技术变革和发展趋势会促进企业的经济活动中物质条件的改善和技术

水平的提高，从而使企业通过利用这些物质条件取得更高的效率。自然环境是指所有影响周围环境或由周围环境决定的因素等。技术的进步、产品的更新、服务的优化，都将给现有的生产设备设施、工艺方法、材料的更新带来机会，同时对人员的胜任能力和知识提升带来挑战。例如，随着数字化变革，移动互联网、大数据等对互联网环境下的企业商业秘密管理及保护都提出了更高的要求。

2. 外部微观环境

外部微观环境也称行业环境，是企业生存和发展的空间，是与企业关系最直接、密切的外部环境，是企业进行战略选择的基础，是影响企业商业秘密管理体系目标和结果的关键因素，对身处其中的企业影响远大于总体环境影响。

行业环境分析是指对企业经营业务所处行业的行业结构、行业内企业的行为方式、行业平均绩效水平、行业竞争程度、利润潜力等进行分析的过程。企业建立、实施、维护、评价和改进商业秘密管理体系，要分析理解企业所处的行业环境，包括了解企业所在行业的国际国内市场情况、竞争环境、客户需求和发展方向等，并重点剖析相关行业的政策和规范。同时，理解企业所处的行业环境，还需要确定与第三方之间业务关系的性质和范围，第三方包括但不限于企业的供应商、承包商、零售商、利益相关方、合作伙伴、客户和竞争对手等。通过对行业环境的分析，识别企业的机会和风险，正确认识和把握企业的战略任务和目标、企业的现状与趋势，明确企业商业秘密管理的方向与思路，确保企业商业秘密管理体系的适用性。

企业行业竞争格局分析可以采用波特五力分析模型，一般来说，行业中存在决定竞争规模和程度的五种力量（见图 8-2），分别为：

（1）同行业内现有竞争者的竞争能力，主要竞争方式为价格竞争、广告战、新产品引进等；

（2）潜在竞争者进入的能力，潜在竞争者进入后，将通过与现有企业瓜分原有市场，激发新一轮竞争，对现有企业形成巨大的威胁；

（3）替代品的替代能力，替代品是指与本行业产品具有相同或相似功能的其他产品，如洗衣粉可以部分代替肥皂；

（4）供应商的讨价还价能力，企业从事生产经营所需各种资源一般都要从供应商处获得，供应商一般都要从价格、质量、服务等方面入手，以谋取更多的盈利，从而给企业带来压力；

（5）购买者的讨价还价能力，购买者对本行业的竞争压力表现为购买要求提高，如要求低价、高质、优服务等；还表现为购买者利用现有企业之间的竞争对生产厂家施加压力。

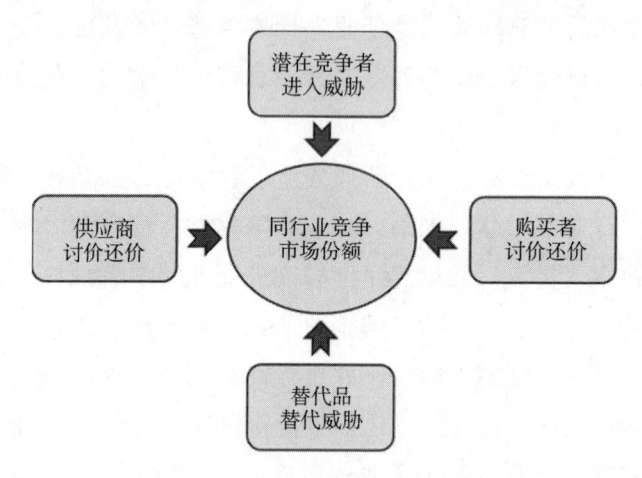

图8-2 决定竞争规模和程度的五种力量

3. 企业内部环境

内部环境指企业自身的价值观、文化、方针、目标、政策、企业结构、职责权限、核心竞争力、财务能力、人员、产品、服务、技术等资源，业务模式、程序及过程的运行环境、发展现状。理解企业内部环境是为了更好地保障企业的利益和持续发展，强调商业秘密管理体系有效契合企业实际运营，与企业业务活动运行和企业目标的融合与协调。企业在建立、实施、维护、评价和改进商业秘密管理体系的过程中，要确保企业的商业秘密管理体系目标与企业的战略和目标保持一致，要融入高层管理的核心主张及共同遵循的基本信念和认知，立足于企业目标、规模、发展战略、治理结构、业务模式和面临的商业秘密风险，同时也要结合企业相关方的需要和期望以及企业内部的管理政策和流程，并体现在企业的文件化信息中，实现商业秘密管理体系持续循环改进。

企业内部环境的分析可以采用 SWOT 分析法，结合企业自身的竞争优势、劣势、机会和威胁（见表 8-1），着力分析内部资源、能力、业务现状分析、财务经营、与竞争对手的差异等方面，明确企业自身既定内在条件，确保企业商业秘密管理体系的针对性和有效性。利用这种方法可以找出对自己有利的、值得发扬的因素，以及对自己不利的、要避开的东西，发现存在的问题，找出解决办法，明确以后的发展方向。其优点在于考虑问题全面，是一种系统思维，而且可以把对问题的"诊断"和"开处方"紧密结合在一起，条理清楚，便于检验。

表 8-1 企业现状 SWOT 分析

	优势 S： 品牌知名度高，产品质量较好； 销售网络健全，技术含量档次高； 财务管理完善，研发能力强	劣势 W： 薪酬待遇行业中偏低； 生产成本高，产品价格高； 基层人员业务水平低
机会 O： 订单逐步增强态势； 行业地区领先位置； 行业发展空间大等	SO 战略措施： 不断开发新产品、改进工艺、降低成本；完善品牌推广、应用领域；强化人力资源管理	WO 战略措施： 聘请管理顾问，推进企业文化建设；增加执行力、竞争力管理项目；完善绩效考核与薪酬制度
威胁（风险）T： 人员流动快；货款回收周期长；成本上升；行业恶性竞争	ST 战略措施： 开展培训提升员工素质，引入高素质人才；选择优质客户合作确保资金回收；改进管理规范，降低成本	WT 战略措施： 调整薪酬制度使更合理；开发新产品，利用新材料、改进新工艺；异地选址建厂缓解人员压力，降低劳动力成本

由于企业是一个整体，所以在做优劣势分析时必须从整个价值链的每个环节上，将企业与竞争对手做详细的对比。如产品的实用性、新颖性，制造工艺成熟度与复杂性、销售与服务渠道是否畅通，及价格是否有竞争

力等。如果企业在某一方面或几个方面的优势正是行业内企业应具备的关键成功要素，那么企业的综合竞争优势也许就强一些。需注意的是，衡量一个企业及其产品是否具有竞争优势，只能站在现有潜在用户的角度，而不是站在企业的角度。

商业秘密管理体系构建时，企业的各部门可根据各自的职责关注内外部环境的相关因素，以便企业更好地理解自身的内外部环境。例如，人力资源部门可关注内部环境（公司价值观、企业文化、知识、业绩表现等），外部环境（法律、竞争、市场、文化、社会和经济环境等）；技术部门可关注内部环境（知识、业绩表现等），外部环境（法律、技术、竞争等）；营销部门可关注内部环境（知识、业绩表现等），外部环境（法律、技术、竞争、市场、文化、社会和经济环境等）。

（二）理解相关方的需求和期望

相关方指的是可影响决策或活动、被决策或活动所影响，或自认为被决策或活动影响的个人或企业，如顾客、所有者、企业内的人员、供方、银行、监管者、工会、合作伙伴以及可包含竞争对手或联盟的社会群体。

识别有关的相关方是理解企业环境的过程的组成部分。有关相关方是指若其需求和期望未能满足，将对企业的持续发展产生重大风险的各方。此时，企业应确定采取何种必要的措施以降低风险。企业的成功，依赖于赢得和保持有关相关方的支持。识别有关相关方的需求并形成文件是为商业秘密风险评估提供输入，是商业秘密风险评估的一部分。

商业秘密管理体系构建时，企业的各部门可根据各自的职责识别相应的相关方并评估其需求。例如，人力资源部门可关注企业中的成员、所有者、合伙人、供应商、政府、竞争对手或联盟及其需求；技术部门可关注顾客、供应商、协会、竞争对手或其他社会团体及其需求；营销部门可关注顾客、竞争对手或社会团体及其需求。

二、确定商业秘密方针

商业秘密方针是商业秘密管理工作的方向和准则，是建立商业秘密管理体系的基础，所有的商业秘密保护措施和活动的目的就是实现商业秘密方针的要求。因此，在建立商业秘密管理体系之前，首先应确定商业秘密方针，方针在内容上应做到以下要求：

（1）符合相关法律和政策的要求。

（2）与企业的经营发展相适应，即适应企业的宗旨和环境并支持其战略方向。商业秘密方针要同企业的研发战略、知识产权战略相协调，并支持企业的总体战略，在企业总方针的基础上建立商业秘密方针。

（3）为建立商业秘密管理目标提供框架。商业秘密方针能够为商业秘密管理目标的建立、评审提供方向、途径。商业秘密管理目标是商业秘密方针具体化展开，商业秘密管理目标应与商业秘密方针相对应，并依据商业秘密方针逐层展开。

（4）在持续适宜性方面得到评审。企业应评价商业秘密方针的适用性，以便能够根据企业环境和发展需求及时调整商业秘密方针，使其持续满足企业的发展需求。

（5）得到全体员工的理解。企业可通过培训、教育、宣传等方式向全体员工宣贯商业秘密方针，确保每位员工能够对方针理解和认同。

商业秘密方针示例

> 示例一：必须才能知晓、自上而下管理、全流程管理、关键要素的识别与控制。
>
> 示例二：突出重点、预防泄密、便利工作、全程受控。

三、制定商业秘密管理目标

商业秘密管理的目标是确保商业秘密的保密性和安全性，有效防范潜在的泄露和侵权风险，保护企业的核心竞争力和商业利益。可采用预期的结果、活动的目的或操作规程作为商业秘密管理目标，或者使用其他有类似含义的词（如目的、终点或指标）。

（一）商业秘密管理目标的要求

（1）商业秘密管理目标应建立在企业经营战略、商业秘密方针的基础上，应在商业秘密方针给定的框架内展开，但须注意不要机械地一一对应。建立商业秘密管理目标时应考虑适用的要求，包括法律法规的要求等，商业秘密管理目标追求的结果应能实现商业秘密方针的要求。商业秘密管理目标的内容中尤其对满足适用要求和商业秘密管理体系持续改进的承诺方面，应与商业秘密方针保持一致。

（2）根据相关职能、层次和商业秘密管理体系所需的过程建立商业秘密管理目标。策划所需资源、职责、工作内容、监督检查、评审等，实现管理目标。目标可以是战略的、战术的或操作层面（过程目标）的。

在制定各部门、岗位的商业秘密管理目标时，仅直接分解企业总目标是不充分的，有些具体过程是间接支持总目标的，这些过程也应建立目标。只有这样，才能真正通过商业秘密管理目标的建立，明确各项活动的商业秘密管理追求的目的，把商业秘密管理过程预期应达到的结果确定下来，同时也为过程有效性的评价提供依据。

（3）过程商业秘密管理目标（也称过程绩效指标）应包含过程结果指标（目标）和过程运行指标（目标）。

仅有过程结果指标是不够的，如在保密管理过程中设置了结果指标——涉密信息零泄密，说明保密工作质量高。但有可能是这样一种情况，没有发生泄密情况是因为没有人去泄密，而不是保密管理过程合格。因此，在保密管理过程中还需设置过程运行指标，如要求定期对保密措施执行情况进行巡检。

（4）商业秘密管理目标应该是可测量的。测量可以定量也可以定性，如考评、测评、评价等。测量的方法和内容要规范、科学，包括测量的时机、样本的抽取等，以保证商业秘密管理目标测量结果的可靠性。商业秘密管理目标尽可能量化，要确定实现目标的时间框架，以便测量。定性的商业秘密管理目标如果能够进行评价，也是符合要求的。

(二) 商业秘密管理目标的建立原则

目标建立时，要遵循 SMART 原则。

S——明确具体（Specific）。制定的目标一定要明确具体，不要模棱两可。例如，"建立世界一流的企业"就是不具体的目标。何谓"世界一流"？表述不清楚。

M——可衡量（可测量）的（Measurable）。表示目标是可以衡量的。如果目标不能衡量，就意味着将来无法考核。

A——可实现的（Attainable）。目标在付出努力的情况下是可以实现的，避免设立过高或过低的目标。商业秘密管理目标应具有先进性和可实现性。商业秘密管理目标是可追求的，可追求的就应该是先进的。但商业秘密管理目标也应该是现实的，制定时应考虑企业现在的水平和同行业的情况，在现实的基础上考虑一定的提升空间，使商业秘密管理目标既高于现实，又可通过努力达到，真正起到改进商业秘密管理的作用。

R——相关性（Relevant）。建立的目标必须与部门、工作岗位紧密相关。

T——时限性（Time-based）。目标的时限性就是目标的实现是有时间限制的。商业秘密管理目标可分为保持性与改进型两类，一般都有时间方面的限制。如保持，在多长时间内，保持在什么水平；如改进，在多长时间内达到什么水平。

(三) 商业秘密管理目标的制定

企业的商业秘密管理目标来自企业的经营战略、知识产权战略、商业秘密方针。企业各部门根据上一级的商业秘密管理目标，结合本部门的工作流程与问题点，制定本部门的商业秘密管理目标。下一级的商业秘密管理目标由上一级的商业秘密管理目标展开而来。上一级的商业秘密管理目标可能展开到几个下级部门。各岗位的商业秘密管理目标是根据本部门的商业秘密管理目标、本岗位的工作流程及本岗位的问题点制定的。

企业应围绕要达成的目标，制订行动计划。商业秘密管理目标的行动计划一般包括5W1H最基本的内容,即Why(为什么做,商业秘密管理目标)、What(做什么,实现目标的措施)、Who(谁做,职责和权限)、Where(哪里做)、When(何时做,何时完成)、How(如何做,步骤、方法、资源,以及对结果如何评价等)。

企业每年还应对商业秘密管理目标行动计划进行监视和测量。在方针、相关法律法规及其他要求、商业秘密管理目标行动计划状况,以及其他内外部因素(包括市场、产品、活动、服务等)发生变化时,企业应对商业秘密管理目标及其行动计划重新评审,根据评审结果,决定是否修订商业秘密管理目标及其行动计划。

四、策划商业秘密管理体系

策划和实施有效的商业秘密管理体系对企业的发展至关重要。在进行商业秘密管理体系策划时,首先应建立商业秘密管理架构、确定商业秘密管理体系范围、识别商业秘密管理过程。

(一)建立商业秘密管理架构

企业可以在最高管理者下设商业秘密管理委员会,作为企业商业秘密管理的决策部门,直接向高层管理层汇报和负责商业秘密保护对象的审核、批准及商业秘密保护问题的重大决策。确定一个商业秘密主管部门,负责制定商业秘密保护相关管理要求,指导、监督和协调各相关部门的工作。

为确保商业秘密管理工作顺利推进,建议建立由商业秘密主管部门和各个职能部门下设的商业秘密专员形成的企业内部集中与分散相结合的商业秘密管理网络结构。明确商业秘密管理主管部门的职责范围、权责关系和决策权限,确保各级部门明确自己的职责,建立起良好的跨部门合作机制,确保信息共享和协作的顺畅,有效推进商业秘密管理工作。

建立合理的商业秘密管理体系架构,可以有效整合资源、优化流程,提升商业秘密管理工作的效率和效果,实现对商业秘密管理的全方位保护。

(二)确定商业秘密管理体系范围

收集并识别来自国内外的法律法规、技术、竞争、市场、文化、社会和经济环境的相关信息，收集并识别分析企业价值观、文化、知识和绩效等内部因素的相关信息，理解相关方的需求和期望，确定企业商业秘密保护的要求。综合以上各个因素的影响，最终确定商业秘密管理体系的边界和适用性，以确定商业秘密管理体系的范围。

(三) 识别商业秘密管理过程

识别商业秘密管理体系所需的过程，包括过程所需的输入和期望的输出；确定这些过程的顺序和相互作用；确定评价过程绩效的准则和方法。

根据识别的过程进行职责和权限的分配（见表8-2）。

表8-2 商业秘密管理体系所涉及的过程

1	商业秘密确定过程	8	商务活动过程
2	人员管理过程（入职、在职、离职管理）	9	技术合作过程
3	培训管理过程	10	企业并购重组过程
4	涉密载体管理过程	11	许可转让过程
5	涉密区域管理过程	12	商业秘密纠纷处理过程
6	涉密设备管理过程	13	商业秘密管理体系监督、检查和评价过程
7	信息发布管理过程		

商业秘密管理体系的策划包括以下原则：系统优化，强调预防为主，全面满足顾客的需求，尽社会责任，体系与效益统一，立足现状、持续改进等。具体到策划方案应当立足于企业的实际状况，可以有展望但是不宜过度超前，当然也不应该落后于企业的发展。在此基础上，企业针对现状制定商业秘密管理的方针、目标，搭建商业秘密管理体系，编制管理手册和相关文件。

第九章 商业秘密管理体系文件

第一节 商业秘密管理体系文件的作用和构成

一、商业秘密管理体系文件的作用

管理体系文件是商业秘密管理体系重要的组成部分,包括:标准要求的文件,企业所确定的、为确保商业秘密管理体系有效性所需的文件。

由于不同的企业规模、活动、过程、产品和服务的类型不同,过程及其相互作用的复杂程度不同以及人员的能力不同,商业秘密管理体系文件的多少与详略程度可以不同。

在创建和更新文件时,企业应进行合理的标识和说明(如标题、日期、作者、索引编号);采取合适的形式(如语言、软件版本、图表);适当地进行评审、批准,以确保适宜性和充分性。

企业应对商业秘密管理体系和标准所要求的文件进行妥善保护,防止泄密、不当使用或缺失,并确保在需要的场合和时机可获得并适用。

编制商业秘密管理体系文件,实际上就是对商业秘密管理体系进行总体策划和详细设计。

《质量管理体系文件指南》(GB/T 19023—2003,ISO/TR 10013:2001)指出了质量管理体系文件的目的和作用,结合其表述,不难发现商业秘密管理体系文件的目的和作用是:将企业的商业秘密管理体系形成文件,可实现(但不限于)以下目的和作用:a)描述企业的商业秘密管理体系；b）为跨职能小组提供信息，以利于更好地理解相互的关系；c）将管理者对商业秘密的要求传达给员工；d）帮助员工理解其在企业中的作用，从而加深其对工作的目的和重要性的认识；e）使管理者和员工达成共识；f）为期望的工作业绩提供基础；g）说明如何才能达到规定的要求；h）提供表明已经满足规定要求的客观证据；i）提供明确和有效的运作框架；j）为员工培训和现有员工的定期再培训提供基础；k）为企业的秩序和稳定奠定基础；l）通过将过程形成文件以达到作业的一致性；m）为持续改进提供依据；n）向相关方证实企业的能力；o）向供方提供明确的框架要求；p）为商业秘密管理体系审核提供依据；q）为评价商业秘密管理体系的有效性和持续适宜性提供证据。

因此，商业秘密管理体系文件是商业秘密管理活动的指引，是各级管理人员和全体员工都应遵守的工作和行为规范。它为企业的秩序和稳定奠定基础。作为企业的商业秘密管理指引，商业秘密管理体系文件具有强制性，企业的有关人员必须认真执行，达到作业的一致性。

（1）商业秘密管理体系文件是达到企业商业秘密管理要求和预期管理目标的保障。商业秘密管理体系文件可以帮助企业明确商业秘密的范围和权利边界。通过明确商业秘密的定义和范围，企业可以更好地识别和确定自身的商业秘密，从而有针对性地采取保护措施。商业秘密管理体系文件可以指导企业制定商业秘密保护的具体措施。这些文件通常包括商业秘密的获取、存储、使用、传输、披露等方面的规定，可以帮助企业确保商业秘密在各个环节得到妥善保护。商业秘密管理体系文件可以为企业提供法律支持和证据依据。在发生商业秘密泄露的情况下，企业可以依据管理体系文件中的规定，采取相应的法律措施，维护自身的合法权益。同时，管理体系文件也可以作为证据，证明企业已经采取适当的保护措施，减少企业的法律责任。通过商业秘密管理体系文件，明确管理职责、工作程序及控制要求，对确保商业秘密工作的一致性和可追溯性，是非常必要的。

（2）商业秘密管理体系文件是评价企业商业秘密管理体系有效性和持续适宜性的依据。商业秘密管理体系文件是企业建立商业秘密管理体系的重要证据。无论进行外部还是内部的商业秘密管理体系审核活动，在评价商业秘密管理体系是否符合商业秘密管理体系标准的要求，是否有效，是否适宜时，都要把商业秘密管理体系文件作为基本依据。程序文件可以证明：过程已被确定，程序已被批准，程序更改处于受控状态。

（3）商业秘密管理体系文件对商业秘密管理改进起着重要的保障作用。

①寻求改进。将商业秘密管理体系运行中某个过程或活动的管理情况与商业秘密管理体系文件的要求相对照，寻求改进机会。

②巩固绩效。对经过验证有效的商业秘密管理改进措施，通过商业秘密管理体系文件的更改可将其固定下来，从而保障商业秘密管理改进措施的持续有效。

③促进内部沟通。将管理者对商业秘密管理的承诺传达给员工，以在企业内达成共识；为跨职能的小组提供信息，以利于更好地理解相互之间的关系；帮助员工理解其在企业中的作用，从而加深其对工作的目的和重要性的理解。

④制定培训需求。商业秘密管理体系的各项商业秘密活动，都需要具有相应素质的人员来完成。商业秘密管理体系文件实施的协调性和绩效，取决于人员的能力。为保证人员的能力满足要求，需要根据商业秘密管理体系文件的要求来安排相应的培训。体系文件本身就是重要的培训教材，经培训所能达到的人员能力要与文件要求相适应。从这个意义上说，体系文件的水平决定了培训能达到的水准。

⑤使相关方了解企业，向相关方证实企业的能力。

综上所述，商业秘密管理体系文件起着沟通意图、统一目标、促使行动一致、证实体系建立及保证其运行效果的重要作用。因此，编写和使用体系文件，应是一种动态的高增值活动。❶

---

❶ 刘晓论，柴邦衡. ISO 9001：2015 质量管理体系文件［M］. 2 版. 北京：机械工业出版社，2017：7-12.

二、商业秘密管理体系文件的构成

商业秘密管理体系文件通常包括诸多文件，文件的层次因企业的规模、活动类型、过程及其相互作用的复杂程度和人员的能力等差异而不同，可以从企业的实际情况出发，根据需要来安排各层次文件。商业秘密管理体系文件一般为塔式结构，由二层、三层或四层文件组成。文件的内容包括：涵盖商业秘密方针目标的商业秘密管理手册，实施商业秘密管理体系要素活动的程序文件，详细的作业文件及证实体系运行的记录文件。文件的层次、数量和详细程度取决于以下几个方面：企业的规模和类型、过程的复杂程度和相互关系、员工的能力、证实商业秘密管理体系符合要求的需要。对于很小的企业，可能只需要一本包括程序的商业秘密管理手册，对于特大型企业，将文件分为四层则更便于管理。

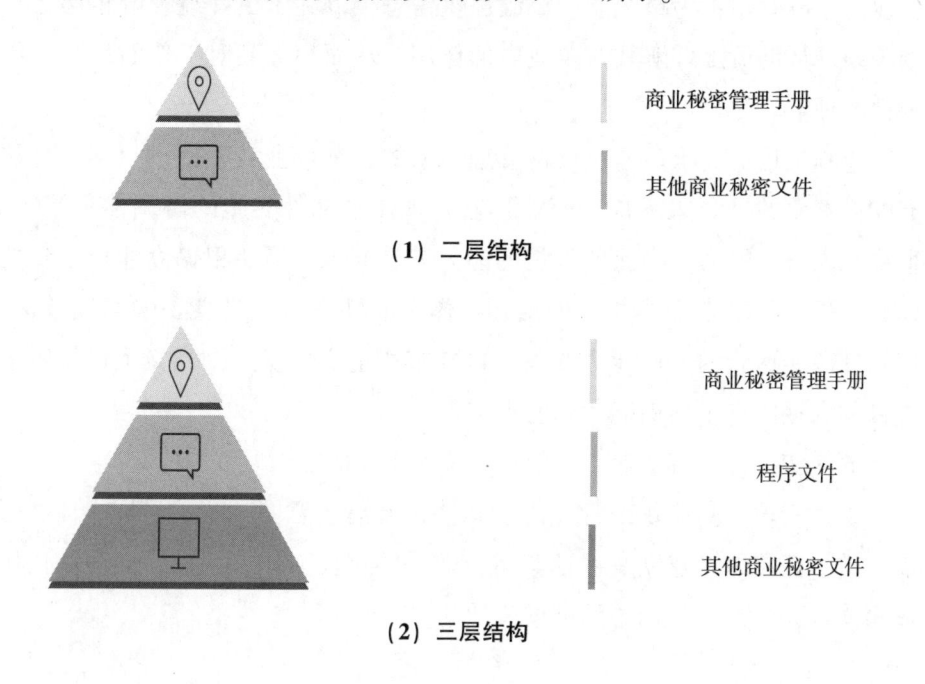

商业秘密管理体系的文件层次结构如图 9-1 所示。

（1）二层结构

- 商业秘密管理手册
- 其他商业秘密文件

（2）三层结构

- 商业秘密管理手册
- 程序文件
- 其他商业秘密文件

（3）四层结构

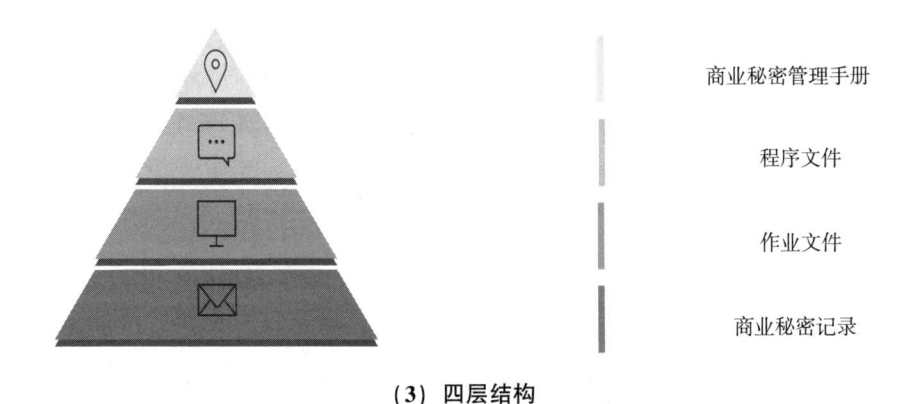

图 9-1　商业秘密管理体系的文件层次结构

（右侧标注自上而下：商业秘密管理手册、程序文件、作业文件、商业秘密记录）

第二节　商业秘密管理体系文件编制

一、商业秘密管理体系文件编制的原则

在经过商业秘密管理体系策划（包括制定商业秘密方针、商业秘密目标、组织架构、各部门的职能分配、资源需求等）后，就可以开始商业秘密管理体系文件的编制了。编制管理体系文件是企业建立并保持其管理体系有效运行的重要基础工作，也是企业开展商业秘密管控，进行商业秘密管理体系持续改进必不可少的依据。商业秘密管理体系文件编制应遵循的原则包括以下方面。

（一）系统性

商业秘密管理体系文件应反映企业商业秘密管理体系的系统特征，应对企业生产经营活动过程中的商业秘密管理要素作出规定。由于商业秘密管理体系文件是由多层次和多种文件构成，体系文件的各个层次之间，文件与文件之间应做到层次清楚、接口明确、结构合理、协调有序，彼此间不能相互矛盾、互不统一。

（二）继承性

任何企业在其长期的生产和服务提供实践中也完全可能有适合其运作的各种管理经验。因此，在编写商业秘密管理体系文件时，一定要注意继承性，要将企业一些行之有效的管理经验、规章制度加以选择和吸收，而不是全部重起炉灶。

（三）适宜性

商业秘密管理体系文件的编制和形式应充分考虑企业的产品和服务特点、企业规模以及自己的管理经验等因素，切忌脱离企业实际、按照外来文件照抄照搬。此外，商业秘密管理体系的适宜性还取决于人员的素质、技能和掌握知识的程度。在任何情况下，都应寻求体系文件的详略程度与人员的素质、技能和知识等因素相适宜，包括用企业熟悉的运作形式和语言来编写，以使体系文件保持一个合理水平，从而便于有效贯彻，真正起到指导实际工作的作用。

（四）指令性

商业秘密管理体系文件是企业内部的指令性文件，是全体员工必须依照实施和检查的依据。因此，在内容上不应有不切实际、好高骛远、经过努力都不能达到的要求，文字应措辞严谨，表述明确和确切，不能含糊其词、模棱两可。

商业秘密管理体系文件既然是一种指令性文件，就不能存在与产品和服务相关的现行法律、法规不一致的规定，也不能与依据的标准要求相违背。指令性还要求文件修改必须按规定的程序进行。

（五）增值性

商业秘密管理体系文件的编制和使用是一个过程，这个过程是一个动态的增值转换活动，文件的形成本身并不是目的。商业秘密管理体系文件将随着商业秘密管理体系的不断改进而完善，而这种动态的增值作用对商业秘密管理体系的影响也将越来越显著。

二、商业秘密管理体系文件编制的方法

（一）文件编制前的准备

文件编制前应进行以下准备工作。

1. 明确编写职责

商业秘密管理体系文件应当由参与过程和活动的人员，最好是相关的管理者来编写。这样有助于加深对必需要求的理解，并使参与者产生责任感。同时，还应确定由何部门（或职能）来管理这项工作。由于编写文件是临时性任务，可由临时建立的商业秘密管理体系工作组或由商业秘密主管部门来承担文件的编写工作。

2. 评审企业的现有文件和引用文件

企业原有的管理文件具有重要的参考价值。对这些文件的评审和引用，将显著缩短体系文件的编制时间。

3. 收集或编制指导性标准、文件或参考资料

为了统一文件编写的要求、体例和格式，要明确编写的依据。

4. 文件需求的识别

文件编写工作同样需要周密的策划，以便更好地掌握全局。首先要识别企业体系运作的过程，每个过程都需要哪些文件。然后，把企业所有过程所需文件合并与集合，以形成对总体需要多少文件的认识，并估计大约需要的工作量。

确定商业秘密管理体系文件的结构层次。文件的结构层次取决于企业的背景、规模和人力资源状况。

提出商业秘密管理体系文件目录。除商业秘密管理手册外，需列出程序文件和作业文件的目录。

5. 确定文件编写小组或主要执笔人

可临时组成专门的编写小组来编写商业秘密管理手册，程序宜由归口管理部门的负责人执笔，作业文件宜由业务主管人员执笔。

6. 文件编写人员专题培训

对文件编写人员进行比较系统的培训，使编写人员掌握编写要求、依据、方法、应遵循的原则和注意事项等，对于保证商业秘密管理体系文件编写的质量和进度，是一个十分重要的环节。培训要由有文件编写和文件审核经验的人员来进行。

7. 编制文件编写的进度表

当时间紧迫时，可采用运筹学的方法，将商业秘密管理体系文件的编制和实施同步推进。一方面编制体系文件，另一方面推进实施。采用这种平行交叉的作业方式，可在一定程度上缩短商业秘密管理体系建立的时长。实施的关键是要对文件的编制工作进行精心安排，做到有条不紊。在编制计划时，宜遵循"急用先编、先出台实施"的原则。

（二）文件编制的方法

企业可采用过程方法进行文件编制，具体过程如下：

（1）通过各种手段（如调查问卷和面谈），收集有关现有商业秘密管理过程的信息；

（2）列出现有适用的文件，并分析这些文件的可用性；

（3）对文件参编人员进行有关标准和文件编制的培训；

（4）从运作部门寻求并获得源文件或引用文件；

（5）确定拟编制文件的结构和格式，编制商业秘密管理体系范围内所有过程的流程图；

（6）对流程图进行分析，以识别可能的改进并加以实施；

（7）通过试运行，确认这些文件；

（8）在发放前对文件进行评审和批准。

落实过程方法时需注意以下要点：

（1）单一过程的构成要素。过程是利用输入提供预期结果的相互关联或相互作用的一组活动。一般过程应包含3个要素：输入、预期结果和活动。企业为了增值，通常对过程进行策划，并使其在受控条件下运行。企业在对每个过程进行策划时，要确定过程的输入（包括输入的来源）、输出（包括输出的接收者）和为了达到预期结果所需开展的活动，也需要确定监视和测量过程绩效的控制和检查点。每一过程的监视和检测检查点会因过程的风险不同而不同。单一过程要素示意图如图 9-2 所示。

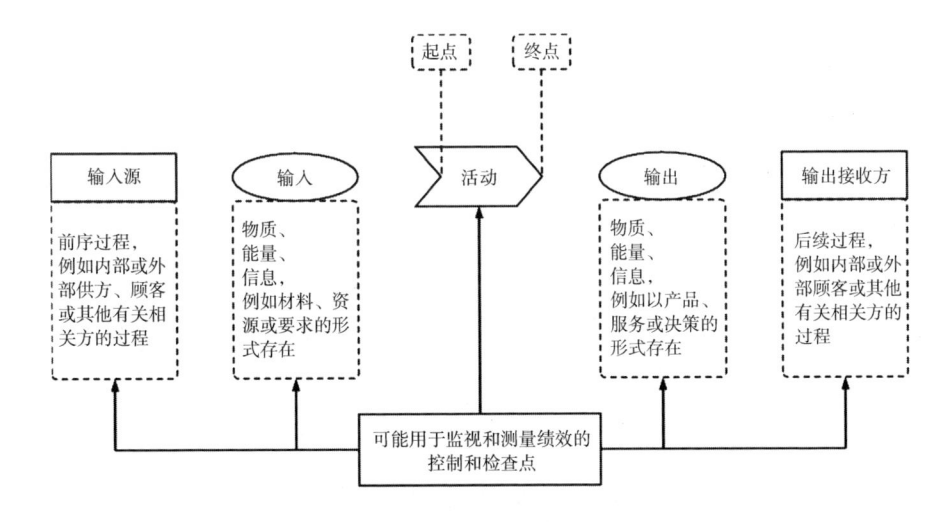

图 9-2　单一过程要素示意图

（2）单一过程分析图。国际汽车工作组（International Automotive Task Force，IATF）推荐了一种单一过程分析图，因形似乌龟而称为乌龟图。乌龟图是用来分析过程的一种工具，是通过形体语言来表示被识别过程的六个关键问题（输入、输出、使用资源、负责人、活动的依据、评价活动的指标）的图示，分别以乌龟的头部、尾巴、四只脚和腹部表示六个关键问题。单一过程分析示意图如图 9-3 所示：

图中编号 1 表示过程名称及主要活动（或子过程）；编号 2 表示过程输入，如文件、要求、报告、信息、计划等；编号 3 表示过程输出，如产品、文件、计划、报告、信息等；编号 4 表示过程中使用的资源，包括设备、计算机系统（硬件和软件）、材料、工具等（填上重要的即可）；编号 5 表示责任部门/人的职责，要考虑与之匹配的教育、培训和经历要求；编号 6 表示相关的过程控制（含风险控制）文件、程序、规定；编号 7 表示反映过程有效性的过程绩效指标、特征值、风险值等。

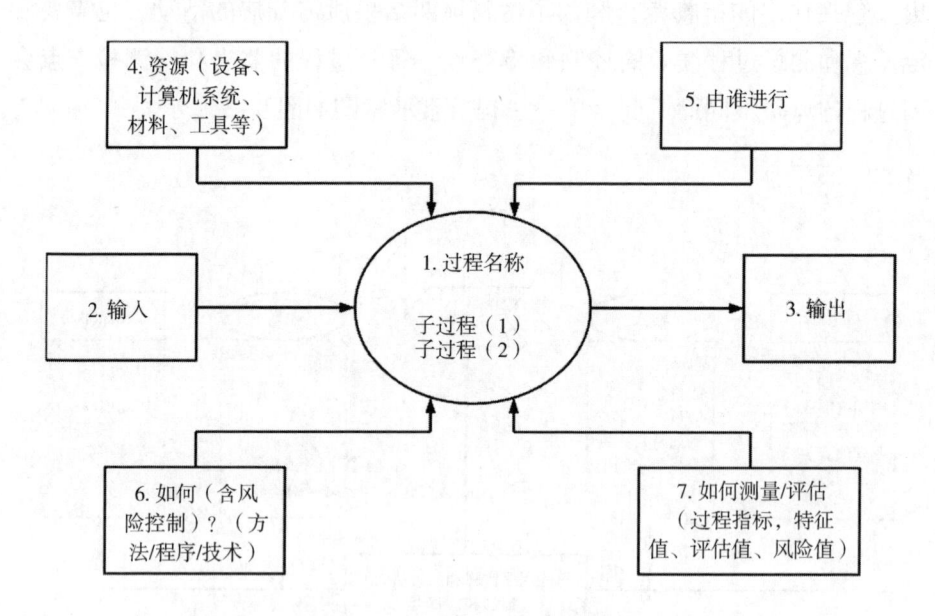

图 9-3 单一过程分析示意图

识别某一过程的乌龟图时具体包括10个步骤：

（1）识别过程和过程所有者（负责部门）；

（2）识别基本的输入（顾客要求）；

（3）识别基本的输出（需求满足）；

（4）识别子过程，把输入转换成输出；

（5）根据子过程完善输入；

（6）根据子过程完善输出；

（7）根据子过程识别每一步需要的设备设施；

（8）根据子过程识别每一步需要什么人执行；

（9）识别方法，使过程控制标准化；

（10）识别过程绩效指标，评估效果和效率。❶

---

❶ 张智勇. IATF 16949质量管理体系文件编写实战通用教程［M］. 北京：机械工业出版社，2018：34-41.

以商业秘密确定过程为例,具体乌龟图如图9-4所示。

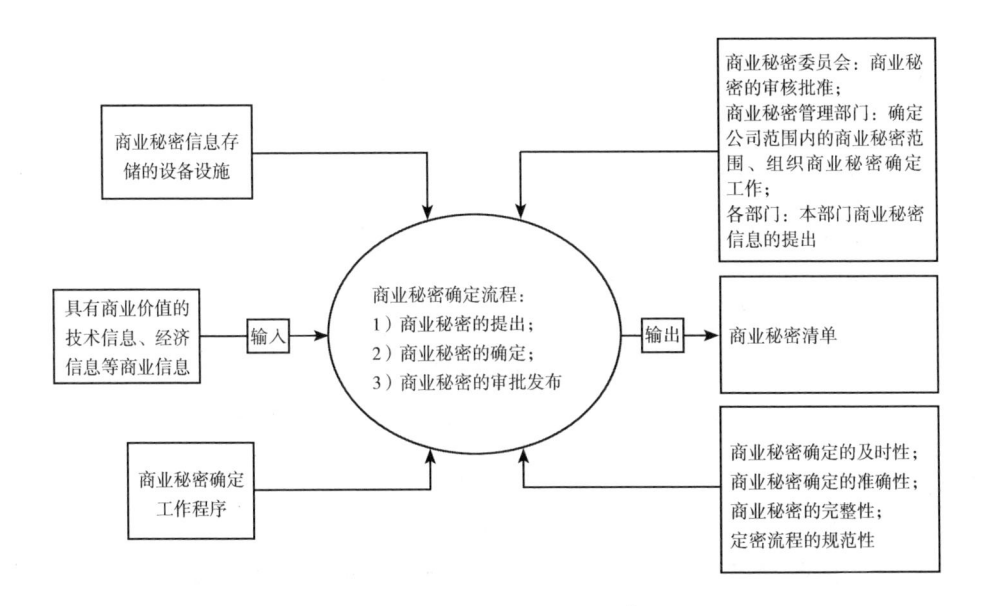

图 9-4　商业秘密确定过程乌龟图

（三）过程流程图

流程图是将一个过程的步骤用图的形式表示出来的一种图示技术。

流程图的标识符号,企业可以自行规定。表9-1中的流程图符号仅供参考。❶

表 9-1　流程图符号

图形	说明	图形	说明
⬭	流程的开始或结束	◇	根据判定条件自动选择下一个分支流向

---

❶ 张智勇. IATF 16949质量管理体系文件编写实战通用教程［M］. 北京:机械工业出版社,2018:42-43.

续表

图形	说明	图形	说明
	具体任务或工作，如步骤说明、流入条件、责任人、消耗项等	→	连接线，箭头表示流向
	设置等待时间和流入条件后由系统自动启动		两个并行节点之间的所有分支必须全部完成才能跳出继续
	备注		信息来源
	过程中涉及的文档信息		两个节点之间有一个分支完成就能跳出继续

常用流程图有任务流程图、矩阵流程图。

（1）任务流程图，描述过程中每一步骤的具体活动的流程图，如图9-5所示。

（2）矩阵流程图，在任务流程图基础上，加上相关方在过程中的关系，即为矩阵流程图，如图9-6所示。

程序文件中，流程图要结合控制要求一起使用，具体情况参见商业秘密程序文件章节的描述。

三、商业秘密管理手册

商业秘密管理手册是企业商业秘密管理的纲领性文件，是对商业秘密管理体系总体的概括性描述，是知识产权战略的体现，是实施控制的基础。商业秘密管理手册应当反映企业为实现企业的方针和目标所采用的方法。每个企业的商业秘密管理手册都具有唯一性。但是，允许各类企业在将其商业秘密管理体系形成文件时，在文件结构、格式、内容或表述的方法方面具有灵活性。

对于小型企业而言，将对商业秘密管理体系的整体描述写入一本手册，可能是适宜的。对于大型、跨国的或跨地区的企业而言，可能需要在不同

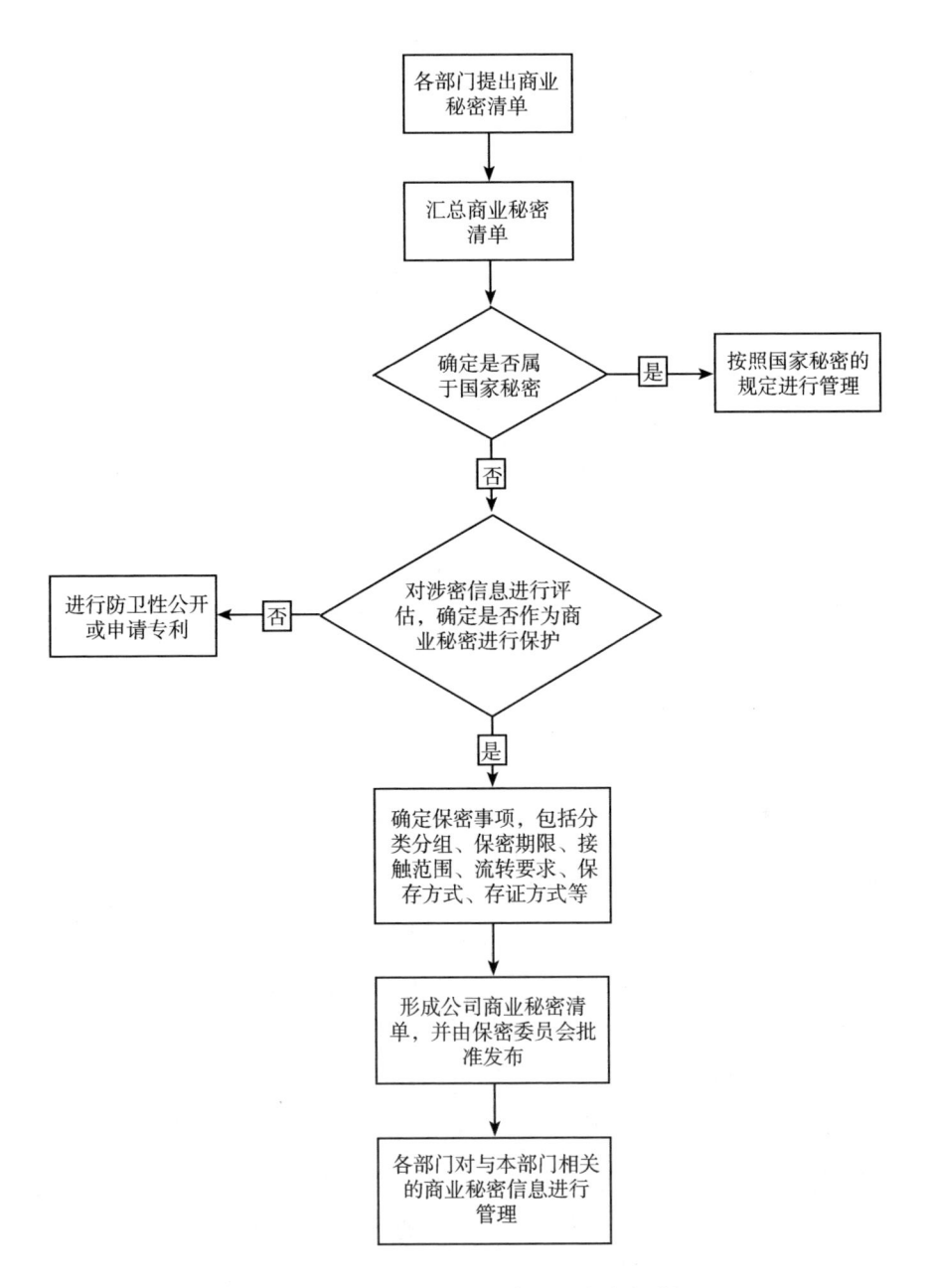

图 9-5 任务流程图——商业秘密确定过程

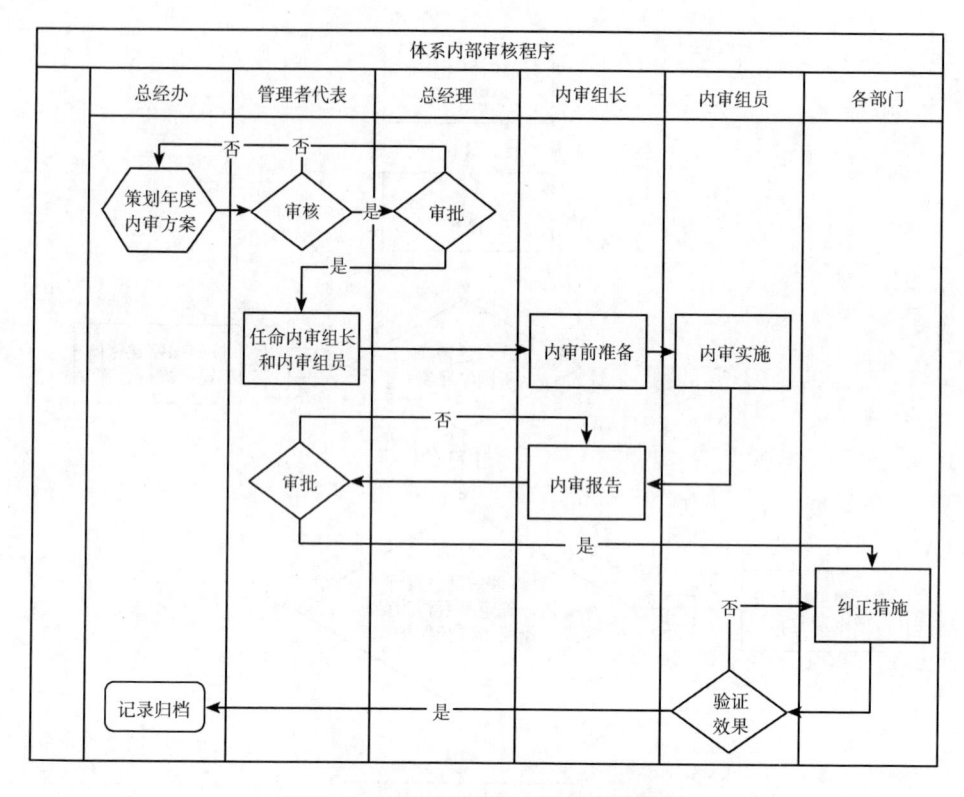

```
┌─────────────────────────────────────────────────────────────────────┐
│                      体系内部审核程序                                │
├────────┬──────────┬────────┬────────┬────────┬────────┤
│ 总经办 │管理者代表│ 总经理 │内审组长│内审组员│ 各部门 │
├────────┼──────────┼────────┼────────┼────────┼────────┤
│策划年度│  审核    │  审批  │内审前准│内审实施│        │
│内审方案│          │        │备      │        │        │
│        │任命内审组│        │        │        │        │
│        │长和内审组│        │        │        │        │
│        │员        │        │        │        │        │
│        │  审批    │        │内审报告│        │纠正措施│
│        │          │        │        │        │验证效果│
│ 记录归档│         │        │        │        │        │
└────────┴──────────┴────────┴────────┴────────┴────────┘
```

图 9-6 矩阵流程图——内部审核过程

层次上形成相应的商业秘密管理体系文件,并且文件的层次也更为复杂。通常大型、跨国的或跨地区的企业商业秘密管理手册应当包括一个引用文件的清单,但这些被引用的内容并不包括在商业秘密管理手册中。

商业秘密管理手册的内容一般包括或涉及:商业秘密方针和目标;商业秘密管理体系的适用范围;商业秘密机构、职责和权限;商业秘密管理体系程序文件或对程序文件的引用;商业秘密管理体系过程之间相互关系的表述等。商业秘密管理手册还可以包括如企业的业务流程,对企业的背景、历史和规模的简要描述等附加信息。管理体系情况改变时,管理手册应及时调整,以确保体系的连续性。

附录五为一部较完备的企业商业秘密管理手册样例。

四、商业秘密程序文件

程序是指为进行某项活动或过程所规定的途径。程序可以形成文件称作程序文件,也可以不形成文件。若将商业秘密手册视为战略文件,程序文件则为战术文件。它是描述商业秘密管理体系所要求的商业秘密活动如何开展的文件。

(一) 程序文件的内容

程序文件应有力地支持商业秘密管理手册的各项内容,要做到接口处理清楚,与接口有关的工作职责都应有明确的表述,各部门对接口的处理方法和相关职责应确认。程序文件应对如何达到过程和活动的要求进行确切描述,是实施运作的基础❶,具体内容如下:

(1) 明确企业及其顾客和供方的需要;

(2) 以与所要求的活动相关的文字描述和(或)流程图的方式描述过程;

(3) 明确做什么,由谁或哪个职能或岗位做,为什么、何时、何地,以及如何做;

(4) 描述过程控制及对识别活动的控制;

(5) 明确完成活动所需的资源(人员、培训、设备和材料);

(6) 明确与要求活动有关的文件;

(7) 明确过程的输入和输出;

(8) 明确要进行的测量。

(二) 程序文件的格式

程序文件的格式没有统一的要求,但企业的文件应当规范化,程序文件的结构和内容应由企业通过文字内容、流程图、表格等方法的组合,或企业所需要的任何其他适宜的方式作出规定,所有程序文件应保持一致的

---

❶ 刘晓论,柴邦衡. ISO 9001:2015 质量管理体系文件 [M]. 2 版. 北京:机械工业出版社,2017.

格式。

（1）封面或内页通常包含以下信息：文件名称、企业名称、文件编号、文件的版本号、文件的生效日期、编制、审核、批准人员和日期、编制单位、发放范围、更改历史等。

（2）程序文件的正文通常包括以下内容。

①目的：实施本程序应达到的目的。

②范围：本程序的适用范围。

③职责：本程序所涉及部门的职责，包括归口管理部门及相关部门的职责。

④术语定义：当本程序使用了非标准用语，如缩略语或企业内部的习惯用语时应当给出它们的含义。本内容不是必需的。

⑤工作程序：列出需要开展的各项活动，对每一项活动如何实施应详细展开，保持合理的编写顺序。通常按照 5W1H 进行描述，即规定做什么（What）、谁做或哪个部门（Who）做、何时（When）做、何地（Where）做、为什么（Why）做以及如何（How）做。

在编写程序文件时，首先应考虑的是过程，它是程序的主体。如果对过程所涉及流程做了完整的表述，过程活动的主要步骤和描述要点就自然地呈现出来了。在此基础上，略作整理就可以将程序的目的、范围、职责、作业过程和控制要点条理清楚、主次分明地表达出来。

《涉密人员管理办法》程序文件示例见附录六。

五、商业秘密作业文件

作业文件是程序文件的支持性文件，为了指导各项活动的具体开展，更具有可操作性。作业文件必须与所采用的程序文件相对应，是对程序文件中整个程序或某些条款的补充、细化，不要脱离程序文件的内容。一个程序文件可能引出几个作业文件，能在程序文件中交代清楚的活动，就不要再编制作业文件。

作业文件可包括支持性管理文件、作业指导书、管理办法、内审资料、管理评审资料等。其中，作业指导书是指为某项活动的具体操作提供帮助和指导信息的文件，描述具体的工作岗位和工作场所如何完成某项工作任务的具体做法。与程序文件相比，程序文件描述的通常是跨职能部门的活动，而作业指导书往往只应用于某一职能部门内的任务，是一项具体活动，它可以比程序文件规定得更具体、更详细。例如，某个涉密载体的管理程序，程序文件规定的是涉密载体的制作、收发、传递、使用、复制、保存、维修、销毁的全生命周期管理过程，而作业指导书则可能是针对涉密载体的传递过程给出具体的操作规程。在程序文件中通常不可能将操作规程细节均写进去，因此，往往需要各种不同的作业指导书作为支持和补充，在体系运行时还会随需要不断产生。

由于作业指导书往往涉及一项具体活动，这种活动可能是带有共性的，也可能只涉及其活动的单一部门。只涉及单一部门使用的作业指导书可由使用部门自行管理，包括制定、批准、更改，企业的文件管理部门保存其备案文本即可。这样既减少了企业需要集中控制的文件类别和数量，又有利于提高管理效率。

作业指导书的结构和格式没有统一规定，可以按照企业适宜的方式去编制，也可以参照程序文件的结构和格式。

六、商业秘密记录文件

记录是阐明所取得的结果或提供所完成活动的证据，是商业秘密管理体系建立、实施、保持和持续改进所不可缺少的文件。

记录的编制通常与程序文件、作业文件相结合。一般来说，哪些活动或结果应当记录、何时记录、怎样记录、由谁记录、记录在什么地方、记录后怎么办等都在相应的程序文件或作业文件中规定。在建立商业秘密管理体系的过程中，企业应当对现有的记录进行整理，有些可直接采用原有的记录，有些需按程序文件和作业文件重新设计一套记录。

记录要从实际需要出发设计其栏目和幅面，其中表格要有记录编号、顺序号、记录人、记录日期、记录内容和事项等。记录应遵循以下原则。

（1）系统性：由于记录可能出自多个部门，往往缺乏系统性，内容很可能欠缺或无法追溯。企业应在已有记录的基础上进行整合、补充、完善以保证系统性。

（2）适用性：一是要适用于所记录的活动，在表格栏目设置上即可反映该项活动的特征；二是要适用于做记录的人员，尽量减少麻烦，减少书写的工作量，不要使用或设置超出其理解能力的文字或内容；三是要适用于记录的控制，便于标识、贮存、检索、防护。

（3）简洁性：商业秘密记录并不是越多越好、越详细越好。能够不记录的内容就不要纳入，能够合并的记录就应合并。商业秘密记录过于复杂、过多过滥将加大成本，还可能引起虚假记录等不良现象。

第十章 商业秘密的确权管理

商业秘密确权是指确定商业秘密的所有权、使用权及他项权利。不同于专利、商标等知识产权客体，商业秘密权利的确定不需要进行公开申请，而是由企业对在生产经营活动中产生的不为公众所知悉、具有商业价值的信息，通过合同、内部管理、保密措施等方式确保其保密性而形成的权利，是一种私权。司法实践中，侵犯商业秘密案件往往难以胜诉，其主要原因在于许多企业未能对商业秘密进行充分的确权管理。

因此，企业建立商业秘密管理体系开展商业秘密保护工作时，首先应确定商业秘密管理体系的保护对象，也就是要对哪些商业秘密信息开展保护工作。因此，企业需要定期或不定期地开展商业秘密保护对象的确定工作。商业秘密确权的一般流程如图10-1所示。

第一节 建立商业秘密资产化管理标准

根据《中华人民共和国反不正当竞争法》（2019年修正）第9条第4款的规定，商业秘密是指不为公众所知悉、具有商业价值并经权利人采取相应保密措施的技术信息、经营信息等商业信息。根据《最高人民法院关于审理侵犯商业秘密民事案件适用法律若干问题的规定》（2020年8月24日最高人民法院审判委员会第1810次会议通过，自2020年9月12日起施行），其中与技术有关的结构、原料、组分、配方、材料、样品、样式、植物新品种繁殖材料、工艺、方法或其步骤、算法、数据、计算机程序及其有关文档等信息，人民法院可以认定构成《反不正当竞争法》第9条第

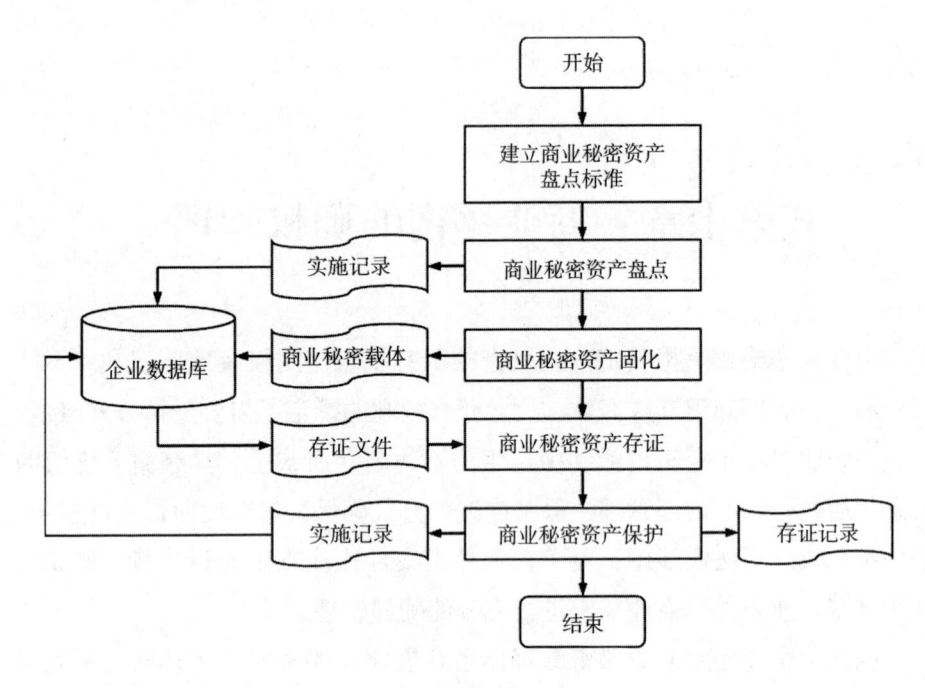

```
                        ┌──────┐
                        │ 开始 │
                        └───┬──┘
                            │
                    ┌───────▼────────┐
                    │ 建立商业秘密资产 │
                    │   盘点标准      │
                    └───────┬────────┘
                            │
        ┌──实施记录────┬───▼──────────────┐
        │             │ 商业秘密资产盘点 │
        │             └───────┬──────────┘
   ┌────▼─────┐               │
   │ 企业数据库│──商业秘密载体─│商业秘密资产固化│
   └────┬─────┘               │
        │              存证文件│商业秘密资产存证│
        │                      │
        └──实施记录────────────│商业秘密资产保护│──存证记录
                               │
                            ┌──▼───┐
                            │ 结束 │
                            └──────┘
```

图10-1　商业秘密确权的一般流程

4款所称的商业秘密。与经营活动有关的创意、管理、销售、财务、计划、样本、招投标材料、客户信息、数据等信息，人民法院可以认定构成《反不正当竞争法》第9条第4款所称的经营信息。其中的客户信息，包括客户的名称、地址、联系方式以及交易习惯、意向、内容等信息。

　　因此，在进行商业秘密资产盘点之前，企业应首先根据商业秘密和经营信息的定义结合自身的行业特点和管理习惯形成符合其特点的商业秘密资产盘点标准，即商业秘密资产分类表，内容包括与技术有关的结构、原料、组分、配方、材料、样品、植物新品种繁殖材料、工艺、方法或其步骤、算法、数据、计算机程序及其有关文档、技术设计、程序、质量控制、应用试验、工艺流程、设计图纸（含草图）、工业配方、制作工艺、制作方法、试验方式和试验记录等技术信息；管理方案、管理诀窍、客户名单、货源情报、产销策略、投融资计划、标书、标底、与经营活动有关的创意、管理、销售、财务、计划、样本、招投标材料、客户信息、数据等方面的经营信息。

商业秘密资产分类表示例如表10-1所示。

表10-1 商业秘密资产分类表示例

商业秘密种类 （技术秘密/经营秘密）	商业秘密分类目录		
	一级分类	二级分类	三级分类
经营秘密	合同协议	—	公司内外部签订的各类合同、协议
经营秘密	合同协议	设计合同	工程设计合同（新建/扩建/改建）
经营秘密	合同协议	设计合同	设计咨询合同
经营秘密	合同协议	买卖合同	买卖合同（设备/配件）
经营秘密	合同协议	买卖合同	买卖安装合同
经营秘密	合同协议	维修合同	设备改造合同
经营秘密	合同协议	维修合同	设备维修合同
经营秘密	合同协议	施工合同	—
经营秘密	合同协议	战略合作合同	战略合作协议
经营秘密	合同协议	战略合作合同	框架合作协议
经营秘密	合同协议	服务合同	检测检验类合同
经营秘密	合同协议	服务合同	租赁合同
经营秘密	合同协议	担保合同	—
经营秘密	合同协议	技术合同	技术开发合同
经营秘密	合同协议	技术合同	合作开发合同
经营秘密	合同协议	技术合同	委托开发合同
经营秘密	合同协议	技术合同	技术转让合同
经营秘密	合同协议	技术合同	技术服务合同
经营秘密	合同协议	技术合同	院企合作类合同
经营秘密	合同协议	采购合同	委托加工合同
经营秘密	合同协议	销售合同	—

第二节　商业秘密资产盘点

商业秘密资产盘点，即依据商业秘密资产盘点标准，对企业商业秘密进行辨识、梳理、确认和登记的过程。具体的盘点过程如下：

（1）商业秘密提出。各部门根据其业务特点，对照商业秘密资产盘点标准梳理部门商业秘密信息，并进一步对商业秘密信息的保密等级、商业价值、保密期限、接触范围、流转方式、保存方式等内容进行确定，最终形成部门商业秘密清单。

（2）汇总商业秘密清单。商业秘密主管部门根据各部门形成的部门商业秘密清单，整理形成公司商业秘密清单（草稿）。

（3）商业秘密的审批发布。商业秘密委员会对公司商业秘密清单（草稿）讨论确定最终的商业秘密，并经最高管理者审批后，发布公司商业秘密清单。

（4）商业秘密的动态更新。各部门根据公司要求定期对部门商业秘密进行动态调整。商业秘密管理部门根据各部门商业秘密的动态调整情况，更新公司商业秘密清单。

第三节　商业秘密资产固化

一、商业秘密资产固化的重要性

商业秘密资产固化是指将企业的商业秘密载体从可变动状态至不可变动状态的一连串程序，目的在于确保商业秘密载体的真实性、可靠性、完整性与可用性，一般包含归档、备份、封存等程序。

商业秘密资产固化的重要性主要体现在以下几个方面。

（1）保护知识产权：商业秘密是企业的重要资产之一，商业秘密资产固化可以帮助企业保护自己的知识产权，防止他人未经授权使用或泄露商业秘密。

（2）提升企业价值：商业秘密资产固化可以保护企业的核心竞争力和商业优势，避免被竞争对手模仿或抄袭，提升企业的价值，有助于吸引投资者和合作伙伴，增强企业在市场中的地位。

（3）法律保护：商业秘密资产固化可以为企业提供法律保护，一旦商业秘密被侵权或泄露，企业可以通过法律手段维护自己的权益。

（4）促进创新发展：商业秘密资产固化可以鼓励企业进行创新研发，保护企业的创新成果，促进企业的持续发展和壮大。

二、商业秘密资产固化的原则

商业秘密资产固化以载体归档管理的形式体现。商业秘密载体的归档应遵循以下原则：

（1）遵循文件形成规律，保持文件之间的有机联系，并区分不同价值或类别，确定保存期限，便于保管和利用。归档文件整理符合文档一体化管理要求，便于计算机管理或计算机辅助管理。

（2）明确各门类商业秘密电子载体及其元数据的归档范围、时间、程序、接口和格式等要求。商业秘密电子数据载体归档格式还应具备格式开放、不绑定软硬件、显示一致性、可转换、易于利用、能够支持格式转换等特性。

（3）确保商业秘密电子数据载体的真实性、可靠性、完整性与可用性。

三、商业秘密资产文件整理及归档

商业秘密载体归档，是指各部门将承载商业秘密的载体，经过及时收集、审核、整理后提交档案保管部门并由其集中管理的过程。

在商业秘密载体归档前，首先需要进行的是文件整理工作。各部门根据公司商业秘密清单的内容梳理本部门涵盖商业秘密的载体，形成部门商业秘密载体登记清册，并定期对该清册进行修订、审核、确认和管理。

商业秘密载体可分为商业秘密实物数据载体和商业秘密电子数据载体，二者在归档管理上有所区别。

（一）商业秘密实物数据载体管理

商业秘密实物数据载体包括：纸质文件、图纸、图片、样品等。企业可参照《企业档案管理规定》的要求开展商业秘密实物数据载体管理。

首先，应编制商业秘密实物数据载体归档范围和档案保管期限表，保管期限分为永久和定期，定期一般分为 10 年和 30 年。归档文件材料应当使用耐久、可靠、满足长期保存要求的记录载体和方式。归档文件材料应当真实、完整、准确，签字及盖章手续完备。归档的文件材料应当为原件，以复制件归档的应当注明原因及原件存放处。

其次，归档文件材料整理应当遵循文件的形成规律，保持文件之间的有机联系，便于保管和利用。整理方法可以参照 GB/T 9705—2008《文书档案案卷格式》、DA/T 22—2015《归档文件整理规则》、GB/T 11822—2008《科学技术档案案卷构成的一般要求》、GB/T 11821—2002《照片档案管理规范》、DA/T 50—2014《数码照片归档与管理规范》、DA/T 78—2019《录音录像档案管理规范》、DA/T 39—2008《会计档案案卷格式》等。企业档案应当逐卷或逐件编制档号，档号应当指代单一，体现档案来源、档案门类、整理分类体系和排列顺序等基本属性。档号编制方法可以参照 DA/T 13—2022《档号编制规则》、DA/T 22—2015《归档文件整理规则》等。根据档案内容的重要程度分级分类实施异地、异质备份。档案备份应当定期开展，至少每年备份一次。

最后，企业应当做好档案防火、防盗、防紫外线、防有害生物、防水、防潮、防尘、防高温、防有害气体等工作。档案库房温湿度要求应当根据档案的重要性和载体等因素确定，宜符合 JGJ 25—2010《档案馆建筑设计规范》、GB/T 18894—2016《电子文件归档与电子档案管理规范》、DA/T 15—1995《磁性载体档案管理与保护规范》规定。档案库房应当保持安全出口、疏散通道畅通，不得存放与档案保管、保护无关的物品。企业档案人员监测和记录库房温湿度，根据需要采取调节措施；定期检查维护档案库房设施设备,确保正常运转;定期清扫除尘,保持库房干净整洁;定期检查档案保管情况,发现问题应当及时处理,并建立检查和处理情况台账;记录人员、档案进出库房情况。档案库房视频监控记录应当至少保存6个月。

企业档案部门应当建立档案台账,定期对档案数量进行清点,做到账物相符。档案入库前一般应去污、消毒。受损、易损的档案应当及时进行修复、复制或做相应技术处理。定期对已达到保管期限的档案进行鉴定处置。对仍需继续保存的档案,应当重新划定保管期限并做出标注,对确无保存价值档案,按照规定予以销毁。

销毁档案按照以下程序办理:

(1) 企业档案部门编制档案销毁清册,列明拟销毁档案的档号、文号、责任者、题名、形成时间、应保管期限、已保管期限和拟销毁时间等内容,报企业档案鉴定委员会(小组)审批;

(2) 企业档案鉴定委员会(小组)在档案销毁清册上签署意见;

(3) 企业档案部门负责档案销毁工作,并与相关业务部门共同派员监销。档案销毁前,监销人应当按照档案销毁清册所列内容进行清点核对,确认无误后档案部门做好档案出库记录;档案销毁后,监销人应当在档案销毁清册上签名、盖章。档案销毁清册永久保存。档案销毁应当在指定场所进行。

(二) 商业秘密电子数据载体管理

随着计算机的普及信息技术的发展,越来越多的数据以电子的形式产生。电子数据具有技术性、隐蔽性等特点,呈现形态是难以被直观感知的电子形态。电子数据自诞生以来就在诉讼证明领域发挥着巨大作用。[1] 2012年,电子数据作为第八大法定证据类型被写入三大诉讼法,正式加入"证据家族"。2018年,全国民事案件超73%涉及电子证据,电子证据应用覆盖全国逾95%的法院。[2] 由于电子数据的虚拟性和易损改性,很多诉讼

---

[1] 田晶林. 第三方存证平台中电子数据证据效力研究 [D]. 上海:华东政法大学, 2019.

[2] 许晓彤,唐莹琪. 档案服务机构参与电子证据保全的模式研究 [J]. 档案学研究, 2021 (3).

当事人固定的电子数据难以被法庭认可,当事人有效保存电子数据的愿望也越加强烈。

《最高人民法院关于民事诉讼证据的若干规定》第14条规定电子数据包括下列信息、电子文件:

(一)网页、博客、微博客等网络平台发布的信息;

(二)手机短信、电子邮件、即时通信、通讯群组等网络应用服务的通信信息;

(三)用户注册信息、身份认证信息、电子交易记录、通信记录、登录日志等信息;

(四)文档、图片、音频、视频、数字证书、计算机程序等电子文件;

(五)其他以数字化形式存储、处理、传输的能够证明案件事实的信息。

电子数据存在以下特点:

(1)以数字化形式存在,以电子形式存储或者传输。

(2)具有开放性的特征,尤其是网络电子数据可以不受时空限制获取。

(3)具有易变性与稳定性并存的特征。一方面,电子数据是以电子形式存在的,在存储、传输和使用过程中,电子数据容易被改变,且不易被发现;另一方面,绝大多数情况下对于电子数据的增加、删除、修改都会留有一定的痕迹,而且被破坏的数据多数情况下都可以通过技术手段恢复到破坏前的状态,具有稳定性。

由于电子数据的易篡改性,因此当电子数据作为证据使用时,首先要判断电子数据的真实性。根据《最高人民法院关于民事诉讼证据的若干规定》第93条的规定,人民法院判断电子数据的真实性时,应当结合下列因素综合判断:

(一)电子数据的生成、存储、传输所依赖的计算机系统的硬件、软件环境是否完整、可靠;

(二)电子数据的生成、存储、传输所依赖的计算机系统的硬件、软件环境是否处于正常运行状态，或者不处于正常运行状态时对电子数据的生成、存储、传输是否有影响；

（三）电子数据的生成、存储、传输所依赖的计算机系统的硬件、软件环境是否具备有效的防止出错的监测、核查手段；

（四）电子数据是否被完整地保存、传输、提取，保存、传输、提取的方法是否可靠；

（五）电子数据是否在正常的往来活动中形成和存储；

（六）保存、传输、提取电子数据的主体是否适当；

（七）影响电子数据完整性和可靠性的其他因素。

因此，在对商业秘密电子数据载体进行管理时，应根据商业秘密电子数据载体归档的时间、范围、技术环境、相关软件、版本、数据类型、格式、被操作数据、检测数据等要求开展商业秘密电子数据载体归档工作，对电子数据载体的真实性、完整性和有效性进行检验，并由负责人签署审核意见，检验和确认结果，保留归档过程中交付签署与操作日志等记录。电子数据载体应具备格式开放、不绑定软硬件、显示一致性、可转换、易于利用、能够支持格式转换等特性。

档案保管部门应采取可靠的安全防护技术措施保证电子文件的安全性，包括对电子文件的操作者可靠的身份识别与权限控制，设置符合安全要求的操作日志，随时自动记录实施操作的人员、时间、设备、项目、内容等。电子文件的处理和保存应符合安全保密规定，针对自然灾害、非法访问、非法操作、病毒侵害等采取与系统安全和保密等级要求相符的防范措施，主要有网络设备安全保证、数据安全保证、操作安全保证、身份识别方法等。

档案保管部门应每年对电子档案的可读取性进行评估，形成评估报告。如发现因软硬件或其他技术升级、变动出现电子档案不可读取的情况，应对电子档案进行迁移或转换。档案保管部门还应制定电子档案管理系统应急处置预案，明确职责分工和保障措施，建立预防预警、应急响应和奖惩等应急处置机制。

四、商业秘密资产库

企业应定期对商业秘密电子数据载体进行备份和封存，形成商业秘密资产库。备份是指将电子数据的全部复制转换到存储载体或独立的系统上。封存是指将电子数据的正本或原件转换到存储载体或独立的系统上，且不再进行任何变更。

企业根据电子档案管理和信息化建设实际状况，统筹制定商业秘密电子数据载体备份及封存方案。定期将商业秘密电子数据载体备份至指定的在线或离线、可长期保存、不易遗失且有信息安全保护的存储设备，避免发生天灾或人为事故等意外毁损风险。满足以下条件的商业秘密电子数据载体应进行封存：

（1）档案名称、元数据（指描述电子文件和电子档案的内容、背景、结构及其管理过程的数据）、档案内容均不再进行任何变更的；

（2）可成为企业商业秘密存在事实之重要证物的；

（3）符合存证标准要求的。商业秘密电子数据载体的封存效力应确保不可编辑、不可移动、不可删除、不可变造、不可重制、不可毁损与不可遗失。

企业应保留商业秘密电子数据载体备份、封存与调阅过程的审核与操作日志等记录。定期对商业秘密电子数据载体进行查验、督导与持续改善物理设备与作业程序。当存储介质所采用的技术即将淘汰时，应立即将其中存储的商业秘密电子数据载体及其元数据等转换至新型且性能可靠的存储介质上。

第四节　商业秘密证据保全

一、证据保全的常用途径

证据保全是指用适当的方式将证据固定下来，加以妥善保管，以便认定案件事实时使用；对于电子数据来讲，保全的实质即"固化+保存"。在民事和行政诉讼案件中常用的电子数据证据保全形式包括人民法院保全、公证保全和第三方存证机构保全。

（一）人民法院保全

根据《民事诉讼法》第 84 条与《行政诉讼法》第 42 条的规定，在证据可能灭失或者以后难以取得的情况下，诉讼参加人可以向人民法院申请保全证据，人民法院也可主动采取保全措施。一般而言，当事人可在诉前和诉中申请保全，法院审查后，对认为符合保全条件的证据作出准予保全裁定。这种保全方式有公权力背书、公信力强，费用较低，但前置程序严格、耗时漫长，且须在证据可能灭失的危险情况下才予以保全。

（二）公证保全

传统的公证保全是由公证处实施的面对面保全。根据《办理保全互联网电子证据公证的指导意见》规定，申请者提前向当地公证处提出预约，公证时由公证员在做过清洁性检查的设备上对提取、固定互联网电子证据的过程真实性作出公证。

（三）第三方存证机构保全

近年来，第三方存证机构迅速发展，这些机构多依托于科技公司，与公证处、鉴定中心等机构合作开发基于云计算、区块链技术的存证平台，科技公司为用户提供数据存管服务，存证机构在线接受存证申请，当事人可依照存证平台的指南自主完成存证、公证等保全过程。相比于法院和公证保全，第三方存证机构保全程序效率有了显著提升。

二、第三方存证服务介绍

（一）区块链存证

目前第三方存证平台多采用云计算、区块链技术开展电子数据存证工作。"区块链"是计算机科学的术语，本质上是一个储存电子数据的数据库。在这个数据库中，每个储存单元称为一个"区块"，区块之间彼此相连，形成一条虚拟的链条，称为"区块链"。区块链采用了具有突破性、革命性的技术方案，能够充分保证上链储存的电子数据不会被篡改。

（1）区块链技术采取了"分布式记账"的储存方式。传统的电子数据储存方式是设立一个中心服务器，用户将需要储存的数据上传至中心服务器，在需要时凭借账户名和密码向中心服务器进行调取，称为"中心式记账"。在中心式记账模式下，数据的真实性完全依赖中心服务器的安全，外部黑客的攻击、服务器本身的故障都可能导致数据失真，而且控制中心服务器的数据服务商可以根据自己的需要对数据进行修改。区块链技术采用分布式记账的储存模式，不设置中心服务器，而是在全网络上建立若干个节点，每个节点都保存一个记录数据变化的账本，即使别有用心的人对数据进行了篡改，也可以通过与其他节点的对账发现错误。如果外部黑客想对链上数据进行篡改，则必须攻破所有的节点安全防护，这从技术和成本的角度来说几乎是不可能的。

（2）区块链技术采取以"哈希值"校验的防伪技术。每个区块可以分为"区块头"和"区块体"，区块体储存数据本体，而区块头则是数据本体的信息摘要，相当于区块的"指纹"，具体表现为一个256位的二进制数，称为"哈希值"。在计算哈希值的过程中，除了将区块体内的信息作为变量，还将上一个区块的哈希值作为变量，这就意味着一个区块哈希值的变化，都会引起连锁反应，使连接在其后的所有区块的哈希值发生变化。如果有人要隐匿自己修改数据的行为，不仅要修改本区块的哈希值，还要将随后所有区块的哈希值全部修改。在大容量信息的存储过程中区块无限多，修改哈希值的工作量极大，这也是一项不可能完成的任务。

（二）线下存证

区块链采用去中心化的信任方式，所有参与者都可以拥有完整的账本副本共同维护数据的完整性和真实性。使用第三方存证平台开展商业秘密存证工作，需要将商业秘密信息上传至平台，会导致企业因通过网络传输商业秘密而担忧商业秘密泄露。

与区块链不同，中国专利保护协会的线下采用中心化的信任方式，以中国专利保护协会为信任中心，由其负责维护存证信息的完整性和真实性，并采取相应的技术措施防止存证信息被篡改的可能性。存证服务过程包括：拟存证信息的管理要求、申请、存证数据载体核验、存证数据生成、出具存证证书、存证信息管理、重新进行存证、技术信息权属变更等八个步骤。该过程无须通过网络传输商业秘密，从而解决了企业不愿意利用现有第三方平台开展商业秘密存证的困境。同时，过程中的拟存证信息管理要求，强调企业应规范其内部商业秘密管理，进一步补强存证数据的证据效力。

三、存证证据的司法采信度

在司法实践中，如何采信第三方电子数据存证一直是一个备受争议的问题。法官在采信第三方电子数据存证时，一般会根据以下几个方面进行判断：

（1）存证机构的可靠性。存证机构是否具有合法的资质，是否有足够的技术手段对电子数据进行存储和验证。

（2）电子数据的真实性和完整性。存证机构是否能够确保电子数据的真实性和完整性，这是采信第三方电子数据存证的关键。如果存证机构存储的数据存在错误或缺失，或者存证机构无法验证数据的真实性和完整性，那么这些证据就可能会被质疑。

（3）证据的可靠性和时效性。存证机构所存储的电子数据是否具有可靠性和时效性。如果存证机构无法保证数据的可靠性和时效性，那么这些证据也可能会被质疑。

（4）证据的合法性和有效性。存证机构所存储的电子数据是否违反法律法规的规定，是否达到证据的证明力。如果存证机构在电子数据的存储过程中存在违法行为，那么这些证据就可能会被质疑。

第十一章 监督检查及改进

开展商业秘密管理保密检查也是企业合规经营的重要环节,通过加强商业秘密管理和监督检查,企业可以有效保护自己的商业利益和保持长期发展。

第一节 监督检查方法

企业开展监督检查首先应确定监督检查的方法,定期检查商业秘密管理体系的运行情况并评审其有效性和绩效。检查方法包括保密检查、商业秘密管理体系内部审核、安全度评价模型。

一、保密检查

定期开展有效的商业秘密保密检查可以帮助企业及时发现商业秘密泄露的风险和漏洞,采取相应的措施加以预防,保护商业秘密的安全。

保密检查的内容可包括以下几个方面。

(1) 定期内部审查:通过定期对企业内部各部门和员工的商业秘密管理情况进行审查,检查商业秘密的存储、传输和使用情况,发现潜在的泄密风险。

(2) 物理安全检查:检查企业内部的物理安全设施,包括门禁系统、监控设备、文件柜锁等,确保商业秘密的物理安全得到有效保障。

(3) 网络安全检查:通过对企业网络系统的安全漏洞扫描、入侵检测、数据加密等技术手段,保护商业秘密不被网络攻击者窃取。

（4）文件管理检查：检查企业文件管理制度的执行情况，包括文件归档、备份、销毁等环节，确保商业秘密文件的安全管理。

（5）员工培训检查：定期对员工进行商业秘密保密培训，检查培训效果，提高员工的保密意识和技能，减少商业秘密泄露的风险。

（6）第三方合作检查：对与企业有商业合作关系的第三方机构进行保密检查，确保他们对商业秘密的保密义务和措施得到有效执行。

（7）安全审计检查：通过安全审计工具对企业的信息系统和数据进行全面审计，发现潜在的安全漏洞和风险，及时进行修复和加固。

（8）风险评估检查：定期进行商业秘密泄露风险评估，分析和评估商业秘密泄露的可能性和影响程度，采取相应的风险控制措施。

企业商业秘密管理保密检查表如表 11-1 所示。

表 11-1 企业商业秘密管理保密检查表

检查项目		检查要点	检查记录
企业机构	企业条件	是否成立保密委员会或保密工作领导小组？保密委员会或保密工作领导小组的职责分工是否明确？	
	机构条件	是否设置保密工作机构（专职或兼职均可）？保密工作机构职责、权限是否明确？	
保密战略		是否制定商业秘密管理方针或战略？是否明确保密管理原则？商业秘密管理战略是否与企业的保密需求匹配？	
制度建设		1. 保密管理的基本制度是否完善？ 2. 制度是否准确，是否与业务紧密结合？是否具有可操作性？	

续表

检查项目		检查要点	检查记录
资源配备		1. 商业秘密专兼职管理人员的配备情况是否能够满足实施商业秘密管理体系的要求？ 2. 企业提供的建筑物和相关设施、软硬件、信息系统和技术手段等基础设施是否能够支撑商业秘密管理过程的运行？ 3. 企业提供的经费是否足以保障商业秘密过程的运行？	
保密管理	涉密信息管理	1. 是否建立定密标准及定密工作程序？ 2. 是否按照定密标准及定密工作程序的规定开展商业秘密确定工作？是否定期开展解密工作？	
	涉密载体管理	涉密载体管理的主要策略、资源现状、主要措施是什么？是否针对不同载体的特点，开展风险控制？是否明确了不同载体的保护要求？针对不同载体，如何确保全周期各个环节的互相适宜、匹配？	
	涉密人员管理	1. 是否与新入职人员签订保密协议？是否与核心涉密人员签订竞业禁止协议？ 2. 员工入职时是否开展背景调查？ 3. 涉密人员离职时，是否进行涉密载体清退？是否进行保密义务提醒？是否对离职涉密人员进行离职去向追踪？ 4. 是否对员工进行保密意识培训，使他们了解商业秘密的重要性，知晓如何保护商业秘密，以及泄露商业秘密的后果	

续表

检查项目		检查要点	检查记录
保密管理	涉密设备管理	1. 是否建立涉密设备安全管理政策或管理办法，有效确保商业秘密不受损害或侵害？ 2. 是否明确涉密设备的使用方式以及不同保密等级员工接触权限，涉密设备是否设置有登录密码，凭借密码登录使用涉密设备，是否定期对密码进行更换，密码更换频次是如何规定的？ 3. 是否对涉密设备的使用、维修、报废等过程进行全生命周期的管理，有效保障商业秘密信息安全？ 4. 是否未经批准将涉密设备、文件、存储器等携带出控制区域？	
	涉密区域管理	1. 是否划定涉密区域？是否对涉密区域进行分级管理，各级别区域分别设置了哪些警示标志？是否设定涉密区域的访问权限？执行情况如何？是否对内外部人员访问涉密区域的情况进行记录？ 2. 是否在涉密区域设置了监测系统？ 3. 是否对访客进行管理？	
	对外合作管理	1. 是否建立信息对外发布的保密审查流程或程序？ 2. 在商务活动、技术合作、国际交往、许可转让、企业并购等对外合作过程中，是否开展尽职调查？是否与合作方签订保密协议？	

续表

检查项目		检查要点	检查记录
保密管理	争议处理	1. 是否建立应急处置机制？ 2. 是否就侵权事件对企业的影响进行评估，并根据评估结果选择维权途径、明确维权方案？	
体系运行成效		可以从企业机构的职责分配及履职情况，商业秘密管理战略的适宜性，保密制度的完备程度及可操作性，资源配备是否充足，保密管理手段是否完善，泄密风险是否得到有效控制等方面综合评价体系运行的成效	

二、商业秘密管理体系内部审核

商业秘密管理体系内部审核是由企业的成员或其他人员以企业名义进行的审核，是企业建立的一种自我检查、自我完善的持续改进活动，可为有效的管理评审和纠正或持续改进措施提供信息。

商业秘密管理体系内部审核的目的如下：

（1）保障商业秘密管理体系正常运行和持续改进。企业在建立文件化的商业秘密管理体系之后，在体系运作过程中，文件化的体系是否能够正确实施，实施效果如何，是否能满足方针目标的要求，这就需要企业建立一个自我发现问题、自我完善和自我改进的机制。而有效的内部审核是克服企业内部惰性、促进商业秘密管理体系良性运作的动力。

（2）为第二方或第三方审核做准备。在第二方或第三方审核前，企业安排一次内部审核，可及早发现不符合并进行整改，以便为顺利通过第二方或第三方审核扫清障碍，也可减少不必要的经济损失。

（3）作为一种管理手段。企业可通过内部审核找出商业秘密管理体系运行过程中存在的问题，发现改进途径，为企业完善其商业秘密管理体系提供依据,是企业有效评价和检查商业秘密管理体系运行成效的手段。

企业商业秘密管理体系内审检查表如表 11-2 所示。

表 11-2　企业商业秘密管理体系内审检查表

条款编号	条款内容	审核要点	检查记录
4.1.1	外部环境	是否确定与其目标和战略方向相关并影响其实现商业秘密管理体系预期结果的各种外部和内部因素?是否对这些因素进行了监视和评审?	
4.1.2	内部因素	是否收集并识别分析企业价值观、文化、知识和绩效等内部因素的相关信息,最终确定影响其实现商业秘密管理体系的因素。是否定期对内部因素的相关信息进行监测和评审?	
4.2	理解相关方的需求和期望	是否确定了影响或潜在影响企业的商业秘密管理责任和能力的相关方的需求和期望,并在商业秘密管理体系的建设过程中充分考虑了这些需求和期望,是否定期监测和评审这些相关方的信息及其相关要求?	
4.3	确定商业秘密管理体系的范围	企业是否基于内、外部环境影响因素和有关相关方的要求,以及企业的产品和服务,确定商业秘密管理体系的边界和适用性,以确定其范围,并与成文信息相一致?	
4.4.1	按照本文件的要求,建立、实施、保持和持续改进商业秘密管理体系	企业是否识别了所需要的过程及其在企业中的应用,包括输入输出、顺序、相互作用、相关的准则和方法、资源、职责权限、风险和机遇?	
4.4.2	保持成文信息	1. 企业对商业秘密管理体系所需过程确定的结果是否形成文件化信息,文件化信息和记录有哪些形式? 2. 对过程运行和商业秘密管理体系绩效进行控制是否有形成文件的信息给予支持,是否需要保留过程按规定实施的记录?	

第十一章 监督检查及改进

续表

条款编号	条款内容	审核要点	检查记录
5.1	领导作用及承诺	企业商业秘密管理方针及目标是什么？是否与企业环境相适应，与战略方向相一致？企业商业秘密融入企业管理的哪些活动和过程，如何实现效率与成本的平衡？企业建立商业秘密管理体系投入的资源有哪些，通过哪些方式去支持各部门和主管部门的工作推进？	
5.2	方针	1. 企业商业秘密管理体系的方针是什么？如何确保其在企业内得到沟通、理解和应用？ 2. 企业商业秘密管理目标与方针的相关性。 3. 方针是否有形成成文信息，并加以保持？	
5.3	岗位、职责及权限	1. 是否按照标准要求进行岗位、职责及权限的配置。 2. 经过体系运行，商业秘密管理体系实现了哪些预期结果。 3. 是否对商业秘密管理体系的绩效进行评价？	
6.1	应对风险和机遇的措施	1. 是否在考虑了4.1所提及的因素和4.2所提及的要求的基础上，确定企业需要应对的商业秘密相关的风险和机遇，并采取应对风险和机遇的措施？ 2. 这些措施是否能够确保商业秘密管理体系实现其预期结果？是否能够帮助企业增强有利影响，预防或减少不利影响？ 3. 风险和机遇的应对措施是否融入商业秘密管理体系的管理过程？	
6.2	管理目标及其实现的策划	1. 是否制定商业秘密的长期目标、中期目标和年度目标？ 2. 是否将年度目标分解至各部门？是否制定目标的考核办法、考核周期？	

185

续表

条款编号	条款内容	审核要点	检查记录
6.3	变更的策划	商业秘密管理体系是否有变更？在对商业秘密管理体系进行变更时，是否考虑到变更目的及其潜在后果；商业秘密管理体系的完整性；资源的可获得性；职责和权限的分配或再分配等内容对管理体系的影响？	
7.1	资源	1. 商业秘密专兼职管理人员的配备情况是否能够满足实施商业秘密管理体系的要求？ 2. 企业提供的建筑物和相关设施、软硬件、信息系统和技术手段等基础设施是否能够支撑商业秘密管理过程的运行？ 3. 企业提供的经费是否足以保障商业秘密过程的运行？	
7.2	能力	1. 是否识别出影响商业秘密管理体系绩效和有效性的人员有哪些？是否明确了上述人员所需的能力要求？ 2. 通过何种方式确保人员能力能够满足要求？ 3. 是否有对于人员能力相关的要求记录文件的保存？	
7.3	意识	1. 是否有采取相应措施提高商业秘密管理体系相关人员的保密意识？ 2. 相关人员是否能够理解公司的商业秘密方针和管理目标，其对商业秘密管理体系有效性的贡献，不符合商业秘密管理体系要求的后果等？	
7.4	沟通	1. 是否建立有效的沟通交流方式，确保商业秘密管理体系内部不同层级之间的需求得到理解并及时获得反馈。 2. 是否建立沟通机制，确保与商业秘密相关的外部沟通？	

续表

条款编号	条款内容	审核要点	检查记录
7.5	成文信息		
7.5.1	总则	是否根据标准条款的要求以及企业商业秘密管理的需要建立相应的成文信息，并加以保持或保留？	
7.5.2	创建和更新	是否对商业秘密管理体系和过程运行控制所需成文信息进行了适当的标识和说明；需要标识和说明的内容包括标题、日期、作者以及索引编号等	
7.5.3	成文信息的控制	1. 关注需要使用的成文信息的场所或岗位人员在任何需要的时机能获得有关形成的成文信息的适用版本，关注所形成的成文信息能得到妥善保护，失效或作废版本、在用的成文信息缺损或缺失，得到妥善处理。 2. 对成文信息使用、存储和防护的方式。 3. 对更改的成文信息，关注新版本的标识、说明、分发、使用等，对旧版本的标识、说明、收回或销毁等控制	
8.1	商业秘密确定·总则	是否建立商业秘密确定工作机制？商业秘密管理文件中的相关规定是否清楚？如商业秘密的定密原则、定密责任人、密级划分原则、定密过程、保密期限等	
8.2.1	商业秘密遴选	是否定期开展商业秘密遴选工作？是否在重大经营活动、项目的重要节点，及时开展商业秘密遴选等工作？	
8.2.2	商业秘密分类分级	是否在考虑秘密性和价值性的基础上对商业秘密进行分类分级？	
8.2.3	确定保护形式	是否根据商业秘密的类型及级别采取不同的保护形式？	

续表

条款编号	条款内容	审核要点	检查记录
8.3.1	密级划分	是否根据商业秘密的秘密性和价值性进行密级划分？	
8.3.2	确定保密期限	是否根据商业秘密的密级划分以及商业秘密生命周期、技术成熟程度、潜在价值、市场需求等确定商业秘密的保密期限	
8.3.3	确定接触范围	商业秘密权限分配原则（是否充分考虑商业秘密的内容和密级）及流程。是否根据商业秘密的内容和密级，确定商业秘密的主责部门与接触范围？是否形成成文信息？	
8.3.4	确定流转要求	是否根据商业秘密的内容和密级确定商业秘密的流转要求？流转过程中产生的借阅、复印、传真等记录，是否形成成文信息？	
8.3.5	存证	是否开展涉密载体存证工作？是否根据涉密载体管理条件、商业秘密的密级与载体情况确定合适的存证方式？	
8.3.6	商业秘密清单	商业秘密清单，是否符合企业的实际情况和标准要求？商业秘密清单是否覆盖企业的主要产品、活动及过程？	
8.4	更新与解密	1. 当内外部环境发生变化时，是否对确定商业秘密的依据及商业秘密的范围进行考察，确保商业秘密信息范围和密级及时更新，是否及时对商业秘密清单予以更新？ 2. 是否定期对商业秘密进行评估，以确定商业秘密信息是否需要解密？商业秘密解密时，评估其是否以其他形式的知识产权进行保护？是否及时对商业秘密清单予以更新？ 3. 国家秘密到期解密时，是否评估确定是否继续作为商业秘密进行管理？	

第十一章　监督检查及改进

续表

条款编号	条款内容	审核要点	检查记录
9.1	商业秘密的管理·总则	是否针对涉密人员、涉密载体、涉密设备、涉密区域的管理建立相关制度，并按照要求开展相关商业秘密管理工作？是否建立针对特定项目的商业秘密管理制度，是否与重要岗位人员签署特定的保密协议？	
9.2.1.1	招聘	1. 是否根据商业秘密清单确定涉密岗位？ 2. 是否对涉密岗位的应聘人员进行保密事项提醒？ 3. 是否对涉密岗位的拟入职员工进行背景调查？ 4. 是否保留招聘环节的成文信息？	
9.2.1.2	保密协议（新入职）	是否与新入职员工签订保密协议？是否保留保密协议的成文信息？	
9.2.1.3	竞业限制协议（新入职）	是否与新入职的高级管理人员、高级技术人员和其他知悉核心、重要商业秘密的人员签署竞业限制协议？是否保留竞业限制协议的成文信息？	
9.2.1.4	保密培训（新入职）	是否对新入职人员进行保密培训？是否能确保参训人员理解商业秘密权利、义务，建立保密意识；理解企业商业秘密管理相关规定；理解其岗位的保密责任？	
9.2.2.1	在职管理·日常管理	1. 是否根据涉密岗位及各部门的工作内容建立涉密人员清单，并定期更新？ 2. 是否定期梳理高级管理人员、高级技术人员和其他知悉核心、重要商业秘密的人员，确定是否补签竞业限制协议？	
9.2.2.2	在职管理·保密承诺	是否根据员工在工作中所接触的商业秘密具体内容，定期或不定期与其签署保密承诺书	

189

续表

条款编号	条款内容	审核要点	检查记录
9.2.2.3	在职管理·保密培训	1. 是否定期对在职员工进行保密培训？ 2. 保密教育培训能否确保员工理解企业商业秘密管理的重要性、制度、程序；知悉其保护商业秘密的权利和义务；理解内部、外部人员的正当、不正当行为可能带来的泄密风险和处理方式？	
9.2.2.4	在职管理·岗位变动	1. 岗位变动员工是否做好保密材料交接工作？ 2. 是否对员工重新划分涉密类别与层级，及时做好涉密接触权限的调整，并做好脱密期管理工作？	
9.2.3	离职管理	离职人员是否对设备和涉密载体进行清退；是否与离职人员签署保密协议；是否按要求执行了竞业限制协议；离职面谈是否明确告知了保密义务和其他注意事项内容；是否对离职人员去向进行追踪	
9.3.1	涉密载体管理·总则	1. 是否制定了涉密载体全生命周期管理策略？ 2. 是否制定涉密载体管理制度，确定涉密载体的保护要求？ 3. 是否建立涉密载体台账？是否由专人负责载体管理工作？	
9.3.2	涉密载体管理·制作	1. 在制作涉密载体时，是否明确保护措施、应实施的控制要求和管理权限？ 2. 涉密载体的制作是否满足保护措施、使用或发放范围、制作数量等要求？是否对涉密载体进行标识？	

续表

条款编号	条款内容	审核要点	检查记录
9.3.3	涉密载体管理·收发、传递	1. 涉密载体的收发是否履行清点、编号、登记、签收手续？ 2. 是否保留涉密载体收发、传递的成文信息？	
9.3.4	涉密载体管理·使用	1. 使用涉密载体时是否办理审批手续？ 2. 携带涉密载体外出或外发涉密载体时，是否履行审批手续？是否对涉密载体的流转过程进行记录，确保外发的涉密载体使用完毕及时回收？ 3. 是否保留涉密载体使用的成文信息？	
9.3.5	涉密载体管理·复制	1. 涉密载体复制时，是否履行审批、登记手续？ 2. 复制涉密载体是否改变商业秘密的密级、保密期限和知悉范围？ 3. 涉密载体复制件是否加盖复制戳记，并视同原件管理？ 4. 是否保留涉密载体复制的成文信息？	
9.3.6	涉密载体管理·保存、维修及销毁	1. 涉密载体是否保存在安全保密的特定场所或位置保存？是否由专人保管？ 2. 是否定期对涉密载体进行清查、盘点？ 3. 涉密载体需外部人员现场维修的，是否指定专人全程现场监督？ 4. 涉密载体的销毁是否履行审核批准、清点、登记手续？是否能够确保销毁的秘密信息无法还原？ 5. 是否保留涉密载体保存、维修及销毁的成文信息？	

191

续表

条款编号	条款内容	审核要点	检查记录
9.4.1	显性涉密设备	1. 是否对生成、存储、处理商业秘密的显性设备进行保密管理，包括：是否设定涉密设备安全管理政策？是否设定信息加密系统？是否设定员工权限管理系统，并定期更换密码？是否安装商业秘密访问追踪、检测和备案系统？是否安装网络和通信安全软件？ 2. 是否对涉密设备的使用、维修、报废实施全生命周期管理？ 3. 是否保留涉密设备管理的成文信息？	
9.4.2	隐性涉密设备	1. 是否在采购过程中与供方签订保密协议约定保密义务，是否采取对产品进行混淆采购、隐藏采购人名称、地址和项目名称、用途等方式降低设备或产品采购过程中商业秘密泄露风险？ 2. 是否在设备或产品运输过程中与承运方签订保密协议约定保密义务，在运输过程中是否采取对设备或产品进行遮挡掩盖等方式降低泄密风险？ 3. 在设备调试试验或使用过程中是否采取必要的保密措施，是否对设备进行遮挡或限制区域和进入人员等方式降低设备泄密风险？ 4. 设备或产品报废前是否进行脱密处理，是否履行相应审批程序？	
9.5	涉密区域管理	1. 是否划分并确定涉密区域及其分级，不同级别涉密区域放置不同警示标志，涉密区域与普通区域以明显警示标志隔离？ 2. 是否安装警报、门禁等安防措施？是否对进出涉密区域的人员进行管理？ 3. 是否设置监测系统，对涉密区域的入口和主要通道等实行管控？ 4. 是否保留涉密区域管理的成文信息？	

续表

条款编号	条款内容	审核要点	检查记录
9.6.1	信息发布	1. 是否建立信息对外发布的保密审查责任制，明确信息对外发布的保密审查程序和主管领导、机构和工作人员？ 2. 信息对外发布前是否经过保密审查，是否留存和备案保密审查相关记录？ 3. 是否对对外发布的信息进行经常性保密检查？发现问题是否立即采取补救措施？ 4. 对外发布的商业秘密是否能够进行有效追踪？ 5. 是否保留信息对外发布的成文信息？	
9.6.2	商务活动	1. 在开始采购、销售、委托开发、委托生产等商务谈判前或提供商业秘密前，是否与对方签署保密协议？ 2. 在参展过程中是否通过遮挡、与展览方签订保密协议等方式降低泄密风险？ 3. 是否对协议履行过程中商业秘密的使用情况及泄露情况进行监督管理？ 4. 是否保留商务活动中商业秘密管理的成文信息？	
9.6.3	技术合作	1. 技术合作中是否调查合作方的商业秘密管理能力，是否优先选择通过商业秘密管理体系认证的合作方？ 2. 技术合作协议是否约定背景商业秘密和共同开发、改进或二次开发中涉及商业秘密的内容和归属？是否约定对共有商业秘密的管理，许可、转让或与第三方合作，争议处理等内容？是否对保密内容签署单独的保密协议？ 3. 商业秘密所有人是否承诺其商业秘密不侵犯第三方任何权利？ 4. 是否保留技术合作中商业秘密管理的成文信息？	

续表

条款编号	条款内容	审核要点	检查记录
9.6.4	国际交往	1. 是否有国际业务活动，在哪些国家或地区有相关的业务，如何开展国际业务中的商业秘密管理工作？是否建立了国际业务过程中关于商业秘密的管理制度？如果有国际业务情况继续检查下面内容。 2. 在准备发展国际业务时，是否有提前调查对方国家或地区有关商业秘密的法律法规、执行情况或相关案例、是否咨询过当地的专业人员？	
9.6.5	企业并购重组	1. 在并购或重组过程中是否开展商业秘密尽职调查？对其法律、经济价值及风险进行评估？ 2. 在接洽前是否签署保密协议，约定商业秘密内容与范围、权利归属、利益分配方案、协议期限外的保密义务、争议解决途径、违约金及损害赔偿等内容？ 3. 在并购或重组过程中是否形成文件交接记录和会议纪要及保密文件清单？ 4. 是否对并购重组对象的涉密人员去向进行追踪？ 5. 是否保留保密协议、交接记录、会议纪要、保密文件清单等的成文信息？	
9.6.6	许可、转让	1. 许可或转让过程中是否对商业秘密进行资产评估？ 2. 在接洽前是否签署保密协议，约定商业秘密内容与范围、权利归属、协议期限外的保密义务、争议解决途径、违约金及损害赔偿等内容？ 3. 在许可或转让过程中是否形成文件交接记录和会议纪要及保密文件清单？ 4. 是否保留保密协议、交接记录、会议纪要、保密文件清单等的成文信息？	

续表

条款编号	条款内容	审核要点	检查记录
10.1.1	侵权风险防范	1. 企业应采取措施，及时发现并防范商业秘密被侵权的情况，减少被诉风险： 2. 是否通过外部网络监控存在涉嫌商业秘密泄露的行为？ 3. 是否培训和引导员工对商业秘密可能泄露的异常状态保持警觉，发现可能泄密迹象及时报告上级和维权部门？ 4. 是否培训和引导员工在发现涉嫌被侵犯商业秘密后及时提供线索给维权部门？ 5. 是否建立内外部举报机制，对于举报相关侵犯商业秘密的行为给予奖励？ 6. 是否采取措施确保外部商业敏感信息来源合法？对于合法获取的外部商业秘密，是否及时检查各使用环节是否符合相关法律及合同要求？	
10.1.2	应急处置	1. 是否制定商业秘密泄露或被侵权的应急处置预案，建立紧急应对流程？泄密或被侵权事件一旦发生，是否迅速处置，将危害控制在最小范围内？ 2. 是否保持应急处置的成文信息？	
10.2.1	侵权评估	发现商业秘密涉嫌被侵权时，是否对商业秘密是否受到侵犯进行分析以及评估受侵害的程度？	
10.2.2	维权途径	1. 是否有侵权、维权情况的发生？ 2. 是否选择了维权，通过哪种途径维权，所选择的维权途径基于哪些考量？	
10.2.3	确定维权方案	是否根据确定的维权途径制定相应的维权方案？	
10.2.4	侵权证据收集	是否根据维权方案确定需要收集的证据的内容、范围和方式？	

续表

条款编号	条款内容	审核要点	检查记录
10.3.1	应诉方案	面临侵犯商业秘密诉讼时,是否根据被诉事件对企业造成的影响,以及侵权事实的判定结果,确定应诉方案?	
10.3.2	应诉证据收集	1. 是否从以下几个方面收集抗辩证据: a) 证明权利人的信息并不构成商业秘密; b) 相关信息为自主研发的证据材料; c) 鉴定报告存在足以影响鉴定结论公正性的程序或实质问题,必要时可申请重新鉴定; d) 企业自身不存在侵权主观故意的证据材料,如相关人员的保密承诺等。 2. 是否保留应诉的成文信息?	
10.4	商业秘密司法鉴定	1. 在商业秘密争议处理过程中,是否委托有资质的鉴定机构对所涉信息是否为公众所知悉,被告获得、披露、使用的信息与原告持有的信息是否相同或者实质相同等进行司法鉴定? 2. 是否保留司法鉴定的成文信息?	
10.5	制度完善	是否根据商业秘密争议过程中发现的管理问题,及时对商业秘密管理制度进行补充完善?	
11.1	监督检查、评审及改进总则	是否建立监督检查的准则和方法,是否定期进行检查且形成记录,体系运行绩效和有效性的评审结论是否体现?	
11.2	监督检查	是否按照建立的监督检查准则和方法执行监督检查工作,并评价商业秘密管理绩效及商业秘密管理政策的有效性?	

续表

条款编号	条款内容	审核要点	检查记录
11.3.1	评审·安全度	是否建立商业秘密安全度的测量指标？是否保留安全度测量的成文信息？	
11.3.2	评审·评价	1. 是否根据监督检查的结果从策划是否得到有效实施、应对风险和机遇措施的有效性、商业秘密的安全度、商业秘密管理体系改进的需求等方面评价商业秘密管理体系的绩效和有效性？ 2. 是否保留监督检查及评审的成文信息？	
11.4	改进	不符合项的评审方式是否明确、评审过程是否清晰，不符合项确认依据的选择是否合理，问题描述、原因分析是否准确，纠正或纠正措施是否对应、有效，验证结果是否体现，体系适宜性、充分性、有效性以及商业秘密管理安全度是否得到提升，改进过程是否形成记录并得到有效保管	

三、安全度评价模型

企业商业秘密管理安全度评价模型的构建主要包括以下六大步骤：安全度等级划分、关键领域和关键过程域的确定、关键实践项的水平分级、指标权重的确定、综合评价和安全度等级的确定。

（一）安全度等级划分

企业商业秘密管理安全度评价模型的安全度等级总体来说是由企业的商业秘密管理战略规划、保密组织机构、保密管理制度、资源的配置、保密措施管理、泄密风险管理、争议处理管理等各阶段被定义、管理、测量和控制的程度所决定的，伴随着对应能力安全度等级的动态提升，表明了企业商业秘密管理能力、经验和连贯性的不断成长的过程。

企业商业秘密管理安全度模型的安全度等级总体来说是由安全度等级定义了企业不断向标杆管理组织迈进过程中的关键阶段，每个安全度等级都表明企业商业秘密管理水平的一个等级，每个等级包含一个使企业管理过程达到相对稳定发展的过程目标，每个安全度等级都为管理过程持续改进提供了一个台阶，每达到安全度模型的一个等级就促使组织管理能力获得新发展。

（二）关键领域和关键过程域的确定

从理论上讲，所定义的"安全度等级"要求应该适用于所定义的每个"领域"。但由于能力等级的"典型特征"的定义往往比较抽象，而且有通用性的要求，因此为了安全度模型在应用中更易于操作，一般评价模型都会引入"关键领域"（Key Area, KA）的概念，即为达到某一安全度等级，组织应完成的一些关键活动或应该做的关键方面。KA 可进一步细分为"关键过程域"（Key Process Area, KPA）和"关键子域"（Key Sub Area, KSA），以便更有效、更全面地反映评价领域的能力安全度水平，用以定义该安全度水平度量需要关注的主要方面。所谓"关键过程域"是指对企业或组织达到预期目标起决定性影响的因素或环节；而关键实践项是指对其所在的关键过程目标的实现或规范化实施贡献最大的那些基础设施和实践活动。

所以，要建立企业商业秘密管理安全度测评模型，也必须选取若干核心过程指标，这些指标直接或间接地决定一个企业的商业秘密管理水平的高低，由于商业秘密管理涉及企业各业务领域和各业务环节，企业商业秘密管理评价的指标较多，如何综合、客观、全面地选择评价指标则直接决定了测评结果的优劣。与此同时，结合评价需要，再将这些"关键过程指标"细分为若干关键实践项（亦称"下层指标项"），如此下去，直到可以得出详细、客观的结果。

企业商业秘密管理安全度评价模型的评价指标体系构建可以以 T/PPAC 701—2013《企业商业秘密管理规范》为依据，并结合 PDCA 循环理念，从商业秘密管理实际出发，自下而上，层层凝练得出。

（三）关键实践项的水平分级

为了细致地评价企业的商业秘密管理能力状况，应围绕筛选出的指标体系确定每个底层指标对应的评分细则和评分依据形成测评打分表。根据评分细则和评分依据对商业秘密管理安全度评价模型所需的指标进行打分。考核可采取满分 5 分制，分为"优秀、良好、合格、较差"四个水平，并依据评分细则对不符合项进行减分处理，最终得到每个关键实践项的实际得分值。

（四）指标权重的确定

由于不同的指标对评价目标的影响程度不同，在测评指标体系梳理完成后，如何确立各评价指标的相对重要程度（也称"权重"）也是十分关键的任务。有关评价指标权重的确立可选择采用"专家调查问卷"与"层次分析法"相结合的统计分析方法。

层次分析法根据问题的性质和要达到的总目标，将问题分解为不同的组成因素，并按照因素间的相互关联影响以及隶属关系将因素按不同层次聚集组合，形成一个多层次的分析结构模型，从而最终使问题归结为最低层（供决策的方案、措施等）相对于最高层（总目标）的相对重要权值的确定或相对优劣次序的排定。

（五）综合评价

可采用综合评分法，即将底层指标分值采用加权相加，求得总分的方法来确定企业商业秘密管理安全度水平。从关键实践项开始自下而上，层层计算，最后得到五个关键领域的得分，并依据得分值确定各关键领域的评级水平。

（六）安全度等级的确定

建立安全度等级与综合评价结果的对应关系，将关键领域（KA）评价结果与安全度等级交互，进一步完成安全度等级的确定。

第二节　监督检查实施及改进

一、保密检查工作的实施

保密检查工作的实施包括：制订保密检查计划、执行保密检查、收集和分析数据、制订改进计划、实施改进措施、监督和评估改进效果六个步骤。

（一）制订保密检查计划

制订保密检查计划是确保商业秘密保密检查工作有效开展的重要步骤。在制订保密检查计划之前，首先需要明确保密检查的目标和范围，包括检查目的、检查范围、时间周期等；其次是确定检查内容，包括机构的职责分配及履职、商业秘密管理战略、保密制度、资源的配备、保密措施等；最后是制订详细的检查计划，包括检查的时间节点、责任人、检查方法、检查程序等。

在执行保密检查之前除了要编制保密检查计划，还应准备必要的检查工具和资源，包括检查表格、检查设备、安全审计工具等，确保检查过程顺利进行。

（二）执行保密检查

在实施保密检查前，首先要明确各部门和责任人在保密检查中的具体任务和责任，协调各方合作。确保每个环节都有专人负责；然后按照制订的检查计划和程序逐步实施保密检查工作，从机构的职责分配及履职情况，商业秘密管理战略的推进情况，保密制度的落地实施情况，资源的配备情况等环节进行全面检查。具体可参照企业商业秘密管理保密检查表的内容开展保密检查。

（三）收集和分析数据

收集检查的数据和信息，对检查结果进行汇总和分析，发现问题和风险。

（四）制订改进计划

基于保密检查的结果，制订改进计划，明确改进的目标、措施、责任人和时间表。

（五）实施改进措施

按照改进计划，逐步实施改进措施，解决存在的问题和风险，提升商业秘密管理水平和体系运行效率。

（六）监督和评估改进效果

持续监督和评估改进效果，确保改进措施的有效性和持续性。通过不断地监督检查和改进，企业可以不断优化和完善商业秘密管理体系，及时发现和解决问题，提高管理水平和绩效表现，实现持续改进和持续发展，确保商业秘密得到有效保护，降低泄密风险，维护企业的商业利益。

二、商业秘密管理体系内部审核的实施

（一）举行首次会议

首次会议是现场审核活动的第一步，标志着现场审核活动的开始。首次会议的参加人员包括：审核组成员、受审核方部门管理层、受审核的职能或过程的负责人、陪同人员。其目的是：

（1）确认所有有关方（如受审核方、审核组）对审核计划的安排达成一致；

（2）介绍审核组成员；

（3）确保所策划的审核活动能够实施。

在首次会议期间，应提供询问的机会。

会议的详略程度应与受审核部门对审核过程的熟悉程度相一致。在许多情况下，例如小型企业的内部审核，首次会议可简单地包括对即将实施的审核的沟通和对审核性质的解释。

对于大型企业的内部审核，会议应当是正式的，并保存出席人员的记

录。会议应由审核组长主持。首次会议的内容和流程如下：

(1) 与会者签到；

(2) 人员介绍（必要时）；

(3) 确认审核目的、范围和准则；

(4) 确认审核计划日程安排及其他相关安排；

(5) 介绍审核方法及程序；

(6) 确认审核组和受审核部门的正式沟通渠道及终止审核的条件；

(7) 确认陪同人员的安排及作用职责，落实审核所需的资源和设施；

(8) 确认审核活动的限制条件；

(9) 确认审核所使用的语言和有关保密事宜；

(10) 介绍审核结论及报告的方式以及申诉系统的信息；

(11) 澄清疑问。

（二）审核实施阶段的文件评审

应评审受审核方的相关文件，以确定文件所述的体系与审核准则的符合性；收集信息以支持审核活动。

文件评审的方法和技巧见第五章。

只要不影响审核实施的有效性，文件评审可以与其他审核活动相结合，贯穿审核的全过程，并在完成对体系审核的全部活动后，才能对其文件的符合性作出最后的评价结论。

如果在审核计划所规定的时间框架内提供的文件不适宜、不充分，审核组组长应告知审核方案管理人员和受审核部门，根据审核目标和范围决定审核是否继续进行或暂停，直到有关文件的问题得到解决。

（三）审核中的沟通

在审核期间，可能有必要对审核组内部以及审核组与受审核部门、审核方案管理人员，必要时最高管理者之间的沟通做出正式安排，尤其是企业的管理制度要求必须报告不符合的情况。

审核组应定期交换信息，评定审核进展情况，以及需要时重新分配审核组成员的工作。

在审核中，适当时，审核组组长应定期向受审核部门、审核方案管理人员通报审核进展及相关情况。如果收集的证据显示受审核部门存在紧急的和重大的商业秘密风险，应及时报告受审核部门，适当时向审核方案管理人员，甚至最高管理者报告。对于超出审核范围的引起关注的问题，应予记录并向审核组长报告，以便可能时向审核方案管理人员和受审核部门通报。

当获得的审核证据表明不能达到审核目标时，审核组组长应向审核方案管理人员和受审核部门报告理由以确定适当的措施。这些措施可以包括重新确认或修改审核计划，改变审核目标、审核范围或终止审核。

随着审核活动的进行，出现的任何变更审核计划的需求都应经过评审，适当时，经审核方案管理人员和受审核部门批准。

（四）信息的收集和验证

在审核中，应通过适当的抽样收集并验证与审核目标、范围和准则有关的信息，包括与职能、活动和过程间接口有关的信息。只有能够验证的信息方可作为审核证据。导致审核发现的审核证据应予以记录。在收集证据的过程中，审核组如果发现了新的、变化的情况或风险，应予以关注。

收集信息的方法包括：（1）面谈；（2）观察；（3）查阅文件和记录。

对信息进行验证的方法包括：（1）对照文件、结合现场观察以证实文件的适宜性；（2）对照文件、核查相应记录以证实记录的符合性；（3）通过对活动和过程观察，证实面谈和查阅记录所获信息的准确性和真实性。

（五）形成审核发现

审核组应对照审核准则评价审核证据以确定审核发现。审核发现能表明符合或不符合审核准则。出于帮助企业改进的目标，具体的审核发现应包括具有证据支持的符合事项和良好实践、改进机会以及对受审核部门的建议。

在确定审核发现时，应考虑以下内容：以往审核记录和结论的跟踪；审核的目的；非常规活动的发现，或者改进的机会；样本量；审核发现的分类。

对于符合性的记录,应考虑如下内容:明确判断符合的审核准则;支持符合性的审核证据;符合性陈述。

对于不符合的记录,应考虑如下内容:描述或引用审核准则;不符合陈述;审核证据;相关的审核发现(适用时)。

(六)准备审核结论

审核结论可陈述诸如以下内容:

(1)商业秘密管理体系与审核准则的符合程度和其稳健程度,包括商业秘密管理体系满足所声称的目标的有效性;

(2)商业秘密管理体系的有效实施、保持和改进;

(3)审核目标的完成情况、审核范围的覆盖情况,以及审核准则的履行情况;

(4)审核发现产生的根本原因。

(七)举行末次会议

审核组组长应主持末次会议,提出审核发现和审核结论。参加末次会议的人员包括受审核部门管理者和适当的受审核的职能、过程的负责人,也可包括审核方案管理人员、最高管理者(必要时)。对于内部审核,末次会议可以不太正式,只是沟通审核发现和审核结论。

第四编
典型案例解析——
商业秘密管理与保护之司法视角

第十二章 体系化管理视角下的商业秘密案例解析

第一节 "香兰素"商业秘密纠纷案

一、背景介绍

"香兰素"是全球广泛使用的香料。本案原告嘉兴中华化工公司与上海欣晨新技术有限公司（以下简称上海欣晨公司）共同研发出生产香兰素的新工艺，并作为技术秘密加以保护，相关香兰素生产技术和工艺曾获浙江省科学技术奖二等奖、中国轻工业联合会科学技术进步奖一等奖等奖项。在本案侵权行为发生前，嘉兴中华化工公司是全球最大的香兰素制造商，占据全球香兰素市场约60%的份额。

2010年，嘉兴中华化工公司前员工、被告傅某根从被告王龙集团公司获得报酬后，将"香兰素"技术秘密披露给王龙集团公司监事、宁波王龙科技股份有限公司（以下简称王龙科技公司）董事长、本案被告之一王某军，并进入被告王龙科技公司的香兰素车间工作。2011年6月起，王龙科技公司开始生产香兰素，短时间内即成为全球第三大香兰素制造商。2015年，被告喜孚狮王龙香料（宁波）有限公司（以下简称喜孚狮王龙公司）成立，持续使用王龙科技公司作为股权出资的香兰素生产设备生产香兰素。

王龙集团公司、王龙科技公司非法获取"香兰素"技术秘密后，从

2011年6月开始生产香兰素,其实际年生产香兰素至少在2000吨,占据全球10%的市场份额。同时,上述被告侵害涉案技术秘密生产的香兰素产品销售地域遍及全球主要市场,并对标嘉兴中华化工公司争夺客户和市场。王龙集团公司、王龙科技公司等系非法获取涉案技术秘密,没有实质性的研发成本投入,能以较低价格销售香兰素产品,对嘉兴中华化工公司的原有国际和国内市场形成较大冲击,导致嘉兴中华化工公司的全球香兰素市场份额从60%滑落到50%。

2018年,嘉兴中华化工公司、上海欣晨公司向浙江省高级人民法院起诉,认为王龙集团公司、王龙科技公司、喜孚狮王龙公司、傅某根、王某军侵害其享有的"香兰素"技术秘密,请求法院判令上述被告停止侵权并赔偿5.02亿元。一审法院认定王龙集团公司、王龙科技公司、喜孚狮王龙公司、傅某根构成侵犯涉案部分技术秘密,判令其停止侵权、赔偿经济损失300万元及合理维权费用50万元。同时,一审法院在诉中裁定王龙科技公司、喜孚狮王龙公司停止使用涉案技术秘密生产香兰素,但王龙科技公司、喜孚狮王龙公司实际并未停止其使用行为。

除王某军外,本案各方当事人均不服一审判决,向最高人民法院提出上诉。二审中,嘉兴中华化工公司、上海欣晨公司将其赔偿请求降至1.77亿元(含合理开支)。最高人民法院知识产权法庭二审认定,王龙集团公司、王龙科技公司、喜孚狮王龙公司、傅某根、王某军侵犯涉案全部技术秘密。根据权利人提供的经济损失相关数据,综合考虑侵权行为情节严重、涉案技术秘密商业价值极大、王龙科技公司等侵权人拒不执行生效行为保全裁定等因素,判决撤销一审判决,改判上述各侵权人连带赔偿技术秘密权利人1.59亿元(含合理维权费用349万元)。

二、案例解析

(一)商业秘密存在的证据

本案中,嘉兴中华化工公司与上海欣晨公司提交了涉案技术信息的研发过程的相关证据材料,以证明其拥有该信息的所有权。

具体证据材料包括以下方面：

（1）2002年11月22日，嘉兴中华化工集团公司作为甲方与上海欣晨公司作为乙方签订《技术开发合同》《技术转让合同》及补充合同，主要内容包括：乙方以交钥匙方式向甲方交付年产3000吨香兰素新工艺的工艺配方、操作规程、质量控制要求、原材料质量要求、生产装置的设计技术要求和参数等的技术资料；技术成果的归属由乙方所有；专利权归甲方共同申请并所有；项目中的技术资料由双方共有；工业化项目工程设计、设备非标设计由双方协商指定相当资质的设计单位进行正规系统设计，设计费由甲方支付。合同约定的研究开发经费及报酬500万元由嘉兴中华化工集团公司、嘉兴中华化工公司先后付清。

（2）2005—2006年，嘉兴中华化工公司为其技改项目购买设备、工程安装支付了相关费用。

（3）2006年9月26日，嘉兴中华化工公司与上海欣晨公司签订《技术转让合同》，嘉兴中华化工公司委托上海欣晨公司在已有研发成果基础上，设计采用乙醛酸法生产香兰素新工艺的生产线。该合同还约定：由上海欣晨公司在合同签订240天内向嘉兴中华化工公司交付可行性研究报告、工艺流程图、设备布置图、设备一览表、非标设备条件图、土建基础施工图，以及工艺、土建、仪表、电器、公用工程等全套工程设计文件；相关技术仅在甲方（嘉兴中华化工公司）用乙醛酸法生产甲基香兰素车间内使用；相关技术属双方共有。

（4）2007年2月8日，浙江省嘉兴市南湖区经济贸易局批复同意嘉兴中华化工公司扩建年产10000吨/年合成香料（乙醛酸法）新技术技改项目，项目建设期1年。同年6月19日，浙江省嘉兴市环境保护局批准嘉兴中华化工公司1万吨合成香料（乙醛酸法）新技术技改项目，新建甲基香兰素生产装置2套，乙基香兰素生产装置1套及配套设施，项目建成后产能达到甲基香兰素9000吨/年，乙基香兰素1000吨/年。同年10月，嘉兴中华化工公司委托通州市平潮压力容器制造有限公司制造香兰素生产所需非标设备共199种，合同约定2个月内交货。设备图由南通职大永泰特种设备设计有限公司根据嘉兴中华化工公司提供的条件图设计完成。华东理工大学工程设计研究院接受嘉兴中华化工公司与上海欣晨公司委托，设计完成项目所需工艺管道及仪表流程图。2007年12月，嘉兴中华化工公司新技术技改项目土建、安装工程竣工。嘉兴中华化工公司于2007年12月29日前向上海欣晨公司支付了技术转让款350万元。

（5）2008年7月16日，嘉兴中华化工公司与上海欣晨公司签订《关于企业长期合作的特别合同》，约定：上海欣晨公司放弃对外一切经营业务，仅作为为嘉兴中华化工公司一家进行技术研发的企业，在合同规定的合作期间研发的所有技术成果知识产权归嘉兴中华化工公司所有，合同期10年；双方合作之前签署的所有技术合同履行、结算与新的合作合同无关。

嘉兴中华化工公司与上海欣晨公司主张的涉案技术秘密乙醛酸法制备香兰素的新工艺，包括缩合、中和、氧化、脱羧等反应过程，还包括愈创木酚、甲苯、氧化铜和乙醇的循环利用过程，包括六个秘密点：①缩合塔的相关图纸，主要包括缩合塔总图以及部件图，还包括缩合液换热器、木酚配料釜、缩合釜、氧化中间釜。②氧化装置的相关图纸，主要包括氧化釜总图及部件图，还包括亚铜氧化釜、氧化液槽、氧化亚铜料斗、填料箱。③粗品香兰素分离工艺及设备，主要设备包括甲苯回收塔、甲苯蒸馏塔、脱甲苯塔、脱苯塔、苯脱净分层器、香兰素溶解槽/废水中和槽/甲醇回收溶解槽、脱苯塔再沸器、甲苯冷凝器、二结冷凝器、甲苯回收冷凝器、甲醇回收冷凝器、脱甲苯冷凝器。一审庭审中，嘉兴中华化工公司与上海欣晨公司明确放弃该秘密点中关于工艺部分的权利主张。④蒸馏装置的相关图纸，主要包括蒸馏装置总图及部件图，还包括甲醇塔、冷水槽/热水槽/洗涤水槽、香油萃取甲苯分层塔、水洗槽、头结过滤器/香油头结过滤器、蒸馏成品槽、蒸馏头子受器。⑤愈创木酚回收工艺及相应设备，包括设备甲苯回收塔、甲苯蒸馏塔、脱水塔再沸器、脱甲苯塔、木酚塔、脱低沸物塔、托苯塔、脱水塔、汽水分离器、苯脱净釜、木酚脱净釜、甲苯脱净槽、木酚脱净釜、甲苯脱净釜、木酚萃取分层塔、苯脱净分层器、木酚熔解釜、低沸物冷凝器、低沸塔再沸器、甲苯冷凝器、二结冷凝器/甲苯回收冷凝器/甲醇回收冷凝器、脱甲苯冷凝器。嘉兴中华化工公司与上海欣晨公司在诉讼中明确放弃本秘密点中关于工艺部分的权利主张。⑥香兰素合成车间工艺流程图，包括：缩合、木酚萃取、氧化、木酚回收工段（一）、木酚回收工段（二）、亚铜分离、亚铜氧化、脱羧、香兰素萃取、头结、头蒸、水冲、二蒸、二结及甲醇回收、香油头蒸、甲苯结晶、甲苯回收、香油二蒸、醇水结晶、甲醇回收、干燥包装、硫酸配置工段的工艺管道及仪表流程图。

上述技术秘密载体为：涉及58个非标设备的设备图287张（包括主图及部件图）、工艺管道及仪表流程图（第三版）25张。其中，设备图的技术内容包括：设备及零部件的尺寸、大小、形状、结构，零部件位置和连接关系，设备进出口位置、尺寸、设备型式，搅拌器型式和电功率，设备、零部件和连接件的材质、耐压、耐腐蚀性、耐高温性能、耐低温性能等技术信息。其中，设备图涉密信息范围仅限于其上直接记载的技术信息，不包含对应的工艺等其他技术信息。工艺管道及仪表流程图的技术内容包括：各设备之间的位置关系和连接关系，物料和介质连接关系，控制点位置、控制内容和控制方法，标注的反应条件，基于上述连接关系形成的物料、介质的流向、控制参数等技术信息。

同时，嘉兴中华化工公司还提交了涉案技术信息具有秘密性的相关鉴定材料。2017年12月5日，根据浙江省嘉兴市南湖区公安分局的委托，上海市科技咨询服务中心知识产权司法鉴定所出具了三份鉴定意见书：

鉴定意见书1——〔2017〕沪科咨知鉴字第48-1号《知识产权司法鉴定意见书》，委托鉴定事项为嘉兴中华化工公司主张的技术秘密是否构成不为公众所知悉的技术信息，鉴定意见为嘉兴中华化工公司"香兰素制备工艺"中（1）香兰素缩合反应关键工艺、氧化铜化学氧化回收工艺、连续式缩合反应塔装置、连续式氧化釜装置、香兰素蒸馏装置、香兰素生产设备技术图纸在2015年5月30日和2017年8月21日之前分别构成不为公众所知的技术信息；（2）氧化铜化学氧化工艺不构成不为公众所知的技术信息。上海市浦东科技信息中心出具的检索结论为，除查新点（2）氧化铜化学氧化工艺被公开外，其余查新点均未查到有相同文献报道。

鉴定意见书2——〔2017〕沪科咨知鉴字第48-2号《知识产权司法鉴定意见书》，委托鉴定事项为王龙科技公司发明专利申请是否包含嘉兴中华化工公司技术秘密点，结论为王龙科技公司的发明专利申请部分披露了秘密点（1）香兰素缩合反应关键工艺中的部分技术，其他秘密点没有披露。

鉴定意见书3——〔2017〕沪科咨知鉴字第48-3号《知识产权司法鉴定意见书》，委托鉴定事项为嘉兴中华化工公司香兰素新工艺生产设备图秘密点鉴定，以及冯某某提供的图纸是否包含上述秘密点，结论为冯某某提供的设备图纸"缩合塔7张""蒸馏装置15张""氧化釜12张"分别与嘉兴中华化工公司的对应图纸相同，包含了上述秘密点（4）（5）（6）（7）。

（二）保密措施的证据

自2003年起，嘉兴中华化工公司先后制定了文件控制程序、记录控制程序、食品安全、质量和环境管理手册、设备/设施管理程序等文件。（1）文件控制程序规定：将公司文件进行编号、按受控与非受控分类管理，凡与质量体系运行紧密相关的文件列为受控文件，香兰素作业指导书上标有"受控"字样；由文件管理员负责文件的发放、更改、回收及原件的存查管制工作；文件的发放、回收建立登记记录；文件领用人须妥善保管领取的文件，不得涂改或擅自更改，不得私自转让、外借，不得改变文件的原装订形式，不可私自复印；由企业管理部负责管理性文件、技术部负责工艺文件管理等事项。（2）记录控制程序规定：公司人员查阅记录时，须经保管部门主管同意；所有记录的原件一律不予外借。（3）设备/设施管理程序规定：设备动力部负责对生产、工艺设备、环境运行设备等的归口管理，建立设备档案；设备说明书、合格证、安装图及其他相关资料交设备部设备管理员归入设备档案。（4）食品安全、质量和环境管理手册规定：建立档案室和档案与信息化管理安全保密制度，设有专职档案管理人员。(5) 各部门岗位职责规定：技术部负责公司产品技术文件的标准化审查工作和标准化资料的登记、备案、存放、查阅等事项。(6) 职工手册规定：由安全员检查、督促员工遵守安全生产制度和操作规程，做好原始资料的登记和保管工作。嘉兴中华化工公司就其内部管理规定对员工进行了培训，傅某根于2007年参加管理体系培训、环境管理体系培训、宣传教育培训、贯标培训。

2010年3月25日，嘉兴中华化工公司制定《档案与信息化管理安全保密制度》，内容包括，对于公司纸质或电子形式存在的技术方案、操作规程、设备图纸、实验数据、操作记录等作为公司涉密信息，公司所有职工必须保守秘密；任何部门及个人不得私自查阅公司档案信息；公司工作人员发现公司秘密已经泄露或者可能泄露时，应当立即采取补救措施；公司与接触相关技术和操作规程的员工签订《保密协议》等。2010年4月起，嘉兴中华化工公司与员工陆续签订保密协议，对商业秘密的范围和员工的保密义务作了约定，傅某根以打算辞职为由拒绝签订保密协议。

嘉兴中华化工公司与上海欣晨公司之间签订的《技术开发合同》《技术转让合同》《关于企业长期合作的特别合同》均有保密条款的约定。上海欣晨公司的法定代表人以及主要技术人员向嘉兴中华化工公司出具《承诺和保证书》，保证为嘉兴中华化工公司已开发的所有技术成果及其他知识产权不被泄露或披露给任何第三方。上海欣晨公司提交的《上海欣晨新技术有限公司管理条例》及其与员工的劳动合同中订有保密条款，明确公司商业、管理及技术资料为涉密信息。

(三) 被告接触商业秘密与侵权行为的证据

王龙集团公司成立于1995年6月8日，注册资本8000万元，经营范围为食品添加剂山梨酸钾的研发、生产，化工产品（除危险化学品）的制造、销售等，王某军任监事。

王龙科技公司成立于2009年10月21日，由王某军与王龙集团公司共同出资成立，其注册资本10180万元，经营范围包括食品添加剂山梨酸、山梨酸钾、香兰素、脱氢醋酸、脱氢醋酸钠的研发、生产，羧酸及其衍生物的研发、生产等，王某军任法定代表人。

宁波王龙香精香料有限公司成立于2017年2月24日，由王龙科技公司以实物方式出资8000万元成立，经营范围为实用香精香料（食品添加剂）的研发、生产等，主要产品为香兰素，王某军任法定代表人。

2017年6月22日，王龙科技公司将其所持有的宁波王龙香精香料有限公司51%的股权出售给凯美菱精细科学有限公司（Camlin Fine Sciences Limited，以下简称凯美菱科学公司）与喜孚狮欧洲股份公司，王龙科技公司以设备和专利等出资，占注册资本的49%，公司经营范围变更为香兰素的研发、生产、销售和交易等。

2017年7月26日，宁波王龙香精香料有限公司企业名称变更为喜孚狮王龙公司。

傅某根自1991年进入嘉兴中华化工公司工作，2008年起担任香兰素车间副主任，主要负责香兰素生产设备维修维护工作。

2010年4月12日，冯某某与傅某根、费某某前往王龙集团公司与王某军洽谈香兰素生产技术合作事宜，以嘉兴市智英工程技术咨询有限公司（以下简称嘉兴智英公司）作为甲方，王龙集团香兰素分厂作为乙方，签订《香兰素技术合作协议》，主要内容包括：第1条，甲方以其所持有国内外最新、最先进生产香兰素新工艺技术为该项目入股王龙集团香兰素分厂，甲方暂定为该项目技术价值500万元，8%作为香兰素产品的股份。第2条，甲方提供有关的技术资料，进行技术指导、传授技术诀窍，使该技术顺利转让给乙方。乙方掌握所有产品的工艺技术，包括产品工艺流程图、设备平面布置图、非标设备加工图、涉及香兰素项目的所有技术资料。第7条，甲方技术人员小组（四人）应与乙方一起联合，筹建该项目各种事务及筹备销售业务渠道等，确保甲方帮助销售一年1000吨以上销量及各方面工作。落款处甲方由"嘉兴市智英工程技术咨询有限公司（筹）"签章，法定代表人处由冯某某签字，乙方由"王龙集团"签章，保证人栏由冯某某、傅某根、费某某签字。同日，王龙集团公司向嘉兴智英公司开具100万元银行汇票，冯某某通过背书转让后支取100万元现金支票，从中支付给傅某根40万元、费某某24万元。傅某根将存有香兰素生产设备图200张、工艺管道及仪表流程图14张、主要设备清单等技术资料的U盘托冯某某转交给王某军。2010年4月15日，傅某根向嘉兴中华化工公司提交辞职报告，同年5月傅某根从嘉兴中华化工公司离职，随即与冯某某、费某某进入王龙科技公司香兰素车间工作。

2010年5月9日，王龙科技公司与案外人上海宝丰机械制造有限公司签订买卖合同，购买一批非标压力容器。同年6月4日，王龙科技公司与浙江杭特容器有限公司（以下简称杭特公司）签订买卖合同，购买一批非标设备。上述合同均约定供方按需方的工艺条件图设计图纸，经需方确认后按图施工。浙江省嘉兴市南湖区公安分局调取了王龙科技公司向杭特公司提供的设备图105张，其中部分设备图显示设计单位为南通职大永泰特种设备设计有限公司，部分图纸上有傅某根、费某某签字或"技术联系傅工01516859××王某"字样，傅某根确认该移动电话号码系其所有。同期，王龙科技公司向其他厂家购买了离心机、干燥机等设备。以上合同均已实际履行完毕。

2011年3月15日，浙江省宁波市环境保护局批复同意王龙科技公司生产山梨酸（钾）、醋酐、双乙烯酮及醋酸衍生产品、香兰素建设项目环境影响报告书，批准香兰素年产量为5000吨。同年6月，王龙科技公司开始生产香兰素。2013年4月，浙江省宁波市科学技术局批复对王龙科技公司"乙醛酸法新工艺技术制备香兰素及产业化"科技项目给予经费支持，项目负责人包括王某军、傅某根等三人，王龙科技公司在申报材料中自称傅某根曾任嘉兴中华化工公司香兰素项目技术负责人之一，参与年产1万吨乙醛酸法合成香兰素连续化生产线设计及建设。

2015年8月18日，浙江省宁波市环境保护局批准王龙科技公司新建2套共0.6万吨香兰素生产装置，香兰素的生产采用愈创木酚乙醛酸法。王龙科技公司向该局申报的《年产6万吨乙醛、4万吨丁烯醛、2万吨山梨酸钾、0.6万吨香兰素生产项目环境影响报告书》（以下简称2015年环境影响报告书）包含碱化与缩合酸化单元、木酚萃取单元、氧化单元氧化工序、氧化单元亚铜回收工序、脱羧单元、香兰素萃取、分馏单元、香兰素结晶和乙醇回收单元、辅助工段9张工艺流程图。

喜孚狮王龙公司自成立时起持续使用王龙科技公司作为股权出资的香兰素生产设备生产香兰素。

(四) 被告获利的证据

根据嘉兴中华化工公司与上海欣晨公司一审证据78所采用的计算方法，2011—2017年，嘉兴中华化工公司香兰素抽样年平均销售单价分别为每吨75 224.35元、75 259.97元、73 691.83元、65 034.72元、64 978.64元、59 186.54元、63 782.05元；嘉兴中华化工公司香兰素年销售单价分别为每吨76 028元、73 910元、71 156元、66 943元、66 490元、60 356元、61 314元；嘉兴中华化工公司香兰素年营业收入分别为831 504 715.56元、756 976 728.24元、613 490 128.38元、927 779 249.21元、850 935 687.19元、744 324 516.36元、748 944 703.02元；嘉兴中华化工公司香兰素年营业利润分别为110 561 595.74元、41 019 632.69元、72 872 000.61元、91 951 372.50元、85 209 268.01元、193 407 889.68元、83 774 612.19元；嘉兴中华化工公司香兰素年营业利润率分别为13.30%、5.42%、11.88%、9.91%、10.01%、25.98%、11.19%；嘉兴中华化工公司香兰素年销售利润率分别为18.46%、16.21%、24.51%、13.28%、13.70%、13.77%、13.29%。

在商业秘密侵权民事诉讼过程中需要提供六大证据以证明被告侵犯了原告的商业秘密，包括：(1) 商业秘密存在的证据，即诉争信息符合商业秘密要求的证据，包括能证明商业秘密的内容、范围、保密性等方面的材料以及原告拥有该信息所有权的证明材料。例如，相关的技术文档、设计图纸、工艺流程、配方等，以及公司内部关于商业秘密保护的规定、保密协议等。(2) 侵权行为的证据，如获取、使用或披露商业秘密的行为证据。可以是监控录像、邮件往来、聊天记录、证人证言等。(3) 损失的证据，用以证明因侵权行为所遭受的经济损失，可以是财务报表、销售数据对比、利润损失计算等。(4) 保密措施的证据，证明企业为保护商业秘密采取了合理的保密措施，如限制访问的制度、加密存储、保密标识等。

(5）被告与商业秘密接触的证据，显示被告有机会接触到商业秘密的情况，如工作岗位、参与的项目等。（6）被告获利的证据，如被告因侵权行为所获得的收益，如销售额增长、市场份额扩大等方面的证据。

本案中，嘉兴中华化工公司与上海欣晨公司不仅提交了其合法拥有乙醛酸法制备香兰素的新工艺的证据材料，也提交了该工艺所涉技术信息具有秘密性的鉴定材料，并且提交了其对该工艺采取保密措施的证据材料，以及被告能够与商业秘密接触和其实施侵权行为的证据，并且提供了翔实的证据材料证明其因侵权行为所遭受的损失。这些材料的提供为案件的最终胜利奠定了基础。这也提示企业在日常的商业秘密管理过程中，应重点开展以下方面的管理工作。

（1）明确涉密信息，并对承载涉密信息的载体进行管理。

①需要综合考虑信息的敏感性、价值，以及可能造成的影响，准确界定涉密信息的范畴。比如，新产品的研发数据、客户名单、核心技术的工艺参数等都可能被认定为涉密信息。

②常见的载体包括纸质文件、电子文档、存储设备（如U盘、移动硬盘）等。对纸质文件的管理，要确保其存放在安全的场所，如加锁的文件柜，并严格限制访问权限。文件的借阅和归还需进行详细记录，防止丢失或泄露。电子文档则需要通过加密技术进行保护，设置访问密码，并对其修改、复制、打印等操作进行权限控制。同时，定期对电子文档进行备份，以防止数据丢失或损坏。存储设备则需要进行登记和编号管理，明确使用人员和用途。设备报废时，需进行安全的数据清除处理，防止信息残留。

（2）加强保密措施：制定严格的保密制度，对涉及商业秘密的文件、资料进行分类管理，明确保密级别和接触权限。同时，加强对员工的保密培训，提高员工的保密意识。

（3）签订保密协议：与员工、合作伙伴等签订保密协议，明确保密义务和违约责任，防止商业秘密的泄露。

（4）加强对离职员工的管理：离职员工可能会带走商业秘密，因此企业应在员工离职时做好交接工作，收回相关的文件、资料，并要求员工签署离职后的保密协议。

（5）加强对合作伙伴的管理：在与合作伙伴合作时，应明确双方的保密义务，并对合作伙伴的保密措施进行监督和检查。

（6）增强法律意识，运用法律手段维护自己的合法权益；建立应急机制，一旦发现商业秘密泄露，立即启动应急机制，采取措施减少损失，并追究相关人员的责任。

第二节　北京理正与北京大成华智商业秘密纠纷案

一、背景介绍

北京理正软件股份有限公司（以下简称理正公司）自主开发了软件《理正建设企业管理信息系统》，并于2004年10月9日对《理正建设企业管理信息系统V3.0》，于2009年12月30日对《理正总承包管理信息系统V2.0》，于2009年12月31日对《理正建设企业管理信息系统V4.8》，于2010年12月25日对《理正工程建设项目综合管理系统V1.0》，于2011年11月3日对《理正财务报销及费用控制管理系统V1.0》进行了著作权登记。著作权人均为北京理正软件设计研究院有限公司，北京理正软件设计研究院有限公司于2012年5月16日变更为理正公司现用名。该软件中的多项技术内容构成商业秘密。

何某亮原系理正公司MIS综合开发部常务副主任，于2011年6月10日从理正公司离职。刘某刚原系理正公司MIS应用开发部常务副主任，于2011年5月30日从理正公司离职。臧某杰曾任理正公司开发部MIS事业部软件开发工程师、项目管理总监，于2011年5月30日从理正公司离职。在理正公司任职期间，上述三人均负责理正公司项目的开发和技术管理，何某亮、刘某刚与理正公司签订了劳动合同，合同中规定了理正公司每月向二人支付保密费，合同约定理正公司对其商业秘密（包括经营信息和技术信息等）采取了适当的保密措施，二人应对该保密信息承担保密义务，除非为了履行工作职责在理正公司许可限度内使用该保密信息。在离职两年内，应该遵守合同的约定，不能直接或间接实施与本合同约定冲突的行为，应该恪守保密协议的义务。臧某杰在任职期间亦与理正公司签订了保密协议。2011年5月31日，何某亮、刘某刚和臧某杰等共同出资成立北京大成华智公司（以下简称大成公司），何某亮负责技术平台开发，刘某刚负责项目二次开发、项目实施。大成公司股东臧某杰、刘某刚、何某亮在理正公司任职高管期间，非法获取理正公司的商业秘密，并将该商业秘密带进大成公司。

2013年1月11日，林同棪公司（甲方）与大成公司（乙方）签订《技术开发合同》，约定由大成公司开发软件（以下简称涉案软件），价款208.5万元。其中第6条对技术情报和资料的保密进行了约定。约定内容如下："协议所称保密信息，系指与双方有关的、不为公众所知悉的、能为权利人或授权持有人带来现时或潜在经济利益的，或经权利人或授权持有人采取合理保密措施的任何信息。双方均应对本项目进行过程中接触到的对方保密信息承担保密义务，不得将该等保密信息的部分或全部以任何方式提供给任何第三方，或者向任何特定或不特定的第三方提供可能引起猜测或联想的线索。如因信息泄露，给对方造成损失的，泄露方应向受害方赔偿所有直接或间接损失。不论本合同是否暂停、变更、解除或终止，本协议第六条均有效。"第10条约定了风险责任的承担，其中第4款约定："乙方应确保给甲方提供的软件系统均为自主知识产权的产品，如乙方使用有知识产权纠纷的软件产品给甲方造成损失，由乙方承担全部责任并按本合同额双倍赔偿给甲方。"

2014年9月19—20日，公安机关对林同棪公司的程序服务器、数据服务器以及办公电脑进行勘验，对计算机内存储的大成公司设计的林同棪企业管控平台的相关数据等进行提取。

2014年12月8日，工业和信息化部软件与集成电路促进中心知识产权司法鉴定所出具工信促司鉴中心〔2014〕知鉴字第184号司法鉴定意见书，该鉴定意见显示：该鉴定机构将对应其数据库密点的理正管理信息系统数据库中 66 个数据库表和 31 个存储过程/函数与林同棪公司硬盘中提取数据库文件中的数据库表和数据库存储过程/函数进行了比对。比对结果为：林同棪公司硬盘数据库中存在与理正公司的"管理信息系统"数据表文件实质相同的数据表共 27 个，占理正公司数据表文件的 40.9%；部分相似的数据表共 19 个，占理正公司数据表文件的 28.8%；实质相同的存储过程/函数共 7 个（去掉重复出现的，实际为 5 个），占理正公司存储过程/函数文件的 16.1%；部分相似的存储过程/函数为 1 个，占理正公司存储过程/函数文件的 3.2%。

理正公司认为林同棪公司在完全知悉大成公司无法独立开发该软件系统，涉嫌使用商业秘密的情况下，不顾理正公司的忠告，继续购买并使用含有理正公司商业秘密的软件，其使用商业秘密存在主观恶意。大成公司和林同棪公司侵害了理正公司的商业秘密，应共同承担责任。

二、案例解析

此案中，虽然林同棪公司硬盘中的数据库文件与理正公司软件中的数据库文件构成实质上相同，含有理正公司的商业秘密，但林同棪公司（甲方）与大成公司（乙方）签订《技术开发合同》，约定由大成公司开发涉案软件，价款 208.5 万元。合同第六条对技术情报和资料的保密进行了约定，第 10 条约定了风险责任的承担，因此，林同棪公司在获取和使用阶段不存在主观过错，不构成对理正公司涉案商业秘密的侵害，不应承担侵权法律责任。

企业在委托开发过程中，很容易因为被委托方提供的产品侵犯他人的商业秘密而成为连带被告。因此，在委托开发过程中除了约定背景商业秘密和共同开发、改进或二次开发中涉及商业秘密的内容和归属外，还应要求商业秘密所有人承诺其商业秘密不侵犯第三方任何权利，以规避因委托开发而导致的侵权责任发生。

第三节 "小儿风热清口服液"商业秘密纠纷案

一、背景介绍

江西药都仁和制药有限公司（以下简称仁和制药）因与邯郸制药股份有限公司（以下简称邯郸制药）侵犯商业秘密纠纷一案，不服河北省高级人民法院（2015）冀民三终字第20号民事判决，向最高人民法院申请再审。

仁和制药认为：邯郸制药的"小儿风热清口服液"（包括小儿风热清合剂）药品的配方、制备工艺等信息不应认定为商业秘密。（1）邯郸制药药品配方、制备工艺等信息已通过公开出版发行的光盘公开，不具有秘密性。仁和制药提供的证据已形成证据链，能够证明：国家食品药品监督管理局药品审评中心（原国家药品监督管理局药品审评中心，以下简称药品审评中心）在2001年已公开出版发行"《国家新药注册数据库1985—2000》光盘"（以下简称涉案光盘），北京华夏医胜创新科技有限责任公司（以下简称华夏医胜公司）等单位向药品审评中心购买了涉案光盘，该光盘中收录了邯郸制药的"小儿风热清口服液"药品配方、制配工艺等信息，因而该药品配方、制配工艺等信息已通过公开出版物公开，不具有秘密性。邯郸制药称涉案光盘不真实，不是药品审评中心发行的光盘，应提供相应的反证，一审、二审法院在无任何反证的情况下，对仁和制药提供的光盘的真实性、关联性予以否定，明显有失公允。（2）邯郸制药没有对其药品信息采取相应的合理的保密措施，不具有保密性。邯郸制药所谓"保密措施"的证据只是6份非常简单的《邯郸制药厂工艺、处方以及相关技术、机密资料持有人规范协议》，仁和制药一审中已对协议的真实性提出异议。即使是真实的也很不完善，而且与该案无关：①没有明确约定该案所涉及的"小儿风热清口服液"药品信息为需要保密的商业秘密；②保密义务人只有个人姓名，无性别、年龄、工作岗位等具体信息，不能

221

确定他们是否属于需要签订保守商业秘密的人员；③没有约定保密期限，且权利义务不清，对保密义务人根本起不到明显的约束作用。因此，相关协议无论从形式上还是从实质内容方面都不能说明邯郸制药为"小儿风热清口服液"药品信息已采取了保密措施，而且上述《协议》还是1992年之前的，从1992年企业早已改制，邯郸制药再没有采取任何保密措施。

  法院根据仁和制药提供的证据及该案中的其他证据确定了下列事实：

  2002年4月3日，药品审评中心在其网页上发布"关于《国家新药注册数据库（85-2000）》光盘注册的通知"，主要内容为"各有关单位：为做好药品注册的服务工作，我中心和国家药品监督管理局药品注册司于去年共同对85-2000年的批准生产的新药数据进行了整理，并出版了《国家新药注册数据库（85-2000）》光盘。该光盘涵盖了1985—2000年以来，批准生产的化药、中药的批件、质量标准和使用说明书，以及生物制品、诊断试剂的批件、质检规程和使用说明书。在这些数据的基础上，用户可以较为便捷地进行统计检索和查询，以期对新产品的研发立项有所帮助。对于最新的数据，我们将定期予以追加。同时出于保护版权的考虑，光盘采用先购买，再注册的方式，若未注册，将不能浏览详细的内容。凡在我中心，或通过省药监局注册处购买了光盘的用户，请立即登录我中心网站（www.cde.org.cn），在相关资源栏目下的光盘在线注册中进行注册；或直接进行电话注册。"2012年12月17日，北京市方正公证处应仁和制药委托代理人饶某宇的申请，对其使用公证处电脑登录药品审评中心网站查询上述内容的过程进行了公证，并出具（2012）京方正内经证字第15641号公证书。

  2004年3月15日，药品审评中心向华夏医胜公司出具了编号为201403020124759101的发票一张，其中显示的经营项目为"其他服务业信息费"、金额为"1980元"。

  在仁和制药一审提供的涉案光盘套装中，光盘包装盒正面自上而下标注有"国家药品监督管理局药品审评中心国家新药注册数据1985—2000 国家药品监督管理局药品注册司与国家药品监督管理局药品审评中心联合

制作　电子工业出版社"字样；安装光盘正面自上而下标注有"国家新药注册数据 1985-2000ISBN7-900080-96-1/R01 国家药品监督管理局药品注册司与国家药品监督管理局药品审评中心联合制作电子工业出版社"字样；《检索光盘使用许可》上有对应光盘的序列号及"2001 年 10 月"字样。

2012 年 12 月 26 日，北京市方正公证处应仁和制药委托代理人饶某宇的申请，对其使用涉案光盘查询相关数据库资料的过程进行了公证，并出具（2012）京方正内经证字第 16698 号公证书。据该公证书记载，将涉案光盘放入公证处计算机的光驱，经安装成功后，进入数据库并查询到诉争的涉案"小儿风热清口服液"配方及制作工艺。

2005 年 3 月 30 日，天山药业以公证购买的方式自药品审评中心取得了涉案光盘一张及《检索光盘使用许可》一份，并为此支付了 1980 元。针对上述过程，北京市国信公证处于 2005 年 4 月 11 日出具公证书。在该公证书附件中，《检索光盘使用许可》的内容除序列号外，其他与仁和制药提供的《检索光盘使用许可》的内容均一致；药品审评中心向天山药业出具的编号为 201404020805559657 的发票所显示的经营项目及金额，与其出具给华夏医胜公司的发票亦相同。

2014 年 7 月 31 日，厦门市鹭江公证处应天山药业委托代理人郭某冰的申请，对其至厦门市中级人民法院查阅（2006）厦民初字第 232 号一案的卷宗材料的过程进行了公证，并于同年 8 月 6 日出具（2014）厦鹭证内字第 17222 号公证书。该公证书附件分别为安装并查询卷宗中光盘内容的过程记录，以及对卷宗其他部分内容的复印件两部分。前者中有查询到的诉争的"小儿风热清口服液"配方及制作工艺。后者中有与仁和制药一审提供的涉案光盘包装盒完全相同的包装盒复印件，以及厦门市中级人民法院自行购买涉案光盘后对其进行安装、查阅的相关笔录。

2015 年 7 月 13 日，厦门市鹭江公证处出具厦鹭复查字（2015）第 02 号《关于部分撤销（2014）厦鹭证内字第 17222 号公证书的决定》，以天山药业与"小儿风热清口服液"无直接利害关系为由，撤销了（2014）厦鹭证内字第 17222 号公证书中对操作"国药新药注册数据"光盘、查看及截屏"小儿风热清口服液"相关信息的证明内容及附件文件。

二审法院曾先后两次向药品审评中心、国家食品药品监督管理总局发出协助调查函，要求查询其是否出版过涉案光盘、该光盘中是否含有"小儿风热清口服液"配方及制作工艺信息、仁和制药提交的药品审评中心开具的购买光盘发票（复印件）是否真实等问题。国家食品药品监督管理总局于 2015 年 7 月 10 日出具食药监办药化管函（2015）396 号"关于协助河北省高级人民法院调查情况的复函"。该函的主要内容为：为了满足当时药品注册管理和药品评审的需要，药品审评中心在原卫生部药政局编写的《新药资料汇编》基础上，开始对之前审批的新药信息进行整理和电子化，制作了《国家新药注册数据（1985—2000）》光盘，主要收载了 1985—2000 年批准的中药新药相关信息。该光盘于 2001 年一次性制成，共 5500 张，正式出版号为 ISBN7-900080-96-1，2001 年以后未再制作、出版、发行。2001—2006 年，药品审评中心共发售 650 余套，发售对象主要为各卫生系统和相关从事药品研发的机构。2006 年根据国务院印发《全国整顿和规范药品市场秩序专项行动方案》及有关要求，药品审评中心停止了发售工作，并对剩余光盘进行了封存。因停止发售并封存光盘后，未再对相关系统更新，故药品审评中心目前已无法查询及核实光盘中的相关数据。

分析上述事实，首先，涉案光盘上印有制作单位名称、出版单位名称及正式出版号，且相关标注内容得到国家食品药品监督管理总局相关复函内容的印证，故应认定其为正规出版物。

其次，仁和制药提供了原始光盘，且经查阅其中明确载有诉争的"小儿风热清口服液"配方及制作工艺，故在无足够相反证据加以推翻的前提下，应认定该光盘为明确载有诉争的"小儿风热清口服液"配方及制作工艺的正规出版物原件。

最后，在确定涉案光盘为正规出版物的情形下，并非只能向药品审评中心、国家食品药品监督管理总局发函要求协助调查，实际上还可以向涉案光盘的出版单位"电子工业出版社"，或者厦门市中级人民法院了解、核实光盘内容。况且从国家食品药品监督管理总局复函内容来看，尚未售出的涉案光盘现系被封存，而非被销毁，故从技术角度上完全可以再现光盘内容，以供比对。此外，既然涉案光盘系正规出版物的原件，则还可以就该光盘内容是否系原始刻录，以及是否事后被修改问题进行鉴定。

因此，二审判决认定涉案"小儿风热清口服液"配方及制作工艺尚未公开，属于认定事实缺乏证据支持。依照《中华人民共和国民事诉讼法》（2012）第 200 条第 2 项、第 204 条第 2 款、第 206 条之规定，裁定如下：

（1）指令河北省高级人民法院对本案进行再审；
（2）再审期间，中止原判决的执行。

二、案例解析

根据《最高人民法院关于审理侵犯商业秘密民事案件适用法律若干问题的规定》第 4 条第 3 款规定，已经在公开出版物或者其他媒体上公开披露的信息，人民法院可以认定有关信息为公众所知悉。

本案中，被告仁和制药提供了药品审评中心在其网页上发布"关于《国家新药注册数据库（85-2000）》光盘注册的通知"、药品审评中心的销售发票、涉案光盘套装、涉案光盘查询相关数据库资料的过程公证书、涉案光盘购买公证书等相关证明材料证明诉争"小儿风热清口服液"配方及制作工艺已在公开出版物公开披露，并且得到最高人民法院的支持。

因此，企业在开展商业秘密管理过程中，作为技术资料的获取方应对能够证明其技术来源的相关材料加以保留并进行规范管理；作为技术资料的拥有方在向利益相关方提供涉及商业秘密的相关资料时，应对利益相关方进行保密义务提醒，以避免商业秘密被非法披露。

第四节 "康复新液"商业秘密纠纷案

一、背景介绍

昆明赛诺制药有限公司（以下简称赛诺公司）因与大理大学、四川好医生攀西药业有限责任公司（以下简称攀西公司）、四川好医生药业集团有限公司（以下简称好医生集团）侵害技术秘密纠纷一案，不服云南省大理白族自治州中级人民法院（2016）云29民初74号民事判决，向云南省高级人民提起上诉。

本案中，大理大学于1985年与赛诺公司签订《技术转让（服务）合同》，将"康复新"新药的技术秘密独家转让给赛诺公司，该合同明确约定大理大学不得将该技术转让给第三方，但大理大学违反合同约定，又将该技术披露并允许攀西公司和好医生集团使用，攀西公司和好医生集团则利用从大理大学非法获得的赛诺公司技术秘密，生产、销售"康复新液"成品，而且三被上诉人还利用该技术秘密共同申报国家科技进步奖，三被上诉人的这些行为，分别或者共同违反了《反不正当竞争法》（1993年）第10条第1款和第2款的规定，构成对赛诺公司商业秘密的侵犯。

法院经审查认为，虽然赛诺公司指控大理大学、攀西公司和好医生集团分别或者共同实施了上述违法行为，但其至今没有提交任何证据，证实大理大学违反约定使用以及向攀西公司、好医生集团非法披露和允许后者非法使用其技术秘密，也没有提交任何证据，证实攀西公司、好医生集团使用了法律规定的盗窃、利诱、胁迫或者其他不正当手段获取赛诺公司的商业秘密。相反，根据查明的事实，早在1995年，攀西公司就取得了"康复新溶液"的药品批准文号，开始生产"康复新溶液"，2000年，攀西公司还和赛诺公司一起作为申请单位，共同参与修订了"康复新液"的质量标准，而攀西公司、好医生集团与大理大学直至2014年12月29日，才签订《技术开发合同书》，共同合作开展技术研发，并将研发成果申报国家科技进步奖。上述事实说明，攀西公司早在和大理大学合作研发之前，就已经掌握了生产"康复新液"的技术，赛诺公司关于大理大学向攀西公司和好医生集团非法披露其技术秘密和允许后者非法使用该技术秘密的指控，缺乏证据证实，根据《民事诉讼法》（2012年）第64条第1款关于"当事人对自己提出的主张，有责任提供证据"和《最高人民法院关于适用〈中华人民共和国民事诉讼法〉的解释》第90条第2款关于"在作出判决前，当事人未能提供证据或者证据不足以证明其事实主张的，由负有举证证明责任的当事人承担不利的后果"的规定，认定赛诺公司的上述指控不成立。至于三被上诉人在 2014 年后共同研发相关技术并申报国家科技进步奖的行为，法院认为，《反不正当竞争法》（1993 年）第 10 条禁止的，是使用非法或者不正当手段获取和使用他人商业秘密的行为，但并不禁止商业秘密权利人以外的其他主体自主研发或以合法手段获得自己技术的行为，因此，在赛诺公司没有证据证实三被上诉人使用的技术是使用非法或者不正当手段从赛诺公司取得之前，其依据《反不正当竞争法》（1993 年）第 10 条的规定，指控三被上诉人侵犯其技术秘密的说法就不成立，进而也无须将赛诺公司的技术秘密与三被上诉人的相关技术进行比对。因此，法院作出驳回上诉，维持原判的判决。

二、案例解析

根据《最高人民法院关于审理侵犯商业秘密民事案件适用法律若干问题的规定》第 14 条规定："通过自行开发研制或者反向工程获得被诉侵权信息的，人民法院应当认定不属于反不正当竞争法第九条规定的侵犯商业秘密行为。前款所称的反向工程，是指通过技术手段对从公开渠道取得的产品进行拆卸、测绘、分析等而获得该产品的有关技术信息。被诉侵权人以不正当手段获取权利人的商业秘密后，又以反向工程为由主张未侵犯商业秘密的，人民法院不予支持。"

本案中，攀西公司提交了其参与修订的，四川省卫生厅、国家食品药品监督管理局分别于 1992 年及 2000 年公布的"康复新液"质量标准；分别于 1995 年和 2002 年取得的生产"康复新溶液"的"川卫药准字（95）-101011 号"、国药准字 Z51021834 批准文号；大理大学（时名大理学院）与好医生集团签订的"源于美洲大蠊的结肠靶向制剂系列产品开发"的《技术开发合同书》，以及大理大学、攀西公司和好医生集团联合案外多家单位以"创新中药康复新液效应物质基础及产业化关键技术研究"项目申报国家科技进步奖等相关证据材料。这些材料皆证明攀西公司生产"康复新液"及在原自有技术的基础上联合大理大学、好医生集团等单位进行再研发、再创新和利用研发成果申报奖项的行为均未侵犯赛诺公司的技术秘密。

因此，企业在日常的生产经营活动中，应对研发资料进行规范管理，以便在商业秘密侵权纠纷中能够证明其是通过自主研发渠道取得相关技术信息的。

另外，本案中赛诺公司与大理大学签订的《技术转让（服务）合同》没有限制大理大学继续科研的权利，也为其在本案中的败诉埋下了伏笔。

技术合作是商业秘密纠纷产生的常见途径，因此在技术合作中，委托方与被委托方签订合同时，除了约定背景商业秘密和共同开发、改进或二次开发中涉及商业秘密的内容和归属，还应约定对共有商业秘密的管理，包括许可、转让或与第三方合作、争议处理等事项，明确双方在保护、使用和传播这些秘密信息时的责任和义务。

许可方面的约定则有助于规范双方在何种条件下可以将共有商业秘密许可给其他方使用，例如明确许可的范围、期限、地域以及可能的费用分配。

转让约定能够防止未经双方同意的秘密转让行为，保障双方的利益。比如，规定只有在满足特定条件，如获得双方书面同意、支付相应的补偿等情况下，才可以进行转让。

在与第三方合作的约定中，应清晰界定在何种情况下可以与第三方共享或利用共有商业秘密，以及第三方应承担的保密责任和义务。

争议处理的约定则为可能出现的纠纷提供了明确的解决途径。这可以包括指定仲裁机构、约定诉讼地点，或者设定双方首先进行友好协商的前置程序等。

详细和全面的合同约定，能够有效降低合作中的风险，保障双方的合法权益，促进技术合作的顺利进行。

附　录

附录一 《中美第一阶段经贸协议》有关商业秘密保护的主要内容*

一、加强商业秘密保护

强调了对商业秘密的保护,要求双方采取措施防止未经授权的获取、使用或披露商业秘密。双方同意加强法律框架,以保护商业秘密权利人免受不公平竞争和侵权行为的损害。

二、打击侵权行为

规定了对侵犯商业秘密行为的打击措施,包括对恶意和故意侵权行为的严厉处罚。双方承诺提供民事救济措施,如损害赔偿和禁令,以及在适当情况下的刑事处罚。

三、保护措施

要求双方采取有效措施,保护商业秘密不被非法获取、使用或披露,包括对商业秘密的存储、使用和转移等环节实施合理的保密措施。

四、保密协议

鼓励企业与员工、合作伙伴等签订保密协议,明确双方在商业秘密保护方面的权利和义务。保密协议应包括保密内容、范围、期限、违约责任等关键条款。

---

* 根据中华人民共和国中央人民政府网站公布的《中华人民共和国政府和美利坚合众国政府经济贸易协议》中文版(https://www.gov.cn/xinwen/2020-01/16/5469650/files/0637e57d99ea4f968454206af8782dd7.pdf)内容整理。

五、竞业限制

允许企业与员工签订竞业限制协议,以防止员工离职后在竞争企业中使用或披露原企业的商业秘密。竞业限制协议应明确规定限制的范围、期限和补偿费等。

六、法律适用和争端解决

规定了商业秘密保护的法律适用原则,以及双方在商业秘密保护方面的争端解决机制。双方承诺通过双边评估和争端解决安排,及时有效地解决商业秘密保护方面的分歧。

七、透明度和合作

强调了在商业秘密保护方面的透明度,要求双方公开相关法律法规和政策。双方同意加强合作,共同提高商业秘密保护的水平,促进公平竞争和创新。

附录二 《美墨加协定》有关商业秘密保护的内容*

一、定　义

第 20.72 条规定，商业秘密是指一类秘密，通常不为通常处理这类信息的人所知或容易获得，因其秘密性而具有实际或潜在价值、并由合法控制人采取了合理的措施保持其秘密性的信息整体或部分。"侵占"是指以违反诚实商业惯例的方式获取、使用或披露商业秘密，包括由第三人获得、使用或披露商业秘密，在该第三人已经知道或有理由知道商业秘密是通过违反诚实商业惯例方式获取，但不包括以下情况：（1）对合法获得的物品进行逆向工程；（2）独立发现的信息被宣称为商业秘密；（3）以合法方式从他人处获得该信息，且无保密义务，亦不知悉该信息属于商业秘密。

二、临时措施

第 20.73 条规定，在民事司法程序中，司法机关有权命令及时有效的临时措施，例如命令禁止侵占商业秘密并保全相关证据。

三、民事司法程序中的保护

第 20.74 条第 1 款规定，在民事司法程序中，司法机关应有权保护任何商业秘密或声称的商业秘密及其他保密的信息，有权对违反涉及商业秘密或涉嫌商业秘密的保护令，以及违反声称由利益相关方保密的其他信息，参与诉讼程序的当事人、律师、专家或其他相关人员施加制裁。第 2 款规定，如果利益关系人声称信息为商业秘密，司法机关在披露该信息之前，应首先给予该人提交密封文件的机会，该文件描述了该人保持信息保密的利益。

---

* 根据美国贸易代表办公室公布的英文文本（https：//ustr.gov/sites/default/files/files/agreements/FTA/USMCA/Text/20%20Intellectual%20Property%20Rights.pdf）翻译。

四、民事和刑事保护

第 20.71 条规定，缔约方应针对未授权侵占和恶意侵占商业秘密规定刑事程序和惩罚，并列出判定刑罚的程序和程度时可考虑的 3 个因素。第 20.75 条为民事救济措施，要求司法机关至少有权决定禁令救济、命令商业秘密侵占人就其侵占行为支付足以补偿合法控制商业秘密人遭受损害的损害赔偿金，并且在适当的情况下，还需支付因执行商业秘密而产生的诉讼费用。

五、对政府官员的限制

第 20.77 条规定，在可以向法院或政府机构提交商业秘密的民事、刑事和监管程序中，缔约方应禁止中央政府官员在该人员职责范围之外未经授权披露商业秘密。且缔约方应规定威慑等级的处罚，包括罚款、停工或解雇，以及监禁，以防止未经授权披露本条所述之商业秘密。

六、许可和转让

第 20.76 条规定，缔约方不得施加过度或歧视性条件或可能稀释商业秘密价值的条件，以阻止或妨碍商业秘密的自愿许可。

附录三　欧盟《商业秘密保护指令》的主要内容*

《商业秘密保护指令》第一章规定保护范围,第二章规定商业秘密的获取、使用以及披露,第三章规定手段、流程以及救济❷,第四章规定制裁、报告以及最终条款。

一、商业秘密的定义

该指令统一了欧盟各国对商业秘密的定义,第2条第(1)款对商业秘密作出如下定义:

具有秘密性且并不为该领域工作人员普遍知悉或容易获得的信息;

因秘密性而具有商业价值的信息;以及

信息权利人为保护其秘密性而采取了合理措施的信息。

商业秘密可包括技术信息(例如制作方法、配方或化学成分)或者商业信息(例如顾客名单、产品发布日期或者市场调研的结果)。

二、商业秘密的合法和非法获取

第3条概括了合法获取商业秘密的情形,即通过以下方法获得的商业秘密是合法的:

独立研发或创作;

对已向公众公开的或者被信息获取者合法拥有(该占有人没有义务限制商业秘密的获取)的产品的观察、研究、拆卸或测试;

工人或工人代表根据欧盟法律和各成员法律和实践行使通知和咨询的权利;

---

* 欧盟《商业秘密保护指令》[EB/OL].(2018-02-24)[2025-02-20]. http://chinawto.mofcom.gov.cn/article/ap/p/201802/20180202714482.shtml.

❷ 包含一般条款、临时和预防措施、根据案情决定采取措施三部分。

与诚实的商业惯例相一致的任何其他行为。

第 4 条概括了被视为非法获取商业秘密的情形：

未经商业秘密权利人同意而获得、擅自使用或者复制其合法控制的（包括商业秘密内容以及可以推演出商业秘密内容的）文件、物体、材料以及电子文档；或

任何被认定为有悖诚实商业惯例的行为。

第 4 条还概述了商业秘密的使用或披露为非法的情形，即使用或披露商业秘密的人：

未经商业秘密所有人同意，以非法手段获得商业秘密；

违反保密协议中保密义务；或者

违反合同约定或者未履行限制商业秘密使用的其他义务。

第 5 条规定了在某些情况下允许获取、使用和披露商业秘密的例外情形：

《欧盟宪章》规定的自由表达权；

披露不正当的行为或者不法行为等；

工人就合法行为依法向其代表进行披露；或者

为了保护欧盟或其成员国法律所承认的合法利益。

三、措施、程序以及救济措施

第 6 条要求欧盟各成员国为非法获取、使用和披露商业秘密制定相关措施、程序和救济措施，这些措施、程序和救济措施必须符合以下原则：

公平、公正；

不能过于复杂或成本过高，也不得设置不合理的时间限制或不合理的延迟；

以及有效且具有劝诫力。

第 7 条规定了实施上述措施的方式，特别是这些措施需以合理的方式实施，并且应避免产生贸易壁垒，同时为防止其滥用提供保障措施。

第 8 条规定诉讼必须在 6 年内（最长的诉讼时效）提起。

四、法院程序以及改正措施

第9条规定，为保护法律诉讼程序中商业秘密的保密性，法官有权限制对商业秘密文件及与听证会有关材料的查阅。对那些以前因为担心有关商业秘密在诉讼过程中会被公众所知晓而被非法使用或泄露机密商业信息的企业，这应该是一种安慰。

第10条和第12条规定了法院在涉及商业秘密诉讼的法律程序中可能采取的一些改正措施，并允许法院：

责令停止或禁止使用或者披露商业秘密；

禁止生产、提供、使用侵权产品或将其投放市场；以及

命令销毁所有或者部分包含商业秘密的文件、物品、材料以及电子文件。

法院也可以下令从市场上召回侵权产品、销毁或者从市场上撤回侵权产品。

根据第14条，法院还可以根据主管司法机关的请求要求侵权方支付损害赔偿。

第11条和第13条规定了法院在考虑使用第10条和第12条规定的任何/全部措施时应考虑的因素。

五、商业秘密保护的特征

与其他类型的知识产权不同，商业秘密保护不受时间限制。尽管如此，根据该指令第2条第（1）款（a）项，某些类型信息的价值可能会随着时间的推移而减少，此类信息也可能一直是保密的。

与版权相似，获得商业秘密保护没有固定的官方程序或者费用（如申请费或注册费），维持这种保护也不涉及任何费用（如续展费）。

附录四　美国商业秘密保护的法律体系

一、联邦法律

（一）《美国法典》*

《美国法典》第 1832 条"商业秘密盗窃"（Theft of trade secrets）规定：

1. 无论何人，意图将用于或打算用于美国跨州或国际贸易中的与产品或服务有关的商业秘密，转化（convert）为该商业秘密所有者以外的任何人的经济利益，并且有意或知道该犯罪行为将损害商业秘密的任何所有者，故意地（knowingly）：

（1）偷窃、未经授权挪用、拿取、带离、隐藏，或者通过欺诈、骗取的手段获得此类信息；

（2）未经授权拷贝、复制、速写、绘制、拍摄、下载、上传、改变、破坏、影印、仿造、发送、提供、传递、邮寄、沟通或传达此类信息；

（3）知道信息是被偷窃的，或者是未经授权被挪用、获取或转移的，仍然接收、购买或拥有此类信息；

（4）意图实施（1）至（3）项所述的任何犯罪行为；

（5）与一个或多个其他人合谋实施（1）至（3）项所述的任何犯罪行为，并且一个或多个此类人员采取了任何行动以达到阴谋的目的；

除第 2 款另有规定外，应被处以罚金，或不超过 10 年的监禁，或两者并罚。

2. 犯第 1 款所述任何罪行的任何企业，应被处以最高 500 万美元的罚金；或者该企业所盗窃的商业秘密价值 3 倍的罚金，包括研究和设计费用，

---

* 商业秘密保护［EB/OL］.［2025-02-20］. http：//ipr.mofcom.gov.cn/hwwq_2/zn/America/Usa/Trade_Secret.html.

以及该企业利用该商业秘密所节省的其他成本。

但是,《美国法典》第1833条"禁止的例外情况"（Exceptions to prohibitions）也规定了例外的情况。在下列情况下,对商业秘密的披露属于合法披露,无须承担侵犯商业秘密的法律责任：

(1) 在美国联邦和州政府机构的合法行动中披露商业秘密；

(2) 仅为了举报或调查违法行为目的而向政府官员和律师披露商业秘密；

(3) 在法院诉讼中提交密封的含有商业秘密的文件；

(4) 根据法院命令披露商业秘密。

此外,雇主负有告知义务,即雇主应通过各种形式告知雇员法律上的合法披露规定,否则将不能在联邦法院获得惩罚性赔偿和律师费赔偿。

(二)《1996年经济间谍法》[*]

《1996年经济间谍法》（The Economic Espionage Act of 1996, EEA）,是美国历史上第一部专门规定窃取商业秘密法律责任的联邦法律,该法对于美国保护本国经济情报和商业秘密等起到了非常重要的保护作用。

EEA的颁布实施,是美国首次把商业秘密带入联邦法制的领域,也是首次以刑事制裁的方式来处理商业秘密案件,希望以此来遏阻国际性的商业秘密窃取行为。

EEA对盗窃商业秘密规定了两个罪名：一个是"经济间谍罪"；另一个是"盗取商业秘密罪"。"经济间谍罪"是以外国政府、外国机构或外国代理人为受益人的窃取商业秘密行为,属于刑事犯罪。"盗取商业秘密罪"是以商业秘密所有人以外的其他任何人为受益人的窃取商业秘密行为。

"经济间谍罪"与"盗取商业秘密罪",除受益人不同,两罪的犯罪活动相同,包括：

(1) 窃取、或未经授权而占有、取得、携走、或隐匿、或以诈欺、诈

---

[*] 根据《美国1996年经济间谍法——中文》（http：//www.ipr007.com/Modules/Content_info.aspx？no=DI00000002600000402）整理。

术或欺骗获得该等信息者；

（2）未经授权而拷贝、复制、笔记、描绘、摄影、下载、上载、删改、毁损、影印、重制、传输、交付、送达、邮寄、传播或转送该等信息者；

（3）知悉系被窃取或未经授权而被占有、取得或转换之信息，而收受、买受、或持有者；

（4）意图为第（1）款至第（3）款之任一犯行者；

（5）与一人或多人共谋为第（1）款至第（3）款之任一犯行，而其中一人或多人为达共犯之目的已着手实施者。

EEA规定，对于"经济间谍罪"，个人违法者将面临每人最高50万美元的罚款和长达15年的监禁，机构违法的罚金高达1000万美元。❶

EEA对于"盗取商业秘密罪"规定的处罚是个人违法者处10年以下监禁（不罚款），机构违法者处最高500万美元罚金。❷

EEA还赋予法院权力，可以没收个人非法取得商业秘密所获得的利润，该条款亦同时允许美国司法部对个人发出禁止令，限制个人继续此一违法行为。

经济间谍罪的法定刑远重于盗窃商业秘密罪的法定刑，表明美国对使外国获利或者意图使外国获利的商业秘密犯罪，实行更为严厉的刑事政策。

EEA保护的对象是"商业秘密"，EEA规定的"商业秘密"很宽泛，各种财务、经营、科学、技术、经济或工程信息，包括样式、计划、编辑产品、程序装置、公式、设计、原型、方法、技术、工艺、流程或编码，

---

❶ 2013年1月24日，美国国会对"经济间谍罪"的处罚进行了修改，提高了最高罚款额；如果是个人犯罪，最高罚款额从50万美元提高到500万美元，如果是机构犯罪，最高罚款额从1000万美元的增加到"最高1000万美元的罚金或者三倍于被盗商业秘密的价值，包括研究、设计费用以及为防止商业被盗的其他费用，二者取其大"。

❷ 2016年5月12通过的《保护商业秘密法》（DTSA）对"盗取商业秘密罪"的处罚进行了修改，从原来的"处500万美元以下罚款"修改为："处500万美元以下或者对于权利主体而言被窃商业秘密所具备的价值的3倍，包括研究费、设计费以及其他该权利主体重新生成商业秘密所需要支出的费用，两者取其大。"

无论它是有形还是无形的，也不论其收集存贮和编辑的方法是文字形式、图表形式、照片形式、电子形式或者实物形式，只要该信息的所有人已采取了合理的保护措施，而该信息具有现实或潜在的独立经济价值，而又尚未被一般公众所知悉或公众尚不能利用合法方式进行确认、取得的，这样的信息即构成 EEA 界定的商业秘密。

EEA 认为的"合理的保护措施"，包括：

a) 对所涉及的商业秘密采取了物理防护措施；

b) 对商业秘密的分发范围进行了限制；

c) 对访问商业秘密的员工数量进行了限制

d) 告知相关员工其工作接触并使用了商业秘密，并在商业秘密资料上标注警告语；

e) 对供应商仅提供所必需的部分商业秘密，而不是全部。

EEA 具有以下几个特点：

（1）意图构成犯罪。

按照 EEA 的规定，若某人试图窃取商业秘密，即使未成功，也会按照经济间谍法起诉，追究其法律责任。所谓"意图"犯罪，是说仅仅企图盗窃某种商业秘密，即使没有盗取，也视为这种行为已经完成，可以受到法律处罚。意图窃取和已经获得商业秘密的处罚是完全一致的。

在司法实践中，在依据 EEA 启动调查期间，政府无须证明实际的商业秘密被侵犯了，因为以未遂提起控诉时，只要被告被认为其意图侵犯的商业秘密是存在的，被告人就要为此承担责任，而不需要证明有真实的商业秘密存在。

（2）共谋犯罪。

所谓"共谋"窃取商业秘密，是指两个以上的人合谋并企图盗窃商业秘密，而且采取了下一个步骤来进行犯罪，则可以"共谋"罪名来起诉，即使没有获取商业秘密，也已被视为窃取商业秘密，要受到刑法处罚。

（3）具有域外效力。

EEA 可以让美国联邦政府有权力对境外的行为加以管制。这种域外效力的规定，使美国政府能够介入一般的企业商业秘密纠纷，以此来更全面地保护美国本国的经济利益。

（4）可以进行诱捕。

美国政府部门按照 EEA 进行犯罪调查时，可以按照美国的法律规定进行诱捕，利用线人或企业提供的虚假商业秘密信息，诱使犯罪嫌疑人实施犯罪活动。这为赋予美国公司利用美国政府的力量来介入私人公司纠纷的处理或竞争提供了机会。

（三）《商业秘密盗窃澄清法》*

《商业秘密盗窃澄清法》（The Theft of Trade Secrets Clarification Act of 2012），该法案对《1996 年经济间谍法》中所定义的商业秘密作出了重大修订，扩大了 EEA 所保护的商业秘密范围。

《商业秘密盗窃澄清法》对 EEA 中商业秘密范围的修订主要体现在两个方面：

一是明确商业秘密是指与产品或服务相关的信息。在 2012 年修订之前，EEA 只保护涉及产品的商业秘密，而不保护涉及服务的商业秘密。这一修订使得窃取与服务相关的商业秘密的行为也将面临刑事处罚。

二是 EEA 保护的商业秘密产品和服务不再限于对外销售。根据原规定，涉及商业秘密的产品是为州际贸易或国外贸易而生产的或处于存放状态，换句话说，涉及商业秘密的产品是要用于销售的。《商业秘密盗窃澄清法》将其修正为涉"及商业秘密的产品或服务是与用于或目的用于州际贸易或对外贸易相关的"即可。因此，如果企业的产品或者服务即使不是直接对外销售，但它使用的目的是州际或对外贸易，这样的产品和服务涉及的商业秘密也要受到 EEA 的保护，如果有人窃取这些商业秘密，EEA 便支持对其指控。

---

* 门洪利，妞全胜. 美国的商业秘密保护体系概述：国家层面 [EB/OL]. [2025-02-20]. http://www.ipr007.com/modules/Content_info.aspx? no = DI00000002600000441&eqid = f7b9eb8000152349000000046459e419.

（四）《2012 年外国经济间谍惩罚加重法》*

《2012 年外国经济间谍惩罚加重法》（The Foreign and Economic Espionage Penalty Enhancement Act of 2012）。提高了对经济间谍罪的财产刑罚标准，具体如下：

将自然人犯罪的财产刑由"不超过 50 万美元的罚金"提高到"不超过 500 万美元的罚金"；

将法人犯罪的财产刑从"不超过 1000 万美元的罚金"提高到"不超过 1000 万美元的罚金或者三倍于被盗商业秘密价值，包括研究和设计费用以及为防止商业秘密被盗的其他费用，二者取其大"。

《2012 年外国经济间谍惩罚加重法》极大地提高了经济间谍罪的财产刑上限，由原来的法人犯罪罚金从"不超过 1000 万美元的罚金"提高到没有上限限制的"三倍于被盗商业秘密价值，包括研究和设计费用以及为防止商业秘密被盗的其他费用"。

（五）《2016 年保护商业秘密法》**

《2016 年保护商业秘密法》（Defend Trade Secrets Act of 2016, DTSA）是对《1996 年经济间谍法》的修订，其目的是使联邦法院获得对商业秘密盗窃案件的管辖权，以及其他目的。

该法律首次赋予联邦法院对于窃取商业秘密案件的管辖权，而在此前，盗窃商业秘密案件仅能通过各州法院进行审理，DTSA 使得受害人可以根据自身需要选择联邦法院获得全美国范围的救济。从立法政策角度看，DTSA 也有望通过联邦立法为起诉侵害商业秘密案件和获取民事救济提供统一的法律依据。

DTSA 的主要内容包括：

---

* 门洪利，俎全胜. 美国的商业秘密保护体系概述：国家层面 [EB/OL]. [2025-02-20]. http://www.ipr007.com/modules/Content_info.aspx? no = DI00000002600000441&eqid = f7b9eb8000152349000000046459e419.

** 根据《2016 保护商业秘密法》（http://www.ipr007.com/modules/Content_info.aspx? no = DI00000002600000440）整理。

(1) 单方申请扣押财产。

DTSA 规定,在满足特定条件时,联邦法院可基于当事人的单方申请发布扣押财产的命令,这也是该法案中较为重要且存在争议的一部分。

依照 DTSA 规定,当事人只要能够证明自己的商业秘密正在或将要被他人以不正当手段侵犯等情形存在,法院就有权作出扣押财产的决定,并且扣押财产程序可以在不通知被扣押财产所有人的情况下进行。同时,为避免商事主体利用扣押程序从事不正当竞争行为,DTSA 对于扣押程序规定了严格限制,包括将扣押范围控制在最低限度内,保护扣押财产不被泄露以及尽快安排听证程序等,意图从多方面限制申请人的权利,规范法院发布扣押财产命令的程序,达到受害人及时获得救济的权利以及被告人与第三人合法权利间的平衡。

(2) 规定了救济方式和力度。

DTSA 还确立了禁令救济制度,规定了损害赔偿的计算方式及惩罚性赔偿。赔偿数额按照实际损失、不当得利以及许可费损失的先后顺序确定。在故意或恶意侵害商业秘密的情况下,法院可判决被告按前述赔偿额两倍以内的数额支付惩罚性赔偿。

(3) 提高加对"盗取商业秘密罪"的处罚上限。

DTSA 还提高了盗取商业秘密罪的处罚上限,将《经济间谍法》原来规定的"处 500 万美元以下罚金"修改为"处 500 万美元以下或者对于权利主体而言被窃商业秘密所具备的价值的三倍,包括研究费、设计费以及其他该权利主体重新生成商业秘密所需要支出的费用,二者取其大"。

(4) 涉外案件定期报告。

DTSA 第 4 条规定,司法部应当针对美国境外侵害美国商业秘密的案件情况,包括被盗地域及范围、是否与外国政府有关联及关联程度等进行追踪,经与知识产权执法部门等机构磋商后定期向参、众两院提交报告并向社会公布。

此外,DTSA 对商业秘密在案件审理期间的保护也作出规定,允许当事人请求加密,即对涉及商业秘密的扣押财产采取加密措施,在禁令执行过程中规定法院采取合理保护措施，避免其信息为公众所知。DTSA 还对"侵占""不合理方式"等法律术语进行解释，对侵犯商业秘密的行为进行界定，特别将反向工程、独立研发等合法研发行为排除在外。

二、普通法

从 20 世纪 30 年代末开始，美国法学会和律师协会相继发布了《侵权法重述》（1939 年）、《统一商业秘密法》（1979 年）、《不正当竞争法第三次重述》（1995 年）。其中，《侵权法重述》是美国对于商业秘密保护最早的成文性规定。

《侵权法重述》将商业秘密界定为"任何应用于某人营业上的配方、样式、方法或信息的编辑，这些秘密使其获得比不知道或不使用该秘密的竞争者有利的机会"。它可以是一种化学混合物配方，制造、处理和保存物料的方法，机械的模型或其他顾客名单；与其他商业信息不同，商业秘密并非处理业务上单一的或短暂的事件的信息（如对某契约秘密投标之数额或其他条款，或特定受雇人之薪金，或已做或预期要做的证券投资，或预定宣示某种新政策，或实行新模式的日期），而是在业务上、营业上持续使用的方法，通常也涉及商品的生产，例如生产物品之机械或配方，但也可能涉及商品之销售或其他商业上之营业，例如决定价目表、或目录上之折扣，或其他让步之代号，或专门化顾客名册或记账，或其他办公室的管理方法。同时还列举了确认受保护的商业秘密的六项考虑因素：（1）外界对此项信息的知悉程度；（2）企业内员工及其他相关企业对此项信息的知悉程度；（3）所有者对该项信息采取保密措施的程度；（4）该项信息对所有者及其竞争者的价值；（5）所有者为开发该项信息所投入的精力或资金；（6）该项信息是否易于被他人采用的正当的方法取得或复制。

1995 年美国法律协会制定的《不正当竞争法第三次重述》将商业秘密的界定为任何可用于工商经营的信息，其有足够的价值和秘密性，使相对于他人产生现实或潜在经济优势。

三、州　　法[*]

《统一商业秘密法》（Uniform Trade Secrets Act）是由美国统一法律委员会（Uniform Law Commission）于1979年发布的，并在1985年进行了修订，旨在对各州普通法中的关于盗用商业秘密的标准和救济方法进行统一协调而编纂成的统一法律。但该法只是一部示范法，其作用的发挥，还有待于各州的采纳。自1981年开始，《统一商业秘密法》相继为许多州所批准或采纳。截至目前，UTSA已被美国49个州、哥伦比亚特区、波多黎各及美属维尔京群岛所采纳。没有采纳的州只有纽约州。

《统一商业秘密法》包括前言和12个章节。每个章节都带有一个"注解"部分，以说明和通过案例澄清该条款的目的。

《统一商业秘密法》第1章第4项对商业秘密的界定为特定信息，包括配方、样式、编辑产品、程序、设计、方法、技术或工艺等，其由于未能被可从其披露或使用中获取经济价值的他人所公知且未能用正当手段已经可以确定，因而具有实际或潜在的独立经济价值，同时是在特定情势下已尽合理保密努力的对象。

《统一商业秘密法》将普通法商业秘密保护的基本原则编纂成文，并保留了其与专利法的本质区别。例如，根据UTSA和普通法原则，多人有权针对同一信息进行商业秘密保护，为了发现商业秘密对合法获得的产品进行"逆向工程"的分析是被允许的。

与传统的商业秘密法一样，UTSA包含一般概念。根据该法第1条第（2）款，侵占（Misappropriation）商业秘密，指：

1. 由知道或有理由知道商业秘密是通过不正当手段获得的人，获得他人的商业秘密；或

2. 未经他人明示或默示的同意披露或使用他人的商业秘密，该人

（1）使用不正当手段获取商业秘密知识；

---

[*] 商业秘密保护［EB/OL］.［2025-02-20］. http：//ipr.mofcom.gov.cn/hwwq_2/zn/America/Usa/Trade_Secret.html.

（2）在披露或使用时，知道或有理由知道他对商业秘密的了解是

a. 来自或经由利用不正当手段获得该商业秘密的人；

b. 在其有义务保持该商业秘密的保密性或限制其使用的情况下取得的；或

c. 来自或经由某人，其对正在寻求救济以保持该商业秘密的保密性或限制其使用的人负有责任；或

（3）在其职位发生重大变化之前，知道或有理由知道这是商业秘密，并且是由于偶然或错误获得该商业秘密。

通过采纳 UTSA，各州在商业秘密保护方面实现了一定的统一，但由于各州的变通采用政策以及州法院对法律的解释差异，美国各州商业秘密保护标准还存在很大程度的不同。

附录五　企业商业秘密管理手册

0.1　前　　言

知识产权作为经济发展的重要资源和竞争力的核心要素，在企业竞争中的作用日渐突出。商业秘密是企业重要的知识产权之一，也是企业的核心竞争力。本公司依据法律法规和自身发展战略目标，建立并完善商业秘密管理体系，以便更好地保护商业秘密，降低商业秘密泄露的风险，提升竞争优势；合理地防控商业秘密侵权的风险，提升合规管理水平，营造公司尊重知识产权的良好氛围；综合运用知识产权，实现无形资产的保值和增值。

本管理手册是依据 T/PPAC 701—2021《企业商业秘密管理规范》，结合公司的特点及实际，遵行"可行、实效、系统、准确、简明"的原则编写。希望公司员工能认真学习、理解执行，做好商业秘密管理工作，提升竞争优势、合规管理水平和知识产权综合运用水平，满足标准要求。

0.2　颁布令

为了实现：

持续提供满足相关方要求以及适用的法律法规要求的商业秘密管理的能力，降低泄密风险和侵权风险；

获得有效的过程绩效，在评价数据和信息的基础上改进过程，并不断提升商业秘密的安全度；

应对与企业环境和目标相关的风险和机遇；

证实符合规定的商业秘密管理体系要求的能力。

本公司参考 T/PPAC 701—2021《企业商业秘密管理规范》编写此商业秘密管理手册。

本手册采用过程方法，结合 PDCA（策划、实施、检查、处置）循环与基于风险的思维，策划商业秘密管理过程及其相互作用，能够确保其过程得到充分的资源和管理，确定改进机会并采取行动。

本手册采用基于风险的思维，使企业能够确定可能导致其过程和商业秘密管理体系偏离策划结果的各种因素，采取预防控制，最大限度地降低不利影响，并最大限度地利用出现的机遇，在日益复杂的动态环境中持续满足要求，并针对未来需求和期望采取适当行动。

本手册作为阐述商业秘密方针、目标并描述商业秘密管理体系的文件，也作为满足相关方、适用的法规要求和改进商业秘密管理绩效的一种手段，同时作为公司商业秘密管理的纲领性文件，全体员工必须严格遵照执行。

总经理：_____

202×年××月××日

0.3　企业简介

×××××××××××××××××××××××××××××
××××××××××××××××××××××××
××××××××××××××××××××

0.4　商业秘密方针、目标

1. 商业秘密方针

×××××××××××

2. 商业秘密长期目标

×××××××××××××××××××××××××
×××××××××××××××××××××
×××

3. 商业秘密3~5年目标

×××××××××××××××××××××××××

××
×××

             总经理：_____

             202×年××月××日

0.5　任命书

为贯彻执行《企业商业秘密管理规范》及相关法律法规要求，特任命_____同志为公司商业秘密管理者代表，负责下列工作：

确保商业秘密管理体系符合本标准的要求；

确保全体员工能够理解商业秘密管理和商业秘密管理体系有效运行的重要性；

促进使用过程方法，确保各过程获得其预期输出；

确保商业秘密管理体系实现其预期结果；

报告商业秘密管理体系的绩效，提出改进建议；

在策划和实施商业秘密管理体系变更时，应保持其完整性。

             总经理：_____

             202×年××月××日

1　范围

1.1　总则

本手册按《企业商业秘密管理规范》的要求，通过商业秘密管理体系的建立、实施、保持和持续改进，规范公司的商业秘密工作。

1.2　内容

本手册包括《企业商业秘密管理规范》的全部要求以及体系所需过程的相互作用，包括公司商业秘密管理的方针、企业环境、领导作用、策划、支持、商业秘密的确定、商业秘密的管理、商业秘密的争议处理、监督检查、评审及改进。

1.3 目的

贯彻《企业商业秘密管理规范》团体标准，促进公司建立生产经营活动各环节商业秘密管理活动规范，加强商业秘密管理，提高公司商业秘密确定、管理和争议处理的水平。

1.4 范围

本手册适用于公司内部和外部经营活动全过程。本手册涉及评价公司是否满足《企业商业秘密管理规范》标准和有关法律法规要求的评价体系。

1.5 应用

公司商业秘密管理活动涉及《企业商业秘密管理规范》全部条款内容，没有删减。

2 规范性引用文件

下列文件对于本标准的应用是必不可少的。对注日期的引用文件，只有所引用版本适用。对不注日期的引用文件，其最新版本（包括所有的修改单）适用。

GB/T 19000 质量管理体系 基础和术语

GB/T 22080 信息技术 安全技术 信息安全管理体系 要求

GB/T 29490 企业知识产权管理规范

GB/T 34061 知识管理体系第1部分：指南

3 术语和定义

下列术语和定义适用于本文件。

3.1 技术信息 technical information

与技术有关的结构、原料、组分、配方、材料、样品、样式、植物新品种繁殖材料、工艺、方法或其步骤、算法、数据、计算机程序及其有关文档等信息

注：《最高人民法院关于审理侵犯商业秘密民事案件适用法律若干问题的规定》第一条。

3.2　经营信息　commercial information

与经营活动有关的创意、管理、销售、财务、计划、样本、招投标材料、客户信息、数据等信息。

客户信息包括客户的名称、地址、联系方式以及交易习惯、意向、内容等信息。

《最高人民法院关于审理侵犯商业秘密民事案件适用法律若干问题的规定》第一条。

3.3　商业秘密　trade secret

不为公众所知悉、具有商业价值并经权利人采取相应保密措施的技术信息、经营信息等商业信息。

《中华人民共和国反不正当竞争法》第九条。

权利人包括商业秘密的所有人和经商业秘密所有人许可的商业秘密使用人。(《中华人民共和国刑法》第二百一十九条)。

3.4　管理体系　management system

企业建立方针和目标以及实现这些目标的过程的相互关联或相互作用的一组要素。

一个管理体系可以针对单一的领域或几个领域，如质量管理、财务管理或环境管理。

管理体系要素规定了企业的结构、岗位和职责、策划、运行、方针、惯例、规则、理念、目标，以及实现这些目标的过程。

管理体系的范围可能包括整个企业，企业中可被明确识别的职能或可被明确识别的部门，以及跨企业的单一职能或多个职能。

[来源：GB/T 19000—2016，3.5.3]

3.5　商业秘密管理体系　trade secret management system

建立商业秘密方针和目标并实现这些目标的体系。

3.6 涉密人员　secret-related personnel

根据工作职责或者保密协议有权接触、使用、掌握商业秘密的企业员工或其他人。

注：涉密人员一般包括涉密管理人员和商业秘密接触人员。

3.7 涉密载体　secret-related carrier

以文字、数据、符号、图形、实物、视频和音频等形式记载和存储商业秘密的纸介质、光介质、电磁介质等各类物品。

纸介质是指传统的纸质涉密文件资料、书刊、图纸等。

光介质是指利用激光原理写入和读取商业秘密的存储介质，包括CD、VCD、DVD等各类光盘。

电磁介质包括电子介质和磁介质两种，如各类闪存盘、硬磁盘、软磁盘、磁带等。

3.8 涉密设备　secret-related device

生成、存储、处理商业秘密的设备以及通过观察或者测试、分析手段能够获得商业秘密的设备或产品。

3.9 涉密区域　secret-related area

可以接触到商业秘密信息的一切场所，包括但不限于企业园区、厂房、车间、实验室、办公室、保密室、档案室、机房、用户现场等。

3.10 安全度　safety degree

商业秘密安全与否的客观程度。

3.11 成文信息　documented information

企业需要控制和保持的信息及其载体。

成文信息可以任何格式和载体存在，并可来自任何来源。

成文信息可涉及：

——管理体系，包括相关过程；

——为企业运行产生的信息（一组文件）；

——结果实现的证据[记录]。

[来源：GB/T19000—2016，3.8.6]

3.12 显性知识 explicit knowledge

以文字、符号、图形等方式表达的知识。

[来源：GB/T 23703.2—2010，2.3]

3.13 隐性知识 tacit knowledge

未以文字、符号、图形等方式表达的知识，存在于人的大脑中。

[来源：GB/T 23703.2—2010，2.4]

4 企业环境

4.1 理解企业及其环境

4.1.1 外部环境

公司确定并管理与本公司目标、战略方向相关并影响本公司实现商业秘密管理体系与其结果的来自国内外的法律法规、技术、竞争、市场、文化、社会和经济环境等外部环境的相关信息。

公司根据《商业秘密监督检查、评审及改进控制程序》的要求，通过定期的监督检查和评审，对上述外部环境的相关信息进行监测和评审。如果出现引起商业秘密管理体系变化的外部环境，公司将改进商业秘密管理体系以适应这些变化。

4.1.2 内部因素

公司确定并管理与本公司目标、战略方向相关并影响本公司实现商业秘密管理体系与其结果的来自公司价值观、文化、知识和绩效等内部因素的相关信息，最终确定影响其实现商业秘密管理体系的因素。

公司根据《商业秘密监督检查、评审及改进控制程序》的要求，通过定期的监督检查和评审，对上述内部因素的相关信息进行监测和评审。如果出现引起商业秘密管理体系变化的内部因素，公司将改进商业秘密管理体系以适应这些变化。

4.2 理解相关方的需求和期望

由于相关方的需求和期望影响或潜在影响公司的商业秘密管理责任和能力，因此，公司在建立商业秘密管理体系时：

识别、确定与商业秘密管理体系有关的利益相关方，包括：顾客、供方、合作伙伴、员工的前雇主、监管部门等；

识别、确定与商业秘密管理体系相关方的要求，包括：商业秘密的定义、商业秘密的诉讼要求、合同中关于保守商业秘密的约定、员工与前雇主签订的保密协议等。

公司根据《商业秘密监督检查、评审及改进控制程序》的要求，通过定期的监督检查和评审，对上述相关方的信息及其相关要求进行监测和评审。如果出现引起商业秘密管理体系变化的相关方及其要求，公司将改进商业秘密管理体系以适应这些变化。

4.3 确定商业秘密管理体系的范围

公司充分考虑 4.1 中提及的各种外部环境和内部因素，4.2 中提及的相关方的要求，以及公司商业秘密保护的要求，确定商业秘密管理体系的边界和适用性，并确定其范围。

公司的商业秘密包括：××××等技术信息；××××等商业信息；

公司的商业秘密管理体系覆盖×××××的研发、生产与销售。

公司的商业秘密管理体系覆盖所有部门。

公司的商业秘密管理体系覆盖 T/PPAC 701—2022 的所有要求，在本手册中对这些要求做了适合公司需要的规定。（如有删减请说明理由）

4.4 商业秘密管理体系及其过程

4.4.1 公司根据 T/PPAC 701—2022 的要求，建立、实施、保持和持续改进商业秘密管理体系，包括所需过程及其相互作用。

公司确定商业秘密管理体系所需的过程及其在整个企业中的应用，做到：

确定这些过程所需的输入和期望的输出；

确定这些过程的顺序和相互作用；

确定和应用所需的准则和方法（包括监测、评价和相关绩效指标），以确保这些过程的有效运行和控制；

确定这些过程所需的资源并确保其可获得；

分配这些过程的职责和权限；

根据本手册6.1的要求应对风险和机遇；

评价这些过程，实施所需的变更，以确保实现这些过程的预期结果；

改进过程和商业秘密管理体系。

4.4.2 公司根据自身的特点和需要，在必要的范围和程度上，做到：

根据T/PPAC 701—2022的要求建立、实施并保持文件化的商业秘密管理体系，以支持过程运行；

保留商业秘密管理体系按策划的要求进行运作的必要的证据，以确信其过程按策划进行。

5 领导作用

5.1 领导作用及承诺

公司最高管理者承诺建立和实施商业秘密管理体系并在其中发挥领导作用，并通过以下活动予以证实。

确保制定商业秘密管理体系的方针和目标，并与企业环境相适应，与战略方向相一致；

确保商业秘密管理体系融入企业的相关业务全过程，实现安全与管理效率、管理成本的平衡；

确保商业秘密管理体系运行所需的资源；

确保通过PDCA循环实现商业秘密管理体系的持续改进；

支持其他相关管理者在其职责范围内发挥领导作用。

5.2 方针

5.2.1 公司的商业秘密方针

结合公司的综合环境，以及企业的总体战略、研发战略和知识产权战略，制定公司的商业秘密方针：

××××××××××××

该方针为建立商业秘密管理目标提供框架，并对其适用性和持续改进进行承诺。

5.2.2 沟通商业秘密方针

为了使商业秘密方针在公司内部得到沟通、理解和应用，公司：

将商业秘密方针形成文件并分发至相关部门和人员；

采取培训、会议、告示宣传等措施，确保商业秘密方针在公司内得到沟通、理解和应用；

适当时，可根据相关方的要求向其提供商业秘密方针。

5.3 岗位、职责及权限

5.3.1 公司最高管理者保证商业秘密管理的相关岗位和职责得到规定、沟通和理解。

在××××文件中，规定相关人员的职责、权限及相互关系。

建立企业架构图，明确各部门的职责和权限。

在各岗位的岗位说明书中明确各岗位的职责和权限。

编制职能分配表，把 T/PPAC 701—2022 标准的要求分配到各个部门。

通过培训、阅读文件等方式，让每位员工明白自己的职责、权限以及与其他部门/岗位的关系，以保证全体员工各司其职，相互配合，有效地开展各项活动，为商业秘密管理水平的提高作出贡献。

5.3.2 公司最高管理者任命×××担任管理者代表。管理者代表的职责和权限包括：

确保商业秘密管理体系符合本标准的要求；

确保全体员工能够理解商业秘密管理和商业秘密管理体系有效运行的重要性；

促进使用过程方法确保各过程获得其预期输出；

确保商业秘密管理体系实现其预期结果；

报告商业秘密管理体系的绩效，提出改进建议；

在策划和实施商业秘密管理体系变更时，应保持其完整性。

6 策划

6.1 应对风险和机遇的措施

公司在策划商业秘密管理体系时，不仅考虑手册4.1条款提到的内部因素和外部环境、手册4.2条款提到的企业的利益相关方的需求和期望，还应确定过程中的风险和机遇及其应对措施，以：

确保商业秘密管理体系能够实现其预期结果；

增强有利影响，预防或减少不利影响；

实现持续改进。

公司根据《风险控制程序》的要求策划如下内容。

风险和机遇的应对措施。风险和机遇的应对措施应与商业秘密泄露造成的潜在影响相适应。

风险的应对措施可包括：规避风险，为寻求机遇承担风险、消除风险源、改变风险的可能性或后果、分担风险或通过信息充分的决策而保留风险。

机遇可能导致采用新实践、推出新产品、开辟新市场、赢得新顾客、建立合作伙伴关系、利用新技术等，以满足企业或其相关方的需求。

在商业秘密管理体系过程中整合、实施风险和机遇的应对措施，并评价风险和机遇的应对措施的有效性。

6.2 管理目标及其实现的策划

6.2.1 商业秘密管理目标

公司根据相关职能、层次和商业秘密管理体系所需的过程建立与商业秘密方针保持一致的长期、中期、短期商业秘密管理目标，商业秘密管理目标及考核方法详见"商业秘密目标清单"，并：

通过培训、文件、板报、张贴等方式将商业秘密目标传达到全体员工；

对商业秘密管理目标进行监督检查、考核和评价；

根据经营环境和持续改进的要求对商业秘密目标进行更新。

6.2.2 商业秘密管理目标实现的策划与实施

公司根据《商业秘密目标管理程序》的要求为商业秘密目标的实现制定措施、计划并实施。措施计划包括5W1H，即Why（为什么做，商业秘密管理目标）、What（做什么，实现目标的措施）、Who（谁做，职责和权限）、Where（哪里做）、When（何时做，何时完成）、How（如何做，步骤、方法、资源，以及对结果如何评价等）。

6.3 变更的策划

当需要对商业秘密管理体系进行变更时，为确保商业秘密管理体系各过程的正常运行，保证商业秘密管理体系作为一个有机整体的系统性和完整性，使商业秘密管理体系在变更中和变更后能够持续有效，需考虑：变更目的及其潜在后果；商业秘密管理体系的完整性；资源的可获得性；职责和权限的分配或再分配。

7 支持

7.1 资源

公司确定并提供为建立、实施、保持和持续改进商业秘密管理体系所需的资源，包括：

确定商业秘密管理体系有效实施、过程有效运行和控制，分析、评估现有内部资源的能力和不足，并根据评估结果确定并配备所需的人员，以有效实施商业秘密管理体系，并运行和控制其过程；

确定、提供并维护所需的基础设施（包括建筑物和相关设施；设备，包括硬件和软件；信息系统和技术手段等），以支撑商业秘密管理过程的运行；

确定、提供必要的经费，以保障商业秘密管理过程的运行。

7.2 能力

公司：

确定影响商业秘密管理体系绩效和有效性的人员所需具备的能力；

通过法律法规、保密责任、保密意识、保密措施等教育培训或招聘有经验的人员，确保人员能够胜任其工作；

适用时，通过对在职人员进行培训、辅导或重新分配工作，或者聘用、外包胜任的人员等措施获得所需的能力，并评价措施的有效性；

保留适当的成文信息，作为人员能力的证据。

7.3 意识

公司通过培训、会议、告示宣传等措施对商业秘密管理体系相关人员进行保密意识的培养，确保其理解：

商业秘密方针和管理目标；

其对商业秘密管理体系有效性的贡献，包括改进绩效的益处；

不符合商业秘密管理体系要求的后果。

7.4 沟通

公司建立有效的沟通交流方式，确保商业秘密管理体系内部不同层级之间的需求得到理解，并及时获得反馈。

公司建立沟通机制，确保与商业秘密相关的外部沟通。

7.5 成文信息

7.5.1 总则

为确保商业秘密管理体系的有效运行，公司根据 T/PPAC 701—2022 标准即法律法规的要求建立文件化的商业秘密管理体系。公司商业秘密管理体系文件包括4个层次，如图1所示。

第一层：商业秘密管理手册。其阐述公司的商业秘密方针、目标，概括性、原则性、纲领性地描述商业秘密管理体系。

第二层：程序文件或制度文件。程序文件或制度文件是商业秘密管理手册的展开和具体化，使商业秘密管理手册中原则性和纲领性的要求得到展开和落实。程序文件规定了执行商业秘密管理活动的具体办法，内容包括：目的、适用范围、定义、职责权限、工作程序、相关文件、相关记录等。工作程序部分规定了做什么、谁来做、何时、何地做、如何做等内容。

第三层：作业指导书。在没有文件化的规定就不能保证商业秘密管理体系有效运行的前提下，本公司使用作业指导书，详述如何完成具体的作

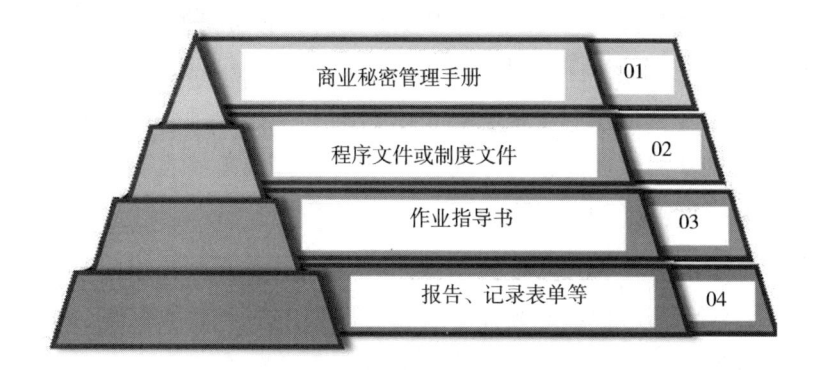

图 1　商业秘密管理体系文件的 4 个层次

业和任务。

第四层：报告、记录表单。其用以记录活动的状态和所达到的结果，为体系运行提供查询和追踪依据。

公司商业秘密管理体系文件的编制，应遵循下列基本要求：

T/PPAC 701—2022 标准明确要求形成文件的，一定要形成文件信息；

根据自身规模、活动、过程、产品和服务的实际情况增加需要形成文件的信息；

体系文件的各个层次间、文件与文件之间应做到层次清楚、接口明确、结构合理；

文件要符合公司的实际情况，易于理解并有良好的适应性和可操作性；

文件中需要引用其他文件时，应注明引用文件的名称或编号，以便查询。

7.5.2　创建和更新

公司根据《文件控制程序》的要求，创建和更新文件信息，包括：

采用名称标识、部门标识、编号标识、版本标识、分类标识、重要程度标识、时间标识、文件作者、内容摘要、索引编号等对文件进行合理的标识和说明；

文件格式可采用：视频、音频、图像、书面文件、纸质、电子等合适的形式；

文件发布前均经过适当的评审和批准，以确保适宜性和充分性。

7.5.3 成文信息的控制

公司根据《文件控制程序》的要求对商业秘密管理体系形成的文件信息进行妥善保护，防止泄密、不当使用或缺失，并确保在需要的场合和时机可获得并适用。

公司根据《文件控制程序》的要求对商业秘密管理体系形成的文件信息进行控制活动，包括：对分发、使用、存储和防护进行控制，并对版本的更改进行控制，确保成文信息的保留和处置。

公司根据《文件控制程序》对策划和运行商业秘密管理体系所必需的外来文件的识别、收集、审查、批准、归档、编目、标识、发放、使用、评审、更新、补充和作废等进行管理，以保持外来文件的适宜性。

公司对证据性文件的标识、储存、保护、检索、保存期限和处理等进行管理，确保证据性文件不丢失、不损坏、不被篡改，并能做到清晰、易于识别和检索。

8 商业秘密的确定

8.1 总则

为满足商业秘密管理的要求，并实施本手册前期策划所确定的措施，公司根据《商业秘密确定工作程序》《商密文件保密管理指引》的要求，企业各部门定期或不定期根据本部门信息的产生情况开展商业秘密确定工作。包括：

确定商业秘密的范围、保密事项等，并形成商业秘密清单；

对商业秘密进行分类分级；

对商业秘密的成文信息进行储存保管；

对商业秘密清单进行适时更新。

8.2 确定商业秘密

8.2.1 商业秘密遴选

定期或不定期对经营活动中产生的战略规划、管理方法、商业模式、改制上市、并购重组、产权交易、财务信息、投融资决策、产购销策略、资源储备、客户信息、招投标事项等经营信息，以及设计、程序、产品配方、制作工艺、制作方法、技术诀窍等技术信息进行分析，遴选出商业秘密；

特别是在重大经营活动、项目的重要节点，应及时开展商业秘密遴选等工作。

8.2.2 分类分级

公司根据商业秘密信息是否为所属领域相关人员普遍知悉和容易获得确定商业秘密的秘密性；并根据其与公司主营业务的关联程度，泄露后对企业的影响以及在现阶段的市场地位、技术先进性及潜在的发展前景等评价商业秘密的经济价值。综合考虑商业秘密的秘密性以及经济价值，将商业秘密的密级划分为核心商业秘密、重要商业秘密和一般商业秘密。

8.2.3 确定保护形式

公司首先要确定遴选出的商业秘密信息是否属于国家秘密，如果属于国家秘密，则根据国家保密相关法律法规进行管理。对于不属于国家秘密的商业秘密信息进行评估，确定合适的保护形式，如进行防卫性公开、申请专利、作为商业秘密等，需要通过商业秘密保护的隐性知识应及时转化为显性知识。

8.3 确定保密信息

8.3.1 密级划分

根据商业秘密的秘密性和价值性，公司将密级划分为：

核心商业秘密，泄露会使企业的主营业务及核心利益遭受特别严重的损害；

重要商业秘密，泄露会使企业利益遭受严重损害；

一般商业秘密，泄露会使企业利益遭受损害。

8.3.2 确定保密期限

公司根据商业秘密的密级划分以及商业秘密生命周期、技术成熟程度、潜在价值、市场需求等，确定商业秘密保密期限。可以预见时限的以年、月、日计，不可以预见时限的应定为"长期"或者"公布前"。

8.3.3 确定接触范围

公司根据商业秘密的内容和密级，确定商业秘密的主责部门与接触范围。

8.3.4 确定流转要求

公司根据商业秘密的内容和密级确定商业秘密的流转要求；通过信息系统或者会议等形式发布时，应采取签字或者数字化身份认证等方式记录接触范围。

8.3.5 存证

公司根据涉密载体管理条件、商业秘密的密级与载体情况确定合适的存证方式：

公司根据商业秘密的内容和密级确定商业秘密的流转要求；

通过信息系统或者会议等形式发布时，应采取签字或者数字化身份认证等方式记录接触范围。

8.3.6 商业秘密清单

公司形成商业秘密清单，内容可包括商业秘密主题、密级、保密期限、主责部门、接触范围、流转要求、保存方式、存证方式等。

8.4 更新与解密

商业秘密的更新与解密应满足下列要求：

当内外部环境发生变化时，公司对确定商业秘密的依据及商业秘密的范围进行考察，确保商业秘密信息范围和密级及时更新，并及时对商业秘密清单予以更新；

公司定期对其商业秘密进行评估，考察商业秘密信息是否需要解密。当出现商业秘密被公开，或失去保护价值等情况时，可将商业秘密解密，并对商业秘密清单予以更新；

国家秘密到期解密时，公司对其进行评估确定是否继续作为商业秘密进行管理；

商业秘密解密时，公司对其进行评估确定是否以其他形式的知识产权进行保护。

9 商业秘密的管理

9.1 总则

公司建立《涉密人员管理办法》《培训管理办法》《涉密载体管理办法》《涉密设备管理办法》《涉密区域管理办法》，并根据要求开展商业秘密管理工作。

对于重要的项目，可以建立针对特定项目的管理制度，与重要岗位人员签署特定的保密协议。

9.2 涉密人员管理

9.2.1 入职管理

9.2.1.1 招聘

公司根据《涉密人员管理办法》的要求开展人员招聘工作，在人员招聘过程中：

根据商业秘密清单确定拟招聘的岗位是否属于涉密岗位；

应对涉密岗位的应聘人员进行保密提醒，告知其有保护本公司商业秘密的义务，并提醒其不得泄露前雇主的商业秘密；必要时，可要求其作出知悉承诺或签署保密承诺书；

对涉密岗位的拟入职员工进行背景调查，以避免因新员工入职带来法律风险；必要时要求其作出在企业任职期间不侵犯前雇主的商业秘密、不违反与前雇主签订的竞业限制协议等的承诺；

公司保留涉密提醒、背景调查的成文信息。

9.2.1.2 保密协议

公司根据《涉密人员管理办法》的要求与新入职员工签署保密协议，约定保密范围、双方的权利和义务、违约责任等。

公司保留保密协议的成文信息。

9.2.1.3 竞业限制协议

公司根据《涉密人员管理办法》的要求与新入职的高级管理人员、高级技术人员和其他知悉核心、重要商业秘密的人员签署竞业限制协议，并约定竞业限制的范围、地域、生效条件、期限、违约责任、经济补偿等。

公司保留竞业限制协议的成文信息。

9.2.1.4 保密培训

公司根据《培训管理办法》的要求对新入职员工进行保密培训，以确保其：

理解商业秘密权利、义务，建立保密意识；

理解企业商业秘密管理相关规定；

理解其岗位的保密责任。

公司保留保密培训的成文信息。

9.2.2 在职管理

9.2.2.1 日常管理

公司根据《涉密人员管理办法》的要求，根据涉密岗位及各部门的工作内容建立涉密人员清单，并定期更新。

公司根据商业秘密清单、接触商业秘密的情况等动态更新涉密岗位及涉密人员清单，完善制度，做好日常保密培训。

公司定期梳理高级管理人员、高级技术人员和其他知悉核心、重要商业秘密的人员，确定是否补签竞业限制协议。

9.2.2.2 保密承诺

公司根据《涉密人员管理办法》的要求，以及员工在工作中所接触的商业秘密具体内容，定期或不定期要求其签署保密承诺书。

公司保留保密承诺的成文信息。

9.2.2.3 保密培训

公司根据《培训管理办法》的要求定期对涉密人员进行法律法规培训、保密责任培训、保密意识培训、保密措施培训等保密培训，以确保其：

理解企业商业秘密管理的重要性、制度、程序；

知悉其保护商业秘密的权利和义务；

理解内部、外部人员的正当、不正当行为可能带来的泄密风险和处理方式。

公司保留保密培训的成文信息。

9.2.2.4 岗位变动

当涉密人员的岗位发生变动时，公司根据《涉密人员管理办法》的要求督促岗位变动员工做好保密材料交接工作，对员工重新划分涉密类别与层级，及时做好涉密接触权限的调整，并做好脱密期管理工作。

9.2.3 离职管理

公司根据《涉密人员管理办法》的要求做好涉密人员的离职管理，包括：

对其电脑等设备进行清查，对涉密载体及复制品、相关物品进行盘点；

确认是否已签署保密协议，如未签署需补签；

评估是否需要履行竞业限制协议或与其重新签署竞业限制协议；

与其签署保密承诺书，要求其声明不再拥有任何与商业秘密相关的载体；

离职面谈，告知其负有的保密义务，以及其他约定或法定的注意事项；

对其离职后去向进行定时追踪，及时发现商业秘密泄密或不正当使用的线索。

公司保留涉密人员离职管理的成文信息。

9.3 涉密载体管理

9.3.1 总则

公司制定《涉密载体管理办法》对涉密载体进行管理，内容包括：

明确涉密载体及其功能作用；

确定涉密载体的保护要求；

建立涉密载体台账；

由专人负责管理；

实施涉密载体的制作、收发、传递、使用、复制、保存、维修、销毁的全生命周期管理。

公司保留可证明涉密载体管理的成文信息。

9.3.2 制作

公司根据《涉密载体管理办法》的要求，在制作涉密载体时确保：

明确保护措施、应实施的控制要求和管理权限；

根据商业秘密的级别对不同涉密载体明确使用或发放范围和制作数量；

在涉密载体的相关位置标注商业秘密的标志或信息，必要时可使用隐藏式记号。

公司保留涉密载体制作的成文信息。

9.3.3 收发、传递

公司根据《涉密载体管理办法》的要求在涉密载体的收发应履行清点、编号、登记、签收手续。

公司保留涉密载体收发、传递的成文信息。

9.3.4 使用

公司根据《涉密载体管理办法》的要求使用涉密载体时应办理手续；

携带涉密载体外出或外发涉密载体时，应履行审批手续；并对涉密载体的流转过程进行记录，确保外发的涉密载体使用完毕及时回收。

公司保留涉密载体使用的成文信息。

9.3.5 复制

公司根据《涉密载体管理办法》的要求复制涉密载体时应履行审批、登记手续；

复制涉密载体不得改变商业秘密的密级、保密期限和知悉范围；

涉密载体复制件应加盖复制戳记，并视同原件管理。

公司保留涉密载体复制的成文信息。

9.3.6 保存、维修及销毁

公司根据《涉密载体管理办法》的要求保存、维修及销毁涉密载体时应满足以下要求：

公司选择安全保密的特定场所或位置保存涉密载体，并根据涉密载体的不同，由专人保管；

公司定期清查、核对涉密载体；

涉密载体需外部人员现场维修的，应指定专人全程现场监督；

涉密载体的销毁应进行审核批准，并履行清点、登记手续；

应确保销毁的秘密信息无法还原。

公司保留涉密载体保存、维修及销毁的成文信息。

9.4 涉密设备管理

9.4.1 显性涉密设备

公司根据《涉密设备管理办法》的要求对生成、存储、处理商业秘密的显性设备进行保密管理时，应满足以下要求：

设定涉密设备安全管理政策，以保证商业秘密不受损害或侵害；

设定信息加密系统以确保商业秘密均经过加密处理，并限制信息的存储和复制等操作；

设定员工权限管理系统，并定期更换密码，以保证仅有权限的员工才能接触到相应的商业秘密；

提供专门的工作用设备和沟通交流方式；

对员工访问商业秘密进行追踪、检测和备案；

在软件开发过程中应注意信息安全；

注意网络和通信安全，防止内部、外部入侵；

将监管系统告知员工，保证合法性的同时及时发现员工违反安全措施并留存证据；

实施涉密设备的使用、维修、报废的全生命周期管理。

公司保留涉密设备管理的成文信息。

9.4.2 隐性涉密设备

公司根据《涉密设备管理办法》的要求对通过观察或者测试、分析手段能够获得商业秘密的设备或产品进行保密管理时，应满足以下要求：

在采购过程中通过签订保密协议、采购混淆成分、隐藏采购人名称、地址和项目名称、用途等方式来降低泄密风险；

在运输过程中通过遮挡、与承运方签订保密协议等方式降低泄密风险；

在调试试验或使用过程中通过遮挡、限制区域和进入人员等方式降低泄密风险；

报废前进行脱密处理。

9.5　涉密区域管理

公司根据《涉密区域管理办法》的要求对涉密区域进行管理时，应满足以下要求：

划分并确定涉密区域及其分级，不同级别涉密区域放置不同警示标志，涉密区域与普通区域以明显警示标志隔离；

通过警报、门禁等安防措施加强涉密区域的出入管理：对于内部人员，应当根据分类分级进行不同的进出管理；对于外部人员，应该进行前置审批、登记并制作识别证件，明确可以获取的信息范围、活动范围和路线，并由工作人员陪同；访客离开时若有随身携带的物品，应对其进行检查；

可设置监测系统，对涉密区域的入口和主要通道等实行控管。

公司保留涉密区域管理的成文信息。

9.6　对外合作的商业秘密管理

9.6.1　信息发布

公司建立《信息发布管理控制程序》对信息的对外发布进行管理，包括：

建立信息对外发布的保密审查责任制，明确信息对外发布的保密审查程序和主管领导、机构和工作人员；

信息对外发布前应当确认信息是否经过保密审查，并做好商业秘密对外发布的保密审查相关记录的留存和备案工作；

公司对信息对外发布进行经常性保密检查，发现问题立即采取补救措施；

应确保对外发布的商业秘密进行有效追踪。

公司保留信息对外发布的成文信息。

9.6.2 商务活动

公司建立《商务活动商业秘密管理控制程序》，对采购、销售、委托开发、委托生产、参展等商务活动中的商业秘密进行管理。内容包括：

在开始商务谈判前或提供商业秘密前，应与对方签署保密协议；

在参展过程中通过遮挡、与展览方签订保密协议等方式降低泄密风险；

注意证据的留存；

对协议履行过程中商业秘密的使用情况及泄露情况进行监督管理。

公司保留商务活动中商业秘密管理的成文信息。

9.6.3 技术合作

技术合作中的商业秘密管理包括：

调查合作方的商业秘密管理能力，优先选择通过商业秘密管理体系认证的合作方；

约定背景商业秘密和共同开发、改进或二次开发中涉及商业秘密的内容和归属，必要时可对保密内容签署单独的保密协议；

约定对共有商业秘密的管理，许可、转让或与第三方合作，争议处理等；

商业秘密所有人应承诺其商业秘密不侵犯第三方任何权利。

公司保留技术合作中商业秘密管理的成文信息。

9.6.4 国际交往

公司在准备发展国际业务时，应调查对方国家或地区有关商业秘密的法律法规及执行情况，必要时可咨询当地的专业人员。

9.6.5 企业并购重组

公司在并购或重组过程中，应做到：

开展商业秘密尽职调查，对其法律、经济价值及风险进行评估；

在接洽前应签署保密协议，协议应涉及商业秘密内容与范围、权利归属、利益分配方案、协议期限外的保密义务、争议解决途径、违约金及损害赔偿等；

在并购或重组过程中做好文件交接记录和会议纪要，并形成保密文件清单；

关注并购重组对象的涉密人员去向。

公司保留保密协议、交接记录、会议纪要、保密文件清单等的成文信息。

9.6.6 许可转让

公司许可或转让过程中，应做到：

对商业秘密进行资产评估；

在接洽前应签署保密协议，协议应涉及商业秘密内容与范围、权利归属、协议期限外的保密义务、争议解决途径、违约金及损害赔偿等；

在许可或转让过程中做好文件交接记录和会议纪要，并形成保密文件清单。

公司保留保密协议、交接记录、会议纪要、保密文件清单等的成文信息。

10 商业秘密的争议处理

10.1 侵权风险防范及应急处置

公司建立《侵权风险防范及应急处置控制程序》，对商业秘密侵权风险防范和应急处置的相关要求作出规定。

10.1.1 侵权风险防范

公司采取措施，及时发现并防范商业秘密被侵权的情况，减少被诉风险：

通过外部网络监控是否存在涉嫌商业秘密泄露的行为；

培训和引导员工对商业秘密可能泄露的异常状态保持警觉，发现可能泄密迹象及时报告上级和维权部门；

培训和引导员工在发现涉嫌被侵犯商业秘密后及时提供线索给维权部门；

建立内外部举报机制，对于举报相关侵犯商业秘密的行为给予奖励；

对于外部商业敏感信息，应及时核实其合法来源；对于合法获取的外部商业秘密，及时检查各使用环节是否符合相关法律及合同要求。

10.1.2 应急处置

公司制定商业秘密泄密或被侵权的应急处置预案，建立紧急应对流程。泄密或被侵权事件一旦发生，迅速进行处置，将危害控制在最小范围内。涉及国家秘密的，应立即向当地公安机关、国家安全机关和保密行政管理部门报告，并采取补救措施。

公司保持应急处置的成文信息。

10.2 维权

10.2.1 侵权评估

发现商业秘密涉嫌被侵权时，公司分析商业秘密是否受到侵犯以及评估受侵害的程度。包括：

确定被侵犯的商业秘密是技术秘密还是经营秘密；

确定被侵犯的商业秘密的范围及具体内容；

商业秘密被侵犯的方式，如是否被披露给第三方、被公开、被使用等；

侵权嫌疑人的情况；

商业秘密被侵犯对企业造成的损害和影响；

其他用来判定是否构成商业秘密侵权的因素。

10.2.2 维权途径

公司根据侵权判定的结果选择以下一种或几种维权途径进行维权：

与侵权人协商解决；

请求调解企业调解；

向市场监督管理部门投诉；

涉及劳动关系的可向劳动仲裁机构申请仲裁；

根据仲裁条款或仲裁协议提请仲裁机构仲裁；

向人民法院提起民事诉讼；

向公安机关控告；

申请人民检察院对商业秘密诉讼活动进行监督等。

10.2.3 确定维权方案

公司根据确定的维权途径形成维权方案，包括：

成立专项工作组，确定工作组人员、工作机制和工作分工；

维权目标；

维权措施，包括取证措施、维权策略等；

时间计划及重要节点；

是否聘请律师团队；

资金预算等；

维权方案可根据案件进展进行动态调整。

10.2.4 侵权证据收集

公司根据维权方案，确定证据收集的内容、范围和方式：

公司是商业秘密的权利人的证据，包括体现商业秘密的载体、电子数据、存证证明等，必要时可进行数据提取；

商业秘密具有经济价值的证据，包括具有现实或潜在的经济价值，必要时可委托评估机构进行价值评估；

商业秘密不为公众所知悉的证据，必要时可委托鉴定机构出具非公知性鉴定报告；

企业采取的保密措施，包括保密制度、保密协议以及其他保密措施；

泄密人员相关信息，包括签订劳动合同、保密协议、具体工作职责、工作总结、能够接触商业秘密信息的证据等；

研发证明或合法来源证明等；

商业秘密被侵犯的证据，包括被披露或被使用的证据、泄密途径等；必要时可委托鉴定机构出具同一性鉴定报告；

商业秘密被侵犯的损害事实，包括侵权行为具体表现，被侵权所受的损失或侵权行为所获得的收益等，必要时可委托评估机构或审计机构进行损失鉴定等。

公司保留侵权证据的成文信息。

10.3 应诉

10.3.1 应诉方案

根据被诉事件对公司造成的影响，以及侵权事实的判定结果，确定应诉方案。

10.3.2 应诉证据收集

在侵犯商业秘密诉讼中，公司可从以下几个方面收集抗辩证据：

证明权利人的信息并不构成商业秘密；如该信息在所属领域属于一般常识或者行业惯例的；该信息仅涉及产品的尺寸、结构、材料、部件的简单组合等内容，所属领域的相关人员通过观察上市产品即可直接获得的；该信息已经在公开出版物或者其他媒体上公开披露的；该信息已通过公开的报告会、展览等方式公开的；所属领域的相关人员从其他公开渠道可以获得该信息的。

相关信息为我公司自主研发的证据材料；

鉴定报告存在足以影响鉴定结论公正性的程序或实质问题，必要时可申请重新鉴定；

公司不存在侵权主观故意的证据材料，如相关人员的保密承诺等。

公司保留应诉的成文信息。

10.4 商业秘密司法鉴定

在商业秘密争议处理过程中，需要进行司法鉴定的，需委托有资质的鉴定机构对所涉信息是否为公众所知悉、被告获得、披露、使用的信息与原告持有的信息是否相同或者实质相同等进行司法鉴定。

公司保留司法鉴定的成文信息。

10.5 制度完善

公司根据商业秘密争议过程中发现的管理问题，及时对商业秘密管理制度进行补充完善。

11 监督检查、评审及改进

11.1 总则

公司制定《商业秘密监督检查、评审及改进控制程序》确定监督检查的准则和方法，定期检查商业秘密管理体系的运行情况并评审其绩效和有效性。

11.2 监督检查

公司建立监督检查的准则并执行,以评价商业秘密管理绩效及商业秘密管理政策的有效性,包括:

监督检查的内容和方法;

监督检查的各级职责和权限;

执行监督检查的频次与时限。

11.3 评价

11.3.1 安全度

公司收集并测量商业秘密的安全度,测量指标可包括:

涉密人员、载体、设备、区域、合同管理的覆盖率等;

失泄密事件等级、数量占企业商业秘密总数的比例等。

公司保留安全度测量的成文信息。

11.3.2 评价

公司根据监督检查的结果评价商业秘密管理体系的绩效和有效性,包括:

策划是否得到有效实施;

应对风险和机遇所采取措施的有效性;

商业秘密的安全度;

商业秘密管理体系改进的需求。

公司保留监督检查及评审的成文信息。

11.4 改进

当发生不符合时,公司对不符合进行评审、确定不符合的原因以及类似的不符合是否存在或可能发生,并采取措施控制和纠正不符合。

公司持续改进商业秘密管理体系的适宜性、充分性和有效性,不断提升商业秘密管理的安全度。

附录六　涉密人员管理办法

编制人：	姓名	签名	日期
审核人：			
批准人：			
生效日期：	文件发放编号：		

目　录

1. 目的
2. 范围
3. 定义
4. 职责
5. 内容

　5.1　入职管理

　　5.1.1　招聘

　　5.1.2　保密协议

　　5.1.3　竞业限制协议

　　5.1.4　保密培训

　5.2　在职管理

　　5.2.1　日常管理

　　5.2.2　保密承诺

　　5.2.3　保密培训

5.2.4 岗位变动
5.3 离职管理
6. 相关文件

版本	修改内容简述	生效日期
A	新建	

文件修订记录

应保留至少三个版本的修订记录

1 目的

为加强对公司涉密人员的保密管理，全面规范公司的保密工作，根据《中华人民共和国民法典》《中华人民共和国反不正当竞争法》等，结合公司实际，特制定本管理办法。

2 范围

本办法适用于本公司范围全体涉密人员。

3 定义

本办法中所称的涉密人员是指在工作中产生、掌握、管理和接触公司商业秘密的人员。

4 职责

商密主管部门：负责起草建立《涉密人员管理办法》，督促全体员工执行本办法。

人力资源部：负责招聘、在职、离职环节的涉密人员管理。

其他各部门：负责涉密人员的在职管理。

5 内容

5.1 入职管理

5.1.1 招聘

公司招聘时应该按照以下程序执行：

人力资源部根据各部门反馈的《涉密岗位审定表》确定拟招聘的岗位是否属于涉密岗位；如属于涉密岗位人员招聘，按照本办法进行管控；

属于涉密岗位人员应聘时，应对应聘人员进行保密事项提醒，并要求签署《应聘人员承诺书》；

对涉密岗位的拟入职员工进行背景调查，填写《入职人员知识产权背景调查表》，内容包括：是否对前雇主承担保密义务，是否签有竞业限制协议，离职时是否归还了属于原雇主的技术资料，以避免因新员工入职带来法律风险；

人力资源部提醒拟入职员工不得泄露前雇主的商业秘密，并做好记录。如有必要，可要求拟入职员工填写《保密承诺书》并签字确认。

5.1.2 保密协议

公司应与新入职员工签署《保密协议》，约定保密范围、双方的权利和义务、违约责任等，《保密协议》由法律事务部出具模板，人力资源部负责执行与保管。

5.1.3 竞业限制协议

公司可在入职后或离职前对高级管理人员、高级技术人员和其他知悉或即将知悉核心、重要商业秘密的人员签署《竞业限制协议》；

竞业限制协议包括以下主要条款：

(1) 竞业限制的业务范围、地域范围；

(2) 竞业限制的期限；

(3) 经济补偿费的数额及支付方式；

（4）违约责任；

（5）其他需要约定的事项。

入职后签订的《竞业限制协议》，应当在离职前进行再次确认和梳理，并要求离职人员签字确认。

5.1.4 保密培训

人力资源部负责将新入职员工的保密（商业秘密）培训课程纳入公司整体培训计划。

公司对新入职员工进行保密培训，以确保其新入职人员理解商业秘密权利、义务，建立保密意识；理解公司商业秘密管理相关规定；理解其岗位的保密责任。

保密培训记录应经受训人员签字确认，并由人力资源部统一保管。

5.2 在职管理

5.2.1 日常管理

公司各部门根据涉密岗位及工作内容建立《涉密人员基本情况一览表》，并根据商业秘密的变动情况等动态更新涉密岗位及涉密人员清单。

公司各部门根据新立项项目情况确定是否与新项目涉及的高级管理人员、高级技术人员和其他知悉核心、重要商业秘密的人员签订《竞业限制协议》，如需签订，交由人力资源部执行《竞业限制协议》的签订工作。

5.2.2 保密承诺

公司各部门根据员工在工作中所接触的商业秘密具体内容，定期或不定期要求其签署《在岗保密责任书》，并交由人力资源部存档保管。

注：不定期包括项目立项前、项目结项后；

定期包括3个月、6个月，各部门根据项目周期以及阶段性成果产生周期进行确认。

5.2.3 保密培训

人力资源部负责将在岗员工的保密（商业秘密）培训课程纳入公司整体培训计划。

公司定期进行保密培训，以确保员工：

了解公司商业秘密管理的重要性、办法、程序；

知悉其保护商业秘密的权利和义务；

理解内部、外部人员的正当、不正当行为可能带来的泄密风险和处理方式。

保密培训记录应经受训人员签字确认，并由人力资源部统一保管。

5.2.4 岗位变动

各部门应督促岗位变动员工做好保密材料交接工作，对员工重新划分涉密等级，及时做好涉密接触权限的调整，并做好脱密期管理工作。

涉密人员离岗需填写《涉密离岗变更审批表》，经部门负责人审批后，签订《涉密人员离岗保密承诺书》，将涉密人员调离涉密岗位，各部门根据需要实行脱密期管理，脱密期确定为半年。

涉密人员脱离涉密岗位后继续在公司内部工作的，由人力资源部签发《涉密人员脱密期通知书》，脱密期监督管理工作由该人员所在部门负责人完成；人力资源部需定期对其进行回访，填写《涉密人员跟踪回访记录表》，相关证据进行留存。

5.3 离职管理

涉密人员离职是指离开涉密岗位，包括辞职、离职、退休和解除劳动合同等情况。

涉密人员离职需填写《涉密人员离职审批表》，经人力资源部审批后，签订离职保密承诺书。

员工离职时应当交回其保管的所有涉密载体，不得携带从公司获取的任何文件，并返还属于公司的一切物品，尤其是包含公司技术信息的计算机、文件材料、存储设备等物品，办理涉密载体交接手续，填写《涉密载体清退表》，由信息中心对其电脑等设备进行清查，对涉密载体及复制品、相关物品进行盘点；

涉密人员离职时，由人力资源部确认是否已签署《保密协议》，如未签署须补签；

涉密人员离职时，由人力资源部评估确认是否需要履行《竞业限制协议》或与其重新签署《竞业限制协议》。签署竞业限制协议的员工离职后在协议规定的期限内不得到与原公司有竞业关系的公司从事与在原公司工作期间工作性质相同或相似的工作。未经公司书面同意,不得披露、使用或者允许他人使用公司的商业秘密;

人力资源部、员工所在部门领导与离职员工进行离职面谈,监督签署《离职保密承诺书》并妥善保存;如有必要,可邀请法律事务部参与。

《离职保密承诺书》内容包括:

员工掌握或知晓的商业秘密范围;员工同意不使用、公开或向第三人披露这些商业秘密;员工已经向公司返还所拥有的商业秘密材料及复制品;确认员工不拥有与这些商业秘密有关的任何信息;书面告知员工负有的保密义务、竞业限制义务。

人力资源部对离职员工的去向进行定期追踪,以便了解和评估离职员工是否违反竞业限制协议或其他保密义务,及时发现商业秘密泄密或不正当使用的线索。

涉密人员在离职后,人力资源部需定期对其进行回访,对担负涉密工作期间掌握、知悉、管理的商业秘密是否继续承担相应保密责任,填写《跟踪回访记录表》及时发现商业秘密泄密或不正当使用的线索。

职相关资料由人力资源部存档保管。

6 相关文件

无